Sächsische populäre Irrtümer

Vorwort

Ihr traut euch was! – Wenn ein sächsischer Kabarettist einem in Berlin ansässigen Verlag so etwas sagt, sollte man vielleicht aufgeben, ein Buch machen zu wollen, das sich der sächsischen populären Irrtümer annimmt. Irrtümer also, wie sie über die Sachsen, ihre Einwohner, ihre Schwächen und Errungenschaften in Umlauf sind, wie auch solcher, denen die Sachsen selbst aufgesessen sind. Nun hat eben dieser Kabarettist, der bundesweit immer wieder als »Prototyp des Sachsen« bezeichnet wird, auch schon mal geäußert, was ihn zur Verzweiflung treibe, nämlich die Meinung: Das geht nicht! In diesem Sinne also, auf ins Sächsische!

Der Sachse an sich kommt ja aus Dresden, Leipzig, Chemnitz, Zwickau – womit schon die Zentren sächsischer Betulichkeit und Größe genannt sind. Dennoch umfasst das weite Sachsenland so viele Orte, Reize und auch Irrtümer, dass sie alle gar nicht in ein einziges Buch passen würden, weshalb die Konzentration auf einige, den Autoren näher liegende Geschichten erklärt wäre.

Sachsen können sich selbst genügen, wozu brauchen sie eigentlich die Welt? Sie haben Elbflorenz, Klein-Paris, die Sächsische Schweiz, sogar Amerika und die blaue Adria. Apropos Meer, das haben sie eigentlich nicht, weswegen es sie gelegentlich sehnsuchtsvoll an die Strände der restlichen Welt führt, aber meistens, um entnervt und glücklich nach zwei Wochen festzustellen: Am scheensten isses doch Daheeme! Da erfinden sie sich – mit einem Lied auf den Lippen, versteht sich – was sie brauchen, schließlich: Sachsen sind doch helle.

Sachsen sind die Ausgeburt an Freundlichkeit, Gemütlichkeit und haben egal die Ruhe weg. Es sei denn, sie sitzen nicht hinterm, sondern stehen vorm Schalter.

Das, was der Rest der Welt mit Sachsen verbindet, ist ja äußerst klischeehaft und beschränkt sich zumeist auf die Sprache, der man zugegebenermaßen, wenn man drauf achtet, sehr häufig auch außerhalb Sachsens begegnen kann. Aber die Sachsen wissen, zwischen dem Säggssch aus Dresden, Chemnitz oder aus Leipzig bestehen gewaltige Unterschiede. So verhält sich das auch mit vielen anderen falschen Vorstellungen, Missverständnissen und Halbwahrheiten, von denen hier bei Weitem nicht alle aufgeklärt werden konnten. Aber es handelt sich ja bei diesem Buch auch nicht um die Ermittlungen von Kommissar Stubbe und seinem Team.

Teamwork – wie es auch im gesamten neusächsischen Sprachraum heißt – war bei diesem Buch unvermeidlich. Das ist so, wenn ein Autor, sagen wir mal: Wolfgang Stumph, bei Abgabe des Manuskriptes gerade in Dreharbeiten steckt, zweiundzwanzig Drehtage vor sich, etliche hinter sich und die Zeit und den Verlag im Nacken, und ein anderer Autor, zum Beispiel Norbert Weiß, im sächsischen Urwissen grabend, sich nebenbei auch noch einen Gedichtband ausschwitzen muss. Zu guter Letzt half nur noch die sächsische Tugend: Mir packen das, nach dem STUMPHsinnigen Motto: Geht nicht, gibt's nicht!

Übrigens bleibt es ein Irrtum zu meinen, Sachsen und Berliner könnten gemeinsam nichts auf die Beine stellen. Das war einmal: Sachsens Glanz und Preußens Gloria. Elbflorenz und Spreeathen liegen manchmal dichter beieinander, als sich die Italiener und Griechen träumen lassen. Und wenn der eine oder andere einiges in diesem Lexikon vermisst, oder er hat was zu bemeckern, dem sei schließlich gesagt: Locker bleiben, ganz schön wird's nie!

Dieses Buch ist nicht nur von Fall zu Fall, sondern auf jeden Fall von Fall zu Fall ein Gemeinschaftswerk und eine Herausforderung, vor allem für diejenigen, die glauben, sächsische Irrtümer könne es gar nicht geben. Wenn das stimmt, kann man nur sagen: Ihr traut euch was!

Wolfgang Stumph und Norbert Weiß im August 2007

Äberland → Rock'n'Roll

Altsachsen

Altsachsen sind sächsische Rentner

Der demographische Wandel ist in aller Munde und gebiert allerlei Wortungetüme wie »Geburtenknick«, »Methusalem-Komplott« oder »Rentner-Schwemme«. Trotz allem heißen aber auch in Sachsen die Rentner weiterhin Rentner – oder vornehmer: »Bangschionehre«. Die Altsachsen hingegen haben den Zenit ihres Bevölkerungsrückgangs bereits überschritten und sind, soweit bekannt ist, ausgestorben. Um 150 nach Christus erwähnte Ptolemäus von Alexandria erstmals jene Ur-Sachsen, die »Saxones«, die damals nördlich der Elbe und südlich der »kimbrischen Landenge« wohnten, also wohl irgendwo im heutigen Schleswig-Holstein. Namensgeber dieser Sachsen war vermutlich der »Sax«, ein einschneidiges Schwert, mit dem sie besonders geschickt umgehen konnten. Dass diese wilden Germanen keine richtigen Sachsen gewesen sein können, erkennt man schon daran, dass sie nicht friedlich mit ihren Nachbarn auskamen, sondern als Piraten die Küsten Galliens und Britanniens unsicher machten. Die alten Römer nannten die am Ärmelkanal gelegenen Landstriche wegen der häufigen Überfälle schlichtweg »Litus Saxonicum«, was soviel wie sächsische Küste heißt.

Zur Verteidigung der sächsischen Landesehre sei es noch einmal betont: Mit diesen wilden Gesellen haben mir heutigen Sachsen nüscht gemein.

Die Altsachsen expandierten zwar immer weiter, aber selbst im 4. Jahrhundert lag ihre Heimat weiterhin auf dem Gebiet der heutigen Bundesländer Schleswig-Holstein, ↑Niedersachsen und Nordrhein-Westfalen. Hier fanden dann auch um 800 die Sachsenkriege des fränkischen Königs ↑Karls des Großen statt, der wohl seine Gründe gehabt haben wird, den Altsachsen mal so richtsch offn Deetz zu haun.

Auch an der Sprache erkennt man den Unterschied: Der niederdeutsche Dialekt, den die Altsachsen zwischen 800 und 1200 sprachen, hat mehr mit Anglerlatein (↑Angelsachsen) als mit der schönen sächsischen Sprache, dem ↑Säggssch, gemein. Lesen wir nur ein paar Zeilen aus dem Klassiker der altsächsischen Literatur, dem »Heliand«: »Thuo bigan thes uuedares craft, ûst up stîgan, ûðiun uuahsan; suang gisuerc an gimang ...«* – ↑Orneeschwerbleede, wer soll denn das verstehen?! Inhaltlich gibt es gewisse Anklänge an die ↑Jahrtausendflut, aber von Melodie und Klang des Sächsischen ist in diesen Versen nichts zu spüren.

Nachdem nun hinreichend klar ist, dass die Altsachsen weder Rentner noch Sachsen waren, stellt sich die Frage: Wo waren denn in der grauen Vorzeit eigentlich die echten und wahren Sachsen, die Neusachsen gewissermaßen? Die Antwort ist nicht ganz einfach. Wo wir heute zu Hause sind, befand sich, so weit das Auge reichte, slawisches Siedlungsgebiet. Im Grunde beginnt die Geschichte der heutigen Sachsen erst mit dem gleichen Karl dem Großen, der auch das Ende der Altsachsen eingeleitet hatte. Denn nach seinem Sieg in den Sachsenkriegen wandte sich Karl den slawischen Stämmen zu, die seit ungefähr 600 nach Christus im Land zwischen Saale und mittlerer Elbe wohnten. Die Slawen waren allerdings widerspenstig. Sie unterwarfen sich zwar, aber sie blieben, wo sie waren, und sie fielen sogar mehrfach in das Reichsgebiet westlich der Saale ein. Damit machte erst der deutsche König Heinrich I. Schluss, der im Winter 928/929 die sorbischen Daleminzer unterwarf, dann an der Elbe die Burg Meißen errichtete und von dort aus die Milzener im Gebiet um Bautzen bezwang.

* *Ungefähre Übersetzung: »Da begann die Kraft des Wetters wüst aufzusteigen, die Wellen begannen zu wachsen ...«, zit. nach: www.stefanjacob.de/Geschichte/Unterseiten/Textproben.php?Multi=49*

Bautzen! Meißen! Das klingt ja nun schon sehr sächsisch. Aber so richtig los ging es immer noch nicht. Die Burg Meißen wurde zum Zentrum der gleichnamigen Markgrafschaft, die im Jahr 1089 in den Besitz der ↑Wettiner kam. Wie allgemein bekannt ist, begann damit in Sachsen die über 800-jährige Herrschaft dieses Adelsgeschlechts. Deren Stammburg lag zwar nördlich von Halle, also in ↑Sachsen-Anhalt, aber nach so vielen Jahrhunderten kann man ihnen das vielleicht nachsehen. Schwerer ins Gewicht fällt dagegen, dass auch ihre Untertanen keine Sachsen waren, sondern – von ein paar deutschen Rittern und Mönchen abgesehen – immer noch Slawen. Das änderte sich erst im 12. Jahrhundert, als im Osten des deutschen Reichs, aber auch in Pommern, Polen, Schlesien und Böhmen, immer mehr Wälder gerodet und bislang unkultivierte Gebiete urbar gemacht wurden. Zum Zwecke dieser »Ostkolonisation« sind aus dem bevölkerungsreichen Westen Bauern angeworben worden, denen man zahlreiche Privilegien und Freiheiten einräumte, damit sie den weiten Weg auf sich nahmen. Es war dies wohl das erste Mal, dass in Sachsen die Neuzugezogenen eine Buschzulage erhielten. Damals funktionierte das System recht erfolgreich, denn es folgten zwei Jahrhunderte des Aufschwungs: zahlreiche Städte und Klöster wurden gegründet und die Zahl der Sachsen, also der Bewohner des Saale-Elbe-Neiße-Gebiets, wuchs von vermutlich knapp 100 000 Menschen im Jahr 1100 auf etwa 400 000 im Jahr 1300.

Zusammenfassend lässt sich also sagen, dass die Altsachsen in erster Linie ungehobelte Niedersachsen waren. Die richtigen Sachsen dagegen sind ein Volk von Einwanderern, und wie alle großen Einwanderungsnationen (man schaue nur nach ↑Amerika) sind sie besonders erfinderisch, weltoffen und selbstbewusst. Deshalb werden sie wohl auch so alt.

Torsten Capelle. Die Sachsen des frühen Mittelalters. Stuttgart 1998; Metzler Lexikon Sprache. Stuttgart, Weimar 1993; Robert Zagolla. Sachsen – Eine kleine Geschichte. Berlin 2006; www.sachsengeschichte.de/altsachsen.html

Altenburger Prinzenraub → Prinzenraub

Amerika

Amerikaner leben nur hinterm »großen Teich«

Das weiß ja nun jedes Kind, nicht nur in Sachsen. Dennoch, etwa hundert Amerikaner, die an der sächsischen Mulde leben, werden da ihr Veto einlegen. Zu recht, denn sie sind hier in Sachsen geboren, in dem Ortsteil, der heute zur Stadt Penig gehört und Amerika heißt. Ihre Geschichte begann in der ersten Hälfte des 19. Jahrhunderts.

»Ri-ra-rutschika – wir fahren nach Amerika«, schallte es über das Wasser. Aber es war keineswegs das Wasser des Atlantischen Ozeans und bei den Sängern handelte es sich auch nicht um europamüde sächsische Auswanderer, die sind ja erst jüngst wieder in Mode gekommen. Und wie man vom Fernsehen weiß, braten die nun ihr Schnitzel zum Beispiel in New Leipzig, das hinterm Teich im weiten Grasland von North Dakota liegt. Die Sachsen allerdings, die einst an der Mulde jenes umgedichtete Kinderlied sangen, waren Arbeiterinnen und Arbeiter aus Chursdorf und Tauscha, aus der Peniger Umgebung also, und auf dem Weg zu ihrer Arbeit in einer Wollgarnspinnerei. Um in ihre Fabrik zu kommen, mussten sie über den Fluss. Anfangs hüpfte man noch von einem großen Stein zum nächsten, dann wurde ein Tonnensteg eingerichtet und schließlich ein Kahn mit Seilführung zum sicheren Transport der Spinnereibelegschaft installiert. Das Lied ging weiter: »und wenn das große Wasser kommt, da kehr'n wir wieder um!« Das soll ja manchmal bei heutigen Auswanderern auch so sein, aber hier lag es daran, dass die Kahnfahrt bei Hochwasser eingestellt wurde und niemand die reißende Mulde überqueren konnte. Später gab es eine hölzerne Bockbrücke, die 1898 durch eine Eisenkonstruktion ersetzt wurde. Just an jener hielten im Frühjahr 1945 tatsächlich waschechte Amerikaner Wache, aber die blieben nicht lange.

Nun ist immer noch nicht geklärt, wie eigentlich »Amerika« nach Sachsen kam. Wir ahnen es, die Wirtschaftsmacht kommt nun ins Spiel, also jene Baumwollspinnerei. 1836 hatte der Kattundruckereibesitzer Heinrich Börner aus Penig an dieser Stelle auf den ehemaligen Zollwiesen am Muldeufer den Grundstein für seine mechanische Fabrik, also seinen Gewerbepark, gelegt. Nun kommt wieder was Vertrautes: Börner ging vier Jahre nach der Grundsteinlegung mit seiner Spinnerei Arnsdorf – wie das Unternehmen hieß – pleite. Die Konkursmasse griff sich ein Altenberger Unternehmer namens Schmidt, also auch keiner von Übersee. Die Schmidts aber müssen da, und noch woanders, erfolgreicher gewesen sein, denn nach vierzig Jahren, also 1880, firmierte die Spinnerei immer noch unter dem Namen Schmidt, aber mit dem Zusatz »Zweigstelle Amerika« – na das klingt doch!

Aber wer hat's denn nun wann erfunden? Die Schweizer werden's ja wohl in diesem Fall nicht gewesen sein, oder? Gerichtsaktenkundig ist die »Spinnerei Amerika« in Penig erstmals 1858. Mit der Eröffnung der Muldetalbahn 1874 gab es auch einen amtlichen Stationsnamen »Amerika«, im Peniger Wochenblatt lud zwei Jahre später die »Restauration Amerika« zum Schlachtefest ein und die Ratsakten von Penig erwähnen 1879 erstmals eine »Fabrikkolonie Amerika« … Das bringt uns irgendwie nicht weiter. Nur so viel, die Schweizer waren nicht im Spiel. Die Heimatforscher bieten nun folgende Varianten für die Entstehung des für diese Gegend durchaus ungewöhnlichen Namens an:

Erstens, die Baumwolle für die Spinnerei wurde aus Amerika geholt und viele der Produkte nahmen auch wieder den Weg dorthin – daher der Name.

Zweitens, der Betrieb hätte so versteckt im Wald gelegen – da müssen auf der Wiese inzwischen also jede Menge Bäume gewachsen sein! –, dass er so schwer zu entdecken gewesen wäre – wie Amerika. Nun ja.

Die dritte Erklärung aber ist die schönste und deshalb auch hier favorisiert: Die Arbeiterinnen und Arbeiter der Spinnerei kamen ja – wie schon erwähnt – aus den umliegenden Orten und mussten den Weg zu Fuß und eben auch über die Mulde zurücklegen. Dass Sachsen gerne singen, steht außer Frage (↑Hymne), besonders bei Kahnfahrten. Und so ging es los: »Ri-ra-rutschika – wir fahren nach Amerika« und so weiter. Dass man den Sachsen Erfindungsreichtum, Entdeckerfreude und Volkswitz nachsagen muss, ist damit bewiesen. Das ist doch was!

Nachzutragen wäre noch, selbst in der DDR hatte man sich an Amerika gewöhnt, die Spinnerei hieß »VEB alwo Amerika« und würde wohl auch heute noch so heißen, wäre nicht etwas dazwischen gekommen. Mit »Ri-ra-rutsch« ist es längst vorbei. 1994 wurde Amerika nach Penig eingemeindet und das ehemalige Fabrikgelände ging im Jahr darauf in den Besitz der Stadt über. Die »letzten Amerikaner« bevölkern derzeit zwei Mehrfamilienhäuser, das ehemalige Beamtenwohnhaus und einen Wohnblock für 48 Mietparteien. Außerdem tragen ein Biergarten und eine Kleingartenanlage den Ortsnamen und Amerika wird als »idyllischer und ruhiger Ort für Naturliebhaber« angepriesen.

1995 wurde das sächsische Amerika als exotischer Handlungsort für das Fernsehen entdeckt. Doch wer glaubt, dort wurde tatsächlich gedreht, der irrt. Die Macher des TV-Streifens »Amerika« filmten lieber in der Uckermark. Dabei hätten sie in Sachsen sogar noch einen weiteren authentischen Drehort finden können: Auf der Wasserscheide der Flüsse Zschopau und Selma im Erzgebirge, an der Bundesstraße 101, zwischen Schlettau und Annaberg-Buchholz, da liegt Neu-Amerika. Das ist eine Gruppe von Häusern, in der die folgende Legende erzählt wird:

Ein Erzgebirgler, der, um sein Glück zu machen, nach dem fernen Amerika auswandern wollte, schaffte es ganz gut bis in den Hamburger Überseehafen. Dort aber überfiel ihn so heftiges Heimweh nach den Hügeln, Tälern, Wäldern und Flüssen des Erzgebirges, dass er auf der Stelle in seine Heimat zurückkehrte und sich in einem verlassenen Köhlergut für alle Zeit sesshaft machte. Das Köhlergut wurde fortan ironisch Neu-Amerika genannt.

↑Nu, mir Sachsen ebend.

Klaus Oehmig unter: www.stadt-penig.de/welcome.asp?parent=1&parent_child-=35&beitraege_id=38; www.mdr.de/doku/1717501-hintergrund-1713577.html

Anekdotenkönig

Der letzte sächsische König hatte einfach keine Lust mehr zum Regieren

Die »Inkarnation des Sachsentums« sei er gewesen, der 1865 geborene Sohn König Georgs, Friedrich August III. Seine Frau, Luise von Toskana, überließ ihm sechs Kinder, als sie schwanger mit dem Sprachlehrer Giron durchbrannte. Ein ganzes Volk litt mit dem schmählich verlassenen Landesoberhaupt und applaudierte frenetisch, als der sich tapfer 1903 auf dem Balkon zeigte. Ein Adjutant soll ihn darauf hingewiesen haben, »welch erhabenes Gefühl es sei, die Herzen der Landeskinder für sich schlagen zu wissen«. Doch der arme August war kein dummer August als er sagte: »Ich duhe dähn Leiden bloß leid.« Von Hans Reimann (↑Mundart), dem 1889 in Leipzig geborenen Schriftsteller, der 1969 bei Hamburg starb, also ein deutsch-deutscher Dichter ist, stammen die meisten der »Geenichs-Anekdoten«.

Wenig Königliches soll Friedrich August III. eigen gewesen sein. Einem »Landbriefträger am Sonntag« nicht unähnlich sei er durch das Leben gewandelt; nicht sehr redegewandt in der Öffentlichkeit, schusselig, vergesslich, aber erfindungsreich in den meisten Situationen. Als er bei der Inspektion der Leipziger Feuerwehr die Dienstgrade der angetretenen Brandschutzoberen nicht so recht auseinander zu halten vermochte, entschloss er sich zu der unkonventionellen Begrüßung: »Nu, ihr Gokelfritz'n?«

Als die Revolution 1918 auch in Sachsen »nicht umhin kam, ein bisschen auszubrechen« (so der Humorist Reimann), soll der König das Hissen roter Fahnen auf öffentlichen Gebäuden verblüfft mit seinem berühmten »Ja, ... derfn die dnn das?« hinterfragt haben.

Jedenfalls wurde die Räte-Republik ausgerufen. Der König zog sich vorsichtig auf Schloss Guteborn bei Ruhland zurück, wo ihm die Revolutionäre der ersten Stunde in aller Form mitteilten, dass er fortan in Sachsen nichts mehr zu melden habe.

»August schnäuzt sich. Schnäuzt sich ausführlich. Dann ungnädig: Na, da macht Euern Dreck alleene!« Sagte es und verschwand vom Thron gen Osten auf sein Schloss Sibyllenort im Schlesischen. Dort ist er am 18. Februar 1932 gestorben. Man kann also nicht sagen, er hätte keine Lust mehr zum Regieren gehabt. Wegen seiner Unfähigkeit blieb ihm nichts anderes übrig, als zu gehen, begriffen hatte er eigentlich nüscht. Da ging es ihm so wie denen, die knapp sechzig Jahre später ihre Hüte nehmen mussten. Einem von denen fiel lediglich ein: »Ich liebe euch doch alle ...« Da war allerdings der sächsische König origineller.

Übrigens: Das mit dem »Dreck alleene machen«, verbürgt ist es nicht. Aber scheen. Und populär! Bereits am 24. April 1932 war in der Zeitschrift »Weltbühne« gedichtet von Kaspar Hauser alias Kurt Tucholsky zu lesen:

»Dies ergötzte hoch und niedrig: / Als der edle König Friedrich, / August weiland von ganz Sachsen, / tat zum Hals heraus er wachsen / seinem Volk, das ihn geliebt, / so es billigen Rotwein gibt – / als der König, sag ich, merkte, / wie der innre Feind sich stärkte, /

blickt er über die Heiducken, / und man hört ihn leise schlucken ... / Und er murmelt durch die Zähne: / ›Macht euch euern Dreck alleene!‹«

Hans Reimann. Der Geenich. Anekdoten über den letzten König der Sachsen. Leipzig 2007; Kurt Tucholsky. Das Königswort. In: Fromme Gesänge. Zit. nach: www.fh-augsburg.de/germanica/Chronologie/20Jh/Tucholsky

ANGELSACHSEN

Die Engländer stammen von den Sachsen ab

Die Bezeichnung ↑Kaffeesachsen mag ja noch angehen. Immerhin gibt es eine jahrhundertealte sächsische Kaffeekultur (↑Melitta). Aber Angelsachsen? Kein Mensch wird behaupten wollen, dass Angeln eine typisch sächsische Beschäftigung sei. Natürlich gibt es Sachsen, die diesem Sport frönen, und selbst aus fernen Landen kommen manche Touristen allein zu diesem Zwecke hierher. So begrüßt die Internetseite der Sächsischen Landesanstalt für Landwirtschaft ganz selbstverständlich die »dear Guests from Abroad« auch auf Englisch und teilt ihnen als zuständige »Fisheries Agency« mit: »You will find in our beautiful country every opportunity except deepsea fishing, to pursue your wonderful hobby. Wether it is fishing for non-predacious fish such as the European roach, chub or carp, fly fishing for trout and grayling, or even the capture of such capital fish of prey as the pike, zander or sheathfish, Saxony offers you all the fishing opportunities you can think of.«*

* *»Sie finden in unserem Land, bis auf das Hochseeangeln, alle Möglichkeiten, Ihrem schönen Hobby, dem Angeln, nachzugehen. Vom Friedfischangeln auf Plötze, Döbel oder Karpfen über das Fliegenfischen auf Forelle und Äsche bis hin zum Fang kapitaler Raubfische, wie Hecht, Zander oder Wels mit der Spinn- und Flugangel, bietet Ihnen Sachsen alle erdenklichen Angelmöglichkeiten.«*

Das ist nun eine Kreuzung aus Anglerlatein und Angelsächsisch, die der Laie selbst in der Übersetzung kaum versteht. Fassen wir zusammen: Wer auf die Freuden des Hochseeangelns verzichten kann (↑Seefahrer), der findet in Sachsen alle erdenklichen Angelmöglichkeiten (sogar Fliegenfischen!). Aber wir erfahren noch mehr: Von den 32 000 Hektar Gesamtgewässerfläche des Landes sind immerhin etwa 20 000 Hektar fischbar: »The range of fishing waters includes brooks in the Central Mountains, large rivers and dams, huge artificial lakes and filled quarries as well as angling ponds in a countryside of lakes and ponds which is unique in Central Europe.«*

Unter diesem Aspekt haben wir unsere Heimat noch gar nicht betrachtet! Die Einzigartigkeit und Schönheit der sächsischen »Stauseen und Tagebaurestseen« offenbart sich erst im Englischen so richtig. Da lässt es sich verschmerzen, dass die Hochseeangler dieser Welt wohl lieber nach ↑Niedersachsen fahren. Na und! Sollen sie doch.

Aber was soll die lange Rede vom Angeln? Stellen wir uns nicht länger ahnungslos. Auch in Sachsen ist natürlich bekannt, dass man als Angelsachsen nicht die angelnden Sachsen bezeichnet, sondern die Engländer (und die Amerikaner, soweit diese von jenen abstammen). Aber warum eigentlich? ↑Nu also, da wird's schon e bissl schwieriger. Da müssen wir uns wieder mit den ↑Altsachsen herumschlagen, die ja schon so einige Schatten auf den guten Ruf der Sachsen geworfen haben. Und tatsächlich: Die Angelsachsen waren keineswegs abtrünnige ↑Altsachsen, die sich – des Piratenlebens müde – nach Britannien zurück gezogen haben, um dort friedlich vom Fischfang zu leben. Ganz im Gegenteil, tat sich im 5. Jahrhundert ein Teil des Stammes mit anderen germanischen Horden zusammen, unter anderen mit den Angeln aus der

* *»Die Palette der Angelgewässer reicht von den Bächen in den Mittelgebirgen über große Flüsse bis hin zu Talsperren, riesigen Stauseen und Tagebaurestseen und Angelteichen in einer in Mitteleuropa wohl einzigartigen Teichlandschaft.«*

gleichnamigen Landschaft im heutigen Schleswig-Holstein, um sich als Söldner bei den Briten zu verdingen. Und weil die Briten offenbar Schwierigkeiten hatten, die ganzen blonden Kerle vom Festland vernünftig auseinander zu halten, tauften sie sie einfach auf den Mischnamen »Angelsachsen«. Bei so viel Ignoranz wundert man sich kaum, dass es bald zu Integrationsproblemen kam. Anstatt sich in der Fremde wie anständige Sachsen höflich und zurückhaltend zu benehmen, spielten sich die Angelsachsen gleich als Herren des Landes auf und unterwarfen auf ziemlich gewalttätige Weise die keltischen Ureinwohner. Noch hundert Jahre später beklagte der Geschichtsschreiber Gildas bitter, dass seine Vorfahren »die wilden Sachsen – ihr Name sei nicht genannt, da sie von Gott und den Menschen gehasst werden – auf unsere Insel ließen«. Sie seien »wie die Wölfe in die Schafherde« eingedrungen und »schlugen ihre schrecklichen Klauen zuerst in die Ostseite der Insel, scheinbar um für unser Land, tatsächlich aber dagegen zu kämpfen«.

Nun konnte der gute Mann ja nicht wissen, dass er es nicht mit echten Sachsen, sondern mit Niedersachsen zu tun hatte. Aber dass er die Angeln und die anderen Raubgenossen (zum Beispiel die Jüten aus Dänemark oder die Friesen aus Friesland) gar nicht erst erwähnt, erscheint doch bezeichnend. Schon damals galt wohl: Immer auf die Sachsen. Dabei haben wir in diesem Fall sogar ein hieb- und stichfestes Alibi: Die echten Sachsen gab es nämlich im 5. Jahrhundert noch gar nicht!

Die heutigen Engländer können also folglich auch keineswegs von uns abstammen, sondern allenfalls von den bereits genannten Söldnerheeren aus Norddeutschland und Dänemark. Streng genommen müsste man also von den Angelniedersachsen sprechen oder, noch korrekter, von den Jütfriesangelniedersachsen. Aber das wäre dann vielleicht doch ein bisschen zu kompliziert. Komplizierter mithin als das Angeln in Sachsen: Dafür braucht man als Ausländer lediglich ein »Fishing Certificate« und eine »Fishing

Permit«. Näheres steht im Merkblatt »Angeln für ausländische Besucher« oder – detaillierter – im »Fisheries Act of the Free State of Saxony« …

Herwig Wolfram. Das Reich und die Germanen. Berlin 1994; www.smul.sachsen.de/de/wu/Landwirtschaft/lfl/inhalt/4501.htm

Annaberger Kleiderordnung → Klöppeln

Ardenne

Der Erfinder des Fernsehens hat auch den DDR-Regierenden das Leben verlängert

Diesen doppelten Irrtum muss man nun wirklich mal aufklären. Zunächst gehört der Wahlsachse Manfred von Ardenne, 1907 in Hamburg geboren, mit seinen über 600 Patenten, zweifellos zu den bekanntesten Erfindern des 20. Jahrhunderts. Darauf sind auch die Sachsen stolz. Sein erstes Patent erhielt der Sechzehnjährige für ein »Verfahren zur Erzielung einer Tonselektion, insbesondere für die Zwecke der drahtlosen Telegraphie«. Unterstützt von dem Unternehmer Siegmund Loewe entwickelte der Gymnasiast Ardenne eine Dreifachröhre, die Loewe in seine preiswerten Rundfunkempfänger einbauen ließ. Damit konnte man zwar noch nicht Fernsehen, doch es ging ja weiter.

Wie das aber so ist, bekanntlich hat der Erfolg meist mehrere Väter. Bereits 1883 erfand Paul Nipkow ein elektrisches Teleskop, das mit Hilfe einer rotierenden Scheibe Bilder in Hell-Dunkel-Signale zerlegen und zusammensetzen konnte – eine erste Möglichkeit, Fernsehen praktikabel zu machen, war damit gefunden.

Großer Nachteil: das Fernsehen vor der Teleskopröhre blieb ein einsames, nur einer Person vorbehaltenes Vergnügen. Die erste elektronische Übertragung von Bildern gelang dem Amerikaner Philo Taylor Fansworth. Am 7. September 1927 übertrug er »sein erstes echtes Fernsehbild – ein geschwärztes Glas mit einer freigekratzten Linie in der Mitte, das er vor der Kamera drehte«. Ihm gebührt also der Erfinderstatus. In Deutschland gelang Dénes von Mihaly am 11. Mai 1928 die erste Fernsehübertragung. Aber das Programm war noch nicht sehr abwechslungsreich.

Als ein anderer Erfinder des Fernsehens gilt der 1850 in Fulda geborene Ferdinand Braun mit seiner Braunschen Röhre. Und jetzt kommen wir wieder zu Ardenne. Sein Verdienst war es, den »Flying Spot Scanner« – eine Elektronenröhre auf Basis der Braunschen Röhre – erfunden und weiterentwickelt zu haben, durch den es 1930 in Berlin zur Vorführung der ersten vollelektronischen Fernsehröhre kam, was die Voraussetzung für die Weltpremiere des Fernsehens 1931 auf der Großen Deutschen Funkausstellung war.

Eine Erbschaft ermöglichte dem Baron von Ardenne, während der Nazizeit im eigenen Laboratorium für Elektronenphysik weiterzuforschen. Ein von ihm entwickeltes Flugzeugradar kam aber nicht mehr zum Einsatz. Noch 1945 zum »Reichsforschungsrat« ernannt, setzte Ardenne nach der Kapitulation Deutschlands seine Forschungen, vermutlich nicht ganz freiwillig, im georgischen Batumi fort, wo er an der Entwicklung der sowjetischen Atombombe beteiligt war. Eine Art Reparationsleistung an die Sieger. 1955 kehrte er in die DDR zurück, gründete in Dresden das private »Forschungsinstitut Manfred von Ardenne« und beschäftigte über 500 Mitarbeiter. Im Westen Deutschlands als »roter Baron« gehandelt, wurde er im Osten geehrt und hofiert. Obwohl er von 1963 bis 1989 Abgeordneter der Volkskammer der DDR war und auch noch andere Ämter bekleidete, hielt er sich mit politischen Aussagen sehr zurück und widerstand allen Versuchen, sein Privatinstitut verstaatlichen zu lassen. Man ließ ihn auch, denn der praktische Nutzen der Erfindertätigkeit des »großen Bastlers vom Weißen Hirsch«, wie er in Sachsen voller Respekt genannt wurde, war selbst Laien ersichtlich. (In dem Dresdner Stadtteil Weißer Hirsch befand sich Ardennes Forschungsinstitut.) Vor allem auf medizinischem Gebiet leistete er einiges Beachtenswerte, rückte den Tumorzellen zuleibe, brachte das Krebs-Mehrschritt-Mehrkammerofen-Verfahren heraus und stellte 1972 erstmals seine Sauerstoff-Mehrschritt-Therapie vor. Von dieser Therapie erzählte man sich, sie verlängere das Leben, und Ardenne, der das auch öffentlich demonstrierte, hat sie vermutlich geholfen. Er war neunzig Jahre alt, als er 1997 starb.

Dass mit dieser Methode auch die DDR-Regierung länger am Leben erhalten werden sollte, wurde gemunkelt, doch wie viele der SED-Politbüromitglieder sich tatsächlich einer Sauerstoff-Therapie unterzogen haben oder vielleicht sogar unterziehen mussten – keine Ahnung. Gerüchte sind zäh, aber selbst mit Sauerstoff war der Staat nicht zu retten.

Die Stadt Dresden hatte Ardenne noch 1989 zum Ehrenbürger gemacht, in der folgenden deutschen Einheit fehlte dann auch ihm das Geld, und sein Institut verschuldete sich erheblich. Inzwischen leitet Sohn Alexander das Ardenne Institut für angewandte medizinische Forschung in Dresden und dieses bietet zum Beispiel »alle wesentlichen Varianten der Sauerstoff-Mehrschritt-Therapie für die Bevölkerung auf hohem Qualitätsniveau zu niedrigen Preisen« an. Dem Wahlsachsen Ardenne sei Dank, wenn wir alle neunzig sind, sehen wir uns wieder …

Manfred von Ardenne. Sechzig Jahre für Forschung und Fortschritt. Autobiographie. Berlin 1987; www.heise.de/tp/r4/artikel/21/21722/1.html; www.berlinstreet.de/geschichte/nipkow.shtml; www.ardenne.de/med/

August der Fleissige

August der Starke zeugte Hunderte von Kindern

Die Mätressenwirtschaft des sächsischen Kurfürsten und Königs ↑August des Starken ist sprichwörtlich. Die Spekulationen über die Zahl seiner Kinder überbieten sich bis heute gegenseitig, und jedes Gerücht wird gerne für bare Münze genommen. Klatsch und Tratsch sind aber keine moderne Erfindung, und so verbreitete schon im 18. Jahrhundert die preußische Prinzessin Wilhelmine, die Schwester Friedrichs des Großen, pikante Details über den Widersacher ihres Bruders: »Der Hof dieses Fürsten war damals der glänzendste in Deutschland. Die Pracht grenzte an das Uebertriebene, alle Vergnügungen herrschten dort, man konnte ihn mit Recht die Insel der Cythere nennen, denn die Frauen waren sehr liebenswürdig und die Höflinge sehr höflich. Der König unterhielt eine Art von Serail der schönsten Frauen seines Landes. Als er starb, berechnete man, dass er von seinen Maitressen 354 Kinder gehabt habe. Der ganze Hof richtete sich nach seinem Beispiele. Man athmete dort nur Wollust, und Bachus und Venus waren die beiden Modegottheiten.«

Nun hat allerdings Prinzessin Wilhelmine den Sachsenkönig nur einmal in ihrem Leben getroffen, und die sächsische Residenz kannte sie nur vom Hörensagen. Aber die von ihr und anderen gepflegte Legende lebt weiter. Im November 2005 wurde zum Beispiel auf der Jahrestagung der Deutschen Gesellschaft für Kardiologie – Herz- und Kreislaufforschung e. V. über einen Zusammenhang zwischen den in Sachsen relativ häufig auftretenden Stoffwechselstörungen und Augusts Lebenswandel diskutiert: Denn, so die Theorie der Mediziner, »der übergewichtige Kurfürst von Sachsen, der aus heutiger Sicht mit hoher Wahrscheinlichkeit unter hohem Blutdruck, Diabetes und vielleicht auch einer Fettstoffwechselstörung litt, hat zwar nur einen legitimen Sohn, zeugte jedoch 267 Kinder und dürfte im Raum Dresden um 50 Familienlinien gegründet haben. Es kann spekuliert werden, dass er damit der Disposition für das Metabolische Syndrom in dieser Region spezielle genetische Impulse gab.«

Es mag natürlich für viele Dresdner ein erhebender Gedanke sein, dass sie direkt von August dem Starken abstammen könnten. Doch die historischen Fakten sprechen eine andere Sprache. Die Zahl der königlichen Mätressen war nicht klein, aber doch begrenzt, und so müsste jede der fünf Damen zwischen 53,4 und 73 Kinder vom König empfangen haben, je nachdem, ob man die minimale Kinderzahl von 267 zugrunde legt (wie die Deutsche Gesellschaft für Kardiologie) oder das Maximum von 365 (wie der Volksmund, der August für jeden Tag des Jahres ein Kind zuschreibt). Die schiere Zahl macht schon das Unwahrscheinliche an dieser Geschichte deutlich. Offiziell gilt August denn auch nur als Vater von neun Kindern: Neben dem Kronprinzen Friedrich August, den ihm die Königin 1696 gebar, zeugte er mit Aurora von Königsmarck noch im gleichen Jahr einen Sohn namens Moritz. Die Türkin Fatima, die der König aus einem Feldzug gegen das Osmanische Reich mitgebracht hatte, brachte 1702 einen weiteren Friedrich August und 1706 eine Tochter namens Katharina zur Welt. Am Warschauer Hof war die Gräfin Lubomirska die Favoritin des Königs; aus dieser Verbindung ging 1704 ein Johann Georg hervor. In Dresden teilte August sein königliches Bett mit der legendären Anna Constanze Reichsgräfin von Cosel: Sie schenkte ihrem Liebhaber 1708 eine Tochter namens Augusta Constantia, 1709 eine Friederike Alexandra und 1712 einen Friedrich August. Etwas weniger standesgemäß war Augusts kurze Liaison mit der Warschauer Weinwirtin Henriette Renard, aus der 1707 eine weitere Tochter, nämlich Anna Catharina, hervorging.

Zählen wir noch einmal durch: Dreimal Friedrich August, plus ein Moritz, plus ein Johann Georg, plus eine Katharina, plus eine Anna Catherina, plus eine Auguste Constantia, plus eine Friederike Alexandra. Ergibt summa summarum: Neun Kinder. Davon fünf Jungen und vier Mädchen. Nicht schlecht, aber auch nicht überragend für ein knapp vierzig Jahre währendes (Sexual-)Leben als Herrscher. Der spätere französische König Ludwig XV. zum Beispiel brachte es in vergleichbarer Zeit allein auf neun eheliche Kinder, denen er weit über zwanzig illegitime Sprösslinge hinzufügte.

Selbst wenn also August noch weitere, bislang unbekannte Kinder gezeugt haben sollte, macht ihn das nicht zu einem Ausnahme-Herrscher. Ein Kenner seines Herrn, Jakob Heinrich Flemming, bemerkte dazu lapidar: »Sein größtes Vergnügen war die Liebe, obwohl er nicht so viel Spaß an ihr fand, wie er andere glauben machen wollte. Er hat geliebt, um Aufmerksamkeit zu erregen …« Nun, das zumindest ist ihm wohl gelungen.

Georg Piltz. August der Starke. Träume und Taten eines deutschen Fürsten. Biographie. Berlin 1986; Dieter Nadolski. Wahre Geschichten um August den Starken. Taucha 1992; Informationsdienst Wissenschaft. Pressemitteilung der Deutschen Gesellschaft für Kardiologie – Herz- und Kreislaufforschung e.V. vom 7.10.2005

August der Starke

August der Starke verfügte über unwahrscheinliche Kräfte

Es gibt verschiedene Möglichkeiten, den Beinamen Augusts des Starken zu erklären. Dass er ihn seiner enormen Zeugungskraft zu verdanken habe, darf als widerlegt gelten (↑August der Fleißige). Dass er ein militärisch wie politisch besonders starker Herrscher gewesen sei, kann man auch nicht gerade behaupten. Er versuchte zwar durch pompöse Feste, prächtige Bauten und große Paraden sich zu einem der bedeutendsten ↑Monarchen Europas zu überhöhen, und er errang ja auch tatsächlich 1697 die polnische Königskrone, die ihn über den bisherigen Kurfürstenrang hinaushob. Im

Grunde jedoch blieb er nach innen schwach, weil seine Macht sowohl von der sächsischen Ständevertretung als auch vom polnischen Adel abhängig war. Und politisch und finanziell legte seine Herrschaft vielleicht sogar den Grundstein für den Niedergang Sachsens als europäische Macht.

Wenn also diese beiden Varianten ausscheiden, dann muss in diesem Fall die naheliegendste Erklärung wohl die richtige sein: Der Sachsenkönig war stark an Körperkräften. Tatsächlich kursieren ja heute noch Dutzende von Geschichten, in denen August der Starke wahlweise Eisenstangen biegt, Hufeisen zerbricht oder Menschen an ausgestrecktem Arm in der Luft hält. Aber darf man das glauben? Ein König ist doch kein Zirkusartist … Nuja, vielleicht doch ein bisschen. Zumindest ist er sehr auf seine Außenwirkung bedacht, und muss – wenn er ernst genommen werden will – die Leute beeindrucken. Augusts Feste und Paläste haben wir ja schon erwähnt, und offensichtlich hatte er dazu noch eine gewisse Freude daran, seinen Ruf als Kraftmensch zu pflegen und zu verbreiten. Aus diesem Grund ließ er zum Beispiel auch ein von ihm entzwei gebrochenes Hufeisen als Beweis seiner Kräfte aufbewahren. Es befindet sich heute unter der Inventarnummer P280 in der Rüstkammer der Staatlichen Kunstsammlungen Dresden, zusammen mit einer Urkunde des Kunstkämmerers Tobias Beutel, der schriftlich bezeugte, dass das Hufeisen »mit dero hohen Händen« am 15. Februar 1711 zerbrochen wurde. Ob ein bisschen Schummel dabei war? Wir wissen es nicht. Materialtechnische Untersuchungen an dem Hufeisen hat es jedenfalls bislang noch nicht gegeben …

Falls August vielleicht doch nicht ganz so stark (im Sinne von kraftvoll) gewesen sein sollte, war er – zumindest im fortgeschrittenen Alter – stark in noch einem anderen Sinne. Und zwar in dem Sinne, in dem heute manche Modehäuser mit Mode »für starke Männer« werben. Der Sachsenkönig, der mit seinen 1,76 Metern die damalige Männerwelt unübersehbar überragte, war nämlich zeitweilig mit satten 121,4 Kilogramm Lebendgewicht ausgestattet. Die posthume Diagnose des Deutschen Kardiologenkongresses haben wir bereits an anderer Stelle zitiert (↑August der Fleißige): August litt höchstwahrscheinlich an Übergewicht, hohem Blutdruck, Diabetes und eventuell einer Fettstoffwechselstörung. Das wiederum scheinen typisch sächsische Probleme zu sein, denn auch die Sachsen insgesamt hatten noch 2005 im bundesdeutschen Ländervergleich das durchschnittlich höchste Körpergewicht und ein extrem erhöhtes Diabetesrisiko. Aber, liebe Landsleute, auf diese Weise August dem Starken nachzueifern, ist gefährlich! Immerhin starb der König 1733 an den Folgen einer körperlich anstrengenden Reise, die er gegen den Rat seiner Ärzte angetreten hatte – an Entkräftung gewissermaßen. Das ist auch ein starkes Stück!

Eins jedenfalls lässt sich nach all den Spekulationen mit Sicherheit sagen: August der Starke – wie stark er nun auch gewesen sein mag – hat niemals seinen Daumen in das Eisengeländer am Brühlschen Garten auf der gleichnamigen Terrasse gedrückt. Das ist und bleibt eine Legende, selbst wenn sie von Reiseführern immer wieder mit der Hand auf dem Herzen beglaubigt wird. Zwar gibt es sie tatsächlich, die markante daumenabdruckähnliche Vertiefung im Geländer. August der Starke aber kann sie beim besten Willen und aller übermenschlichen Kraftanstrengung nicht verursacht haben. Denn als das Geländer montiert wurde, anno 1747, war er schon vierzehn Jahre tot. Schade um die schöne Geschichte.

Frank-Lothar Kroll (Hg.). Die Herrscher Sachsens. München 2004; Dieter Nadolski. Wahre Geschichten um August den Starken. Taucha 1992; www.dresden-und-sachsen.de/dresden/bruehlscher_garten.htm

Auto

Die Sachsen können keine Autos bauen, höchstens Trabis

Gegendarstellung

Richtig ist: Die Sachsen können jedwede Art von Autos bauen, sogar Trabis! (↑Trabiwitze) Und Kutschen ohne Pferde. Denn damit hat ja alles angefangen. Wo? Im Erzgebirgsdorf Schönheide, in einer kleinen Werkstatt. Dort schickte sich der Träumer und Erfinder Louis Tuchscherer an, einen selbstlaufenden Wagen zu konstruieren, was ihm tatsächlich gelang, so dass er 1880 die erste Chemnitzer Autofahrt starten konnte. Seine Erfindung beim Patentamt anzumelden, vergaß Tuchscherer jedoch schlichtweg. Das tat ein entfernter Bekannter. Nicht für Tuchscherer, versteht sich, sondern für sich selbst.

Ein gewisser Karl Benz meldete sechs Jahre später seinen dreirädrigen selbstfahrenden Wagen als Erfindung an. Tuchscherers bewunderte und belächelte pferdelose Kutsche aber wurde in Hilbersdorf verschrottet.

Einen anderen Versuch startete in den Jahren 1900/01 in Coswig ein gewisser Herr Nacke. Der baute den ersten sächsischen Personenwagen, den er heimatverbunden »Coswiga« nannte, aber nicht so recht vermarkten konnte, weshalb er sich später auf die Herstellung von Lastkraftwagen und Omnibussen verlegte, die sogar in Kalkutta, Porto und London ihre Dienste verrichtet haben sollen.

Wesentlich gewiefter brachte der Ingenieur August Horch seine Geschäfte in trockene Tücher. Er gründete 1904 in Zwickau die Firma Horch und baute zunächst 21 Autos. Dann überwarf er sich mit dem Aufsichtsrat und nannte sein neues Geschäft »Audi« (lateinisch: Horch). Ab 1928 wurde in Zwickau die F-Reihe, »robuster Zweitakter mit Vorderachsantrieb«, produziert. 1938 hatte der F 9 seine Premiere. Fast ein Viertel der deutschen Autoproduktion vor dem Krieg stammte aus Sachsen. Nach dem Krieg war das erst mal vorbei.

Mühselig ging es dann 1954 mit dem P 70 in Chemnitz los, gebaut wurde er dann vom VEB Sachsenring Zwickau. Da wurde 1957 auch der sagenumwobene »Trabant« aus der Taufe gehoben und auf der Leipziger Messe 1958 erstmals präsentiert. Bis 1991 lief er in Zwickau vom Band – und man musste ihn einfach lieb haben, nachdem man etwa 13 Jahre auf ihn gewartet hatte.

Es gab auch noch zum Beispiel den deluxe-Trabant ↑»Sachsenring«, Last- und Nutzfahrzeuge jede Menge und das geheimnisumwitterte Melkus-Wartburg-Renngerät RS-1 000 aus Dresden, das immerhin neunzig Pferdestärken auf die Reihe brachte. Überall, wo eines der bis 1980 produzierten 101 Exemplare dieses einzigen Rennsportwagens aus der DDR sich zeigte, bildeten sich sogleich Menschentrauben. Während die Automobilbrüder Wartburg und Trabant inzwischen massenweise verschrottet wurden, sollen sich noch alle 101 Exotenfahrzeuge in Liebhaberhänden befinden.

Als die im eigenen Saft schmorende DDR-Autoindustrie ab Ende der achtziger Jahre sämtliche Bäche Sachsens runterging, fanden sich andere Unternehmen, die sich der Resterampe annahmen. Natürlich geht es auch bei der Autoproduktion nicht nur um Autos – sondern vor allem um ihre Besitzer. 1990 engagierte sich Volkswagen in Sachsen immer stärker und andere folgten. Seither wird in Zwickau/Mosel der Golf montiert, in Leipzig der BMW und der Porsche-Cayenne, in Eisenach der Opel und aus Großenhain kommt der Yes Roadstar. Die Residenz Dresden leistet sich eine komplette gläserne Fabrik, aus der ein nobler Phaeton nach dem anderen rollt. Die Marke gab es übrigens früher (1926) schon einmal, als Horch-Doppel-Sport-Phaeton von Elite Brand-Erbisdorf. Vielleicht, dass man irgendwann im Schwäbischen, Bayrischen oder gar in Wolfsburg den Trabi zu neuem Leben erweckt? Nie sagen soll man jedenfalls nie.

Auf jeden Fall aber muss hier eindeutig klargestellt werden, die Sachsen können jedes Auto bauen, inzwischen allerdings keinen Trabi mehr.

Matthias Behrend u.a. (Hrsg.). Von 0 auf 100. Hundert Jahre Autoland Sachsen. Chemnitz 2001; www.stadtstreicher.de/ChemnitzerKoepfe; www.spiegel.de/auto/aktuell; Robert Reuther. Sachsens erster Autobauer. In: Sächsische Zeitung vom 16./17.06.2007

B-152

Der Absturz der »Baade-152« ging auf das Konto der Geheimdienste

Am 4. Dezember 1958 startete das erste deutsche Strahlverkehrsflugzeug, die von Brunolf Baade und seinem Kollektiv konstruierte B-152 zum Probeflug über dem Klotzscher Flugplatzgelände am Rande Dresdens, und landete vorschrifts- und planmäßig nach 25 Minuten. Es gab nur wenige Beanstandungen. Die Triebwerke erhielten neue Hydraulikpumpen, das Fahrwerk wurde ausgebessert. So weit, so gut.

Am 4. März 1959 um 12.56 Uhr starteten die Piloten Willi Lehmann, Kurt Bemme und Bordingenieur Paul Heerling zum zweiten Mal mit der Maschine. Unterstützt wurden sie zusätzlich von dem leitenden Flugversuchsingenieur Georg Eismann. Die Maschine stieg problemlos auf die vorgesehene Flughöhe von 6 000 Metern und wurde von der Besatzung auf Abstieg und Landung vorbereitet. Doch dann war plötzlich in einiger Entfernung vom Flugplatz eine Rauchwolke zu sehen ... Die B-152 war etwa acht Kilometer vor der Landepiste abgestürzt. Alle Besatzungsmitglieder kamen ums Leben.

Die DDR-Regierung berief eine Kommission zur Ermittlung der Absturzursachen ein. Deren Bericht verschwand im Geheimarchiv. Die Bevölkerung erfuhr nichts. Doch selbst hoch oben im Regierungshimmel konnte man die Gerüchte im ↑Tal der Ahnungslosen nicht verhindern.

Und die besagten, vor allem im Dresdner Raum, östliche oder westliche Geheimdienste hätten das DDR-Prestigeprojekt »torpediert«. Die Geheimniskrämerei der Regierung leistete der Verbreitung dieser Ansicht sogar Vorschub, eine Schuldfrage wurde offiziell nie gestellt. Zudem beendete der Absturz der B-152 ganz offensichtlich die gerade erst begonnene Entwicklung des DDR-Flugzeugbaus.

Erst 1995 konnte besagter Geheimbericht in seinem Verlies von Sachverständigen in Augenschein genommen werden. Technische Mängel, so heißt es im Bericht, waren nicht für den Absturz verantwortlich, Anhaltspunkte für Sabotage boten sich ebenfalls nicht. Allerdings war ein Fremdkörper im Flugzeugwrack gefunden worden. Der intensiv untersuchte Magnet gab jedoch den Sachverständigen keine weiteren Aufschlüsse. Die Akten wurden damit geschlossen. Das Geheimnis stellte sich als ein unaufgeklärter Fall heraus.

Heute, fast ein halbes Jahrhundert nach der Katastrophe konstatieren Experten nüchtern:

»Organisatorische Mängel und Leitungsfehler waren die wesentlichen Ursachen für das Zustandekommen dieses leichtfertigen Vorführungsfluges noch vor den geplanten ersten fünfzehn Werkflügen für Funktionskontrollen und Training.« Aus einer Schlamperei wurde ein Geheimnis gemacht. Im Nachhinein kann man noch froh sein, dass die Pleite nicht als Erfolg verkündet wurde, denn das gab es in der DDR ja öfter.

Lothar Brehmer (Hrsg.). Luftfahrt in Sachsen. Ein historischer Abriß. Leipzig 1998

Bahnhof

Der Leipziger Hauptbahnhof ist ein Bahnhof

Als der Leipziger Hauptbahnhof am 15. Dezember 1915 als einer der größten Personenbahnhöfe der Welt sowie einer der größten Kopfbahnhöfe Europas feierlich eröffnet wurde, war er ganz bestimmt ein Bahnhof. Mit 24 Bahnsteigen und einem täglichen Fahrgastaufkommen von 150 000 Pendlern, Reisenden und Besuchern, als »Drehscheibe des Leipziger Innenstadtverkehrs und des mitteldeutschen Nah- und Fernverkehrs«, demnächst sogar mit einem City-Tunnel-Anschluss (↑Bauprojekte), könnte man den Hauptbahnhof eigentlich noch immer Bahnhof nennen. Nur, wie lange noch?

Seit seiner umfassenden Renovierung 1996/97 ist irgendwie alles anders. Den Reisenden erwartet ein modernes Dienstleistungs- und Servicezentrum, die Hauptbahnhof-Promenaden unter den Querbahnsteigen laden seither zum »Bummeln, Shoppen, Staunen und Erleben« ein.

Auf bisher drei Ebenen warten sage und schreibe 142 Geschäfte nicht etwa auf termingebundene Pendler und Reisende, sondern auf Kunden ohne Zeitgefühl und auf eventhungrige Gäste, denen an »außergewöhnlichen Erlebnisaktionen und spektakulären Abendveranstaltungen« gelegen ist, denn da wird »der historische Bahnhof zur angesagten Szene-Location«. Man kann sich mit Unterhaltungselektronik die Taschen voll stopfen, Klamotten anprobieren, Geschenke und Mitbringsel erstehen, essen, trinken, sich bedienstleisten lassen und – den Zug verpassen …

Es sind durchaus auch schon Dresdner gesichtet worden, die einzig zum Leipziger Hauptbahnhof gereist sind, weil der ihre in Dresden da noch nicht ganz mithalten kann. Aber man arbeitet dran. Bald hat auch Dresdens Hauptbahnhof eine kleine Schobbing-Meile. Damit löst sich noch ein anderes Problem, denn wesentlich unspektakulärer kommt der Fahrplan im Leipziger

Hauptbahnhof den Reisenden buchstäblich in die Quere. Trägt man sich gar mit dem abenteuerlichen Gedanken, tief in der Nacht noch mit der Eisenbahn – sagen wir mal – nach Dresden fahren zu wollen, dann sollte man sich spätestens bis eine Stunde vor Mitternacht entschieden haben, sonst geht da nüscht mehr.

Man kann eben nicht alles haben. Auch auf Hauptbahnhöfen nicht ... Denkbar wäre sogar, dass der Leipziger Hauptbahnhof demnächst in »Szene-Location mit Bahnanschluss« umgetauft wird. Darf man dann eigentlich noch Bahnhof sagen? – Die Sache ist schwierig.

www.leipzig-online.de; www.promenaden-hauptbahnhof-leipzig.de

Ballack

Sachsen hat derzeit keine erfolgreichen Fußballspieler

Da muss man auf jeden Fall ergänzen: ... wenn es nicht unser aller Michael Ballack gäbe. Der Kapitän der deutschen Nationalmannschaft, für die er über siebzigmal zum Einsatz kam, ist in der Tat derzeit der wohl erfolgreichste und international bekannteste Fußballspieler Sachsens. Nach Ulf Kirsten aus Riesa und dem Dresdner Matthias Sammer, die es als Stammspieler der Nationalelf und gefragte Klubfußballer bis nach Leverkusen und Italien gebracht haben, versucht Ballack seit 2006 im Mutterland des runden Leders, beim englischen Club FC Chelsea heimisch zu werden, und wenn das nicht klappt, findet sich ein anderer klasse Klub. Zuvor stellte er in Kaiserslautern, Leverkusen und München als Mittelfeldspieler und dreifacher Fußballer des Jahres sein Können unter Beweis. Also ein richtiger sächsischer Exportschlager.

Begonnen hatte alles – nein, nicht in Chemnitz, sondern viel weiter östlich an der deutsch-polnischen Grenze – im noch sächsischen Görlitz, wo er am 26. September 1976 geboren wurde. Bereits ein halbes Jahr nach Michaels Geburt zog die Familie nach Karl-Marx-Stadt, heute Chemnitz. Mit dem Fußball hat es erst bei der für ihre ausgezeichnete Nachwuchsarbeit bekannten Betriebssportgemeinschaft Motor »Fritz Heckert« und mit dem rührigen Trainer Steffen Hänisch angefangen, und endlich reifte sein Talent auf Chemnitzer Terrain auch unter den Fittichen der heute noch mehr oder weniger erfolgreich agierenden Meistermacher Hans Meyer und Christoph Franke. Das alles kann man gar nicht oft genug erzählen, denn jetzt, wo der Ballack gewissermaßen allen Deutschen und sogar noch den Engländern gehört, soll e Sachse doch e Sachse bleiben.

Dass Ballack trotz der steilen Auswärtskarriere seine anheimelnd sächselnde Sprachmelodie noch nicht vollends verloren hat, beweisen zahlreiche Rundfunk- und Fernsehinterviews. Überhaupt scheint sich in dem Görlitzer/Karl-Marx-Städter/Chemnitzer Ballack, der für ein unauffällig zu nennendes, aber umso wirksameres Mittelfeldspiel bekannt ist, auf glückliche Art und Weise wiederzuspiegeln, was man allgemein den vom Charakter her ausgesprochen zurückhaltenden Sachsen – besonders in Bayern mit einem weinenden Auge – immer wieder gern bestätigt: Erst wenn einer fehlt, merkt man wie wertvoll er ist.

Dino Reisener. Michael Ballack. Die Story des Fußball-Superstars. München 2005; www.michael-ballack.com/?201A1A1

Barbarossa-Stiefel → Döbelner Riesenstiefel

Bauprojekte

Leipzig braucht einen City-Tunnel!
Leipzig braucht keinen City-Tunnel!

Der Irrtum liegt in beidem. Seit 1998 steht fest, sagt die Planungsgesellschaft der Messestadt: »Der Bau des Tunnels ist technisch machbar, ökologisch unbedenklich und sowohl verkehrspolitisch als auch wirtschaftlich sinnvoll.« Das klingt eigentlich durchdacht.

Aus dicken eingleisigen Röhren, 8,8 Meter im Durchmesser, soll er bestehen und vier Kilometer lang sein (wenn er denn mal fertig ist). Er soll »die Stadt – einschließlich Flughafen und Messegelände – in Nord-Süd-Richtung optimal in das Fernverkehrsnetz der Deutschen Bahn AG einbinden«. Als 2002 der Bund, das Land Sachsen, die Stadt Leipzig und die Deutsche Bahn die Finanzierungsvereinbarung für den Tunnelbau unterzeichneten, glaubte man, das Projekt würde 571,6 Millionen Euro kosten. Seit 2004 wird gebaut, und nun weiß man es besser, sagt es aber nicht, nicht so laut jedenfalls …

Irgendwann werden den Tunnel einmal elf S-Bahnen pro Stunde und Richtung durchfahren, sagen die Experten und Leipzig hätte dann endlich »eine echte durchgehende Nord-Süd-Verbindung« zu bieten. Außerdem stellt die Planung kurze Wege für den Fernverkehr und das S-Bahnnetz definitiv in Aussicht.

Andere sehen das anders. Der Kabarettist Bernd-Lutz Lange zum Beispiel, der sich ganz öffentlich Sorgen macht um sein Leipzig, schrieb schon 2005: »Die Macher müssen sich über den Sinn des Tunnels sehr unsicher sein, wenn sie für über 60 000 Euro ein Faltblatt verschicken, um für die Röhre zu werben. Ich hätte wenigstens erwartet, dass für den ↑ICE eine Zeitersparnis herausspringt, aber nachdem ich nun weiß, dass nur Regionalverkehr und S-Bahnen den Tunnel benutzen werden, stelle ich dessen Sinn erst recht in Frage.«

Es ist offensichtlich, die Leipziger haben einen Tunnelstreit wie die Dresdner ihren ↑Brückenstreit. Der Unterschied liegt darin, dass man den Tunnel nicht sehen muss – bei der Brücke ist das freilich ganz anders. Wer jetzt daraus den Schluss zieht, Sachsen seien streitsüchtig, besonders bei ihren Bauprojekten, der irrt aber gewaltig. Wir dulden keinen Widerspruch, basta.

Stadtlexikon Leipzig von A bis Z. Leipzig 2005; wwischer.itrnet.com/citytunnel/; Bernd-Lutz Lange. Die Demolierung zur Großstadt. In: Leipziger Volkszeitung vom 14.10.2005

Bautzen → Gelbes Elend

Bernsteinzimmer

Das verschwundene Bernsteinzimmer kann man in Deutschneudorf besichtigen

So ist es nicht. Legenden gibt es ja genug, manchmal welche mit Wünschelrute.

Davon hat der preußische König Friedrich I. sicher nicht geträumt, dass das von ihm 1701 in Auftrag gegebene inzwischen legendäre »Bernstein-Cabinet« mal mit einer Wünschelrute gesucht werden würde. Der ganz mit Bernstein ausgekleidete Raum sollte seinem Charlottenburger Schloss, vor den Toren Berlins gelegen, zur Zierde gereichen. Sein Sohn Friedrich Wilhelm I., dem weniger an Kunst als an »langen Kerls« für seine Leibgarde gelegen war, tauschte dann aber das Zimmer mit Zar Peter dem Großen gegen »248 große russische Soldaten« ein. In 18 Kisten sorgfältig verpackt, reiste das Bernsteinwunder 1716 nach Sankt Petersburg. Ab 1741 hatte es seinen Platz im Winterpalais und später in Zarskoje

Selo (dem Ort Puschkin), wo es »kunstfertig erweitert, mit neuen Sockelteilen aus Bernstein, venezianischen Spiegeln, Leuchtern, Mosaiken« in den dortigen Palast eingepasst wurde.

Während des Zweiten Weltkriegs wurde es von der deutschen Wehrmacht wieder demontiert und in das Königsberger Schloss evakuiert (oder sagt man besser geraubt?). Im August 1944 zerbombten britische Flieger das dortige Schloss bis auf die Grundmauern. Ob die Kellergewölbe, in denen zuletzt die Bestandteile des Bernsteinzimmers in Kisten lagerten, den Angriffen standgehalten haben, ist umstritten. Die Aussagen widersprechen sich, und der Ort war zumindest für Ausländer tabu. 1967 wurden auf Anordnung der sowjetischen Behörden die Überreste des Schlosses in Kaliningrad gesprengt.

Vom Bernsteinzimmer fehlt noch immer jede Spur. An Spurensuchern und Spurendeutern mangelt es allerdings nicht. Die Ausgangslage für die »Fahnder« könnte unklarer überhaupt nicht sein, was der Legendenbildung natürlich ordentlich Vorschub leistet.

Hat das Bernsteinzimmer Königsberg je verlassen oder wurde es bei den Luftangriffen vernichtet? Liegt es noch vor Ort in seinem unauffindbaren Versteck? Wurde es per Schiff (mit der »Gustloff« womöglich) entführt und ging sang- und klanglos unter? Wurde es irgendwo »im Reich« bombensicher deponiert? Nichts davon lässt sich vollständig ausschließen und beweisen schon gar nicht. Obwohl sogar (wenngleich ebenso erfolglos) das Ministerium für Staatssicherheit der DDR fieberhaft nach dem »Genossen Bernstein« gefahndet hat.

Seit 2003 gibt es nun eine prachtvolle Rekonstruktion des Bernsteinzimmers, wo es hingehört, nämlich im Katharinenpalast in Puschkin. Doch mit einer Rekonstruktion sind doch Schatzsucher natürlich nicht zufrieden! Inzwischen wurden definitiv »authentische Spuren« des verschollenen Objektes aus der Weimarer Umgebung und dem erzgebirgischen Poppenwald vermeldet. Zumindest von der Presse. Doch das echte »achte Weltwunder« scheint sich immer noch in Luft aufgelöst zu haben. Es sei denn ...

Auf dem Kamm des Erzgebirges, in unmittelbarer Nähe der deutsch-tschechischen Grenze liegt die kleine Gemeinde Deutscheinsiedel/Deutschneudorf und in dieser der Fortunastollen. Gegen Ende des Zweiten Weltkrieges, im Winter und Frühjahr 1945, war hier eine SS-Transportkompanie mit nebulösem Kampfauftrag stationiert, die mit der geheimnisvollen Einlagerung des Bernsteinzimmers in Verbindung gebracht werden könnte. Das jedenfalls sagte sich der Bürgermeister der Gemeinde und schickte eine Schar sendungsbewusster Wünschelrutengänger ins Rennen. Die fanden nix. Doch wer glaubt schon an Wünschelrutenhalter, wenn sie nix finden? Den Besucheransturm konnte das jedenfalls nicht aufhalten. Wohl jeder, den es nach Deutschneudorf verschlägt, wird sich davon überzeugen, was die Wünschelrute gezeigt hat. Die Besucher stehen nun staunend vor der Wand, hinter der das Bernsteinzimmer versteckt liegen soll, sie trinken Bernsteinzimmerbier und essen Bernsteinzimmerpizza. So lässt es sich auch ohne Bernsteinzimmer leben. Oder? Das jedenfalls kann man in Deutschneudorf besichtigen. Das Bernsteinzimmer aber bekommt man nicht zu Gesicht.

Tobias Mindner. Bernsteinzimmersuche. Mit Presse und Trompeten. Berlin, Fürstenwalde 1998; www.planet-wissen.de; www.fortuna-erbstollen.de;www.mdr.de/artour

Blaue Adria

Die Sachsen haben kein Meer

Es mag ja sein, dass beim Blick auf die Landkarte die Meeranbindung an Sachsen ein bisschen mehr Fantasie benötigt, als vielleicht Normalsterblichen gegeben ist. Aber dass Sachsen kein Meer hat, ist nun doch ein Irrtum und deckt sich mit dem, Sachsen hätte keine ↑Seefahrer hervorgebracht. Dennoch, der Sachse ist nicht nur helle, er ist auch erfinderisch. Wer also noch immer behauptet, Sachsen hätte kein Meer, der hat die Rechnung ohne die etwa 600 Einwohner von Crosta-Adolfshütte am Rande des Naturschutzgebietes »Oberlausitzer Heide- und Teichlandschaft« gemacht. Die leben nämlich an der »blauen Adria«.

Dabei handelt es sich um ein Erholungsgebiet für Alte und Junge, Dauercamper wie Tagesbesucher, Grillwütige und Badelustige, Beach-Baller und Angler – hier gibt's alles, was den reiselustigen Sachsen auch vom Mittelmeer bekannt ist, sogar die Menschenmassen an strahlenden Sommersonnentagen. Man kann sich in den Trubel der Badenden stürzen oder auch ein idyllisches Plätzchen in der Heide suchen, mit Meerblick gewissermaßen. Sofern nicht gerade die andern auch auf so eine Idee gekommen sind. Eben alles so wie an der richtschen Adria.

Die blaue Adria ist natürlich längst kein Geheimtipp mehr und ziemlich schnell über die Autobahn A 4 an der Abfahrt Bautzen Ost, über die B 156 und weiter Richtung Großdubrau zu erreichen. Auch wenn das Meer hier noch eher ein Badesee zu nennen ist – jeder hat schließlich mal klein angefangen. Azurblau wie das Mittelmeer ist unsere Adria auf jeden Fall schon. Entstanden ist das sächsische Meer aus einem Tagebaugelände, auf dem einst Kaolin abgebaut wurde, das auch Porzellanerde genannt wird und unter anderem für eben solches (↑Porzellan) Verwendung fand. Das saubere Naturwasser, so erklären die Betreiber des Erholungsgebietes, ist von äußerst guter Qualität und äußerst geringer Schadstoffbelastung. Siebzehn Hektar umfasst das eingefriedete Areal und ist ganzjährig und rund um die Uhr geöffnet. So viel Service, und man ist doch zu Hause!

Nicht, dass womöglich nun jemand denkt, nur die Sachsen hätten solche Einfälle oder seien ignorant. Im rheinland-pfälzischen Altrip bei Ludwigshafen gibt es auch eine »blaue Adria«, deren Badesee soll schon ein bisschen größer sein. Aber Sachsen lassen sich nicht unterkriegen, wir arbeiten dran. Bald heißt es nicht nur die Sachsen haben ein Meer, sondern sie haben auch das größte. Na ja ... man wird doch mal träumen dürfen.

www.blaueadria.de/html/sitemap.htm

Blaues Wunder

Das Blaue Wunder ist Dresdens bekannteste Brücke

Es ist schon ein Wunder, dass die Brücke, die die Dresdner Stadtteile beiderseits des Elbufers miteinander verbindet und die eigentlich schlicht »Loschwitz-Blasewitzer Brücke« heißt, überhaupt gebaut wurde. Zunächst gab es zwischen dem einstigen Vorort Loschwitz auf der einen Uferseite und dem Vorort Blasewitz auf der anderen eine Fähre, aber die reichte bald vor allem den Gemeinden auf der rechten Elbseite nicht mehr aus. Die Loschwitzer wollten schließlich auch in die Innenstadt auf der anderen Seite, um ihre Geschäfte zu machen. Aus der Innenstadt nun wieder zog es manchen gern mal für ein paar Stunden in die idyllische Natur auf der anderen Seite nach Pillnitz oder zum Weißen Hirsch. Also gab es im Laufe der Zeit auch verschiedene Pläne für Straßen und Wege, um trockenen Fußes auf die jeweils andere Seite zu kommen, die aber immer wieder ins Wasser fielen, mal ins Hochwasser, ein anderes Mal ins Fahrwasser der Auseinadersetzungen, zum

Beispiel über die Finanzierung. Bevor es jedoch zu einem handfesten Streit gewissermaßen zwischen dem rechten und dem linken Ufer kommen konnte, der dann vielleicht auch noch in der Elbe geendet hätte, verlegten sich die rechtselbischen Gemeinden aufs Petitionen schreiben an die Königliche Staatsregierung und aufs Vorschläge machen. So kam Bewegung in die Sache, als dann wirklich am 15. Juli 1893 die »Loschwitz-Blasewitzer Brücke« eingeweiht wurde. E Wunder. Wie man staunend feststellte, noch dazu ein wirklich blaues. Übrigens soll ihr »dreifach ausgeführter Anstrich in hellblauem Ton« 57 000 Mark gekostet haben. Die seither »Blaues Wunder« genannte bizarre Eisenkonstruktion musste sich jedoch wegen ihres äußeren Erscheinungsbildes auch manch bissige Kritik des einen oder anderen Zeitgenossen gefallen lassen:

»Ä indressantes Bauwerk magst de sein
Daran de Dechnik selig vor Vergniegen,
Doch daß du schön wärst, nu, da misst ich liegen,
Das fällt än andern Menschen ooch nicht ein.
...
Der Schönheet Linie fehlt dem Eisenfitz
Eich ziert er niemals, Losch- und Blasewitz.«

Doch der »Eisenfitz«, die »steife Hängebrücke mit drei Gelenken in der Mittelöffnung«, wie sie Claus Köpcke, ihr Erfinder und Erbauer, einmal prosaisch nannte, hat sich schließlich durchgesetzt, sie hat Kriege und Hochwasser überstanden und gehört heute zu den markanten Wahrzeichen der Elbestadt. Das ist so.

Übrigens, es wurde und wird noch immer in Dresden auch erzählt, dass diese Brücke deshalb Wunder genannt wird, weil sie als einzige Stadtbrücke den Krieg unversehrt überstanden hat. Als kurz vor Kriegsende noch der Befehl kam, alle Brücken zu sprengen, hatte die Wehrmacht auch diese Brücke mit einer Ladung Sprengstoff versehen, aber beherzte Bürger durchschnitten die Zündkabel. Man sagt, etwas unkorrekt, wie durch ein Wunder sei die Brücke erhalten geblieben.

Ob das Blaue Wunder nun wirklich die bekannteste Brücke Dresdens ist, scheint vom Betrachter und der Streitlust der Dresdner selbst abzuhängen. Momentan jedenfalls, wie es aussieht, wird dem Blauen Wunder durch die Waldschlösschenbrücke dieses Alleinstellungsmerkmal streitig gemacht (↑Brückenstreit). Da kann man sich nur wundern, bis man blau wird.

Volker Helas, Franz Zadnicek. Das Blaue Wunder. Halle 1995; Michael Wüstefeld. Blaues Wunder. Dresdens wunderlichste Brücke. Berlin 2002

Bliemchengaffee → Kaffeesachsen → Melitta

Böttger → Pozellan

Brückenstreit

Sachsen können sich nicht entscheiden

So ja nun nicht: Beschlüsse gibt es auch in Sachsen – viele! 1996 zum Beispiel beschloss der Dresdner Stadtrat den Bau einer weiteren allerdings schon seit Jahrzehnten »angedachten« Elbquerung, nämlich der Waldschlösschenbrücke. Der dazu fällige Planfeststellungsbeschluss wurde immerhin acht Jahre später gefasst. Just in der Zeit, 2004, hatte es der Landschaftszug »Elbtal« auf die Weltkulturerbeliste der Unesco geschafft. Da war das mit den Bauplänen noch keine Aussichts- oder besser Panoramafrage. Man blickte auf die Elbe und sah Dresden und hatte eine Vision von einer neuen Brücke.

»Sind Sie für den Bau der Waldschlösschenbrücke einschließlich des Verkehrszugs der abgebildeten Darstellung?« Vor diese

Wahl stellte der Bürgerentscheid des Jahres 2005 die Dresdner. Ja, sagten fast siebzig Prozent der Beteiligten, allerdings hatte nur die reichliche Hälfte der Wahlberechtigten tatsächlich abgestimmt, der Rest schaute noch aufs Wasser. Nur die Unesco nicht, die setzte am 11. Juli 2006 den Landschaftszug »Elbtal«, unter Mithilfe der – wie sich nun auch für den Rest der Welt herausstellte – umstrittenen Brückenpläne, runter von der Weltkulturerbeliste und rauf auf die »Liste des gefährdeten Erbes der Weltkultur«. Entschlossen setzte der Dresdner Stadtrat daraufhin den geplanten Baubeginn aus. Was vom sächsischen Regierungspräsidium entschlossen beanstandet wurde. »Vergabe der fälligen Brückenaufträge und zwar sofort«, moserten die Vertreter des Freistaates. »Nö«, beharrten die Stadträte. Ein entschlossener, aber unentschiedener Verwaltungsrechtsstreit bahnte sich an.

Im März 2007 entschied das Sächsische Oberverwaltungsgericht, dass der Bürgerentscheid umgesetzt werden müsse. Die Stadt Dresden gab also den Weltkulturerbetitel verloren. Die Brückengegner protestierten weiter und fanden neue Verbündete, unter den ↑kleinen Hufeisennasen …

Die Welt muss sich fragen, was tun die Sachsen da eigentlich und warum? Aber die Sachsen machen es sich nun mal mit ihren Entschlüssen nicht leicht. Deshalb kann man doch nicht behaupten, dass sie sich zu nichts richtig entschließen können. Das braucht seine Zeit, nur nicht den Humor verlieren!

Apropos, da gab es schon mal eine »Geschichte der dritten Dresdner Brücke«: 1873 (!) erschien in der Zeitschrift »Der Calculator an der Elbe« (Preis 5 Pfennig) eine utopische Glosse vom satirischen Schriftsteller Carl Reinhardt. Und der schrieb folgendes:

»Um die Mitte des 19. Jahrhunderts erkannten die Väter der Stadt, dass die vorhandenen Elbbrücken für den Verkehr nicht mehr ausreichten. (Deshalb) prüften die Verordneten der Stadt die Pläne über die neue Brücke und beschlossen sie zu beschließen. Im darauf folgenden Jahr beschlossen die Väter der Stadt die geprüften Gutachten zu prüfen, und die geprüfte Prüfung den Stadtverordneten zu erneuter Prüfung vorzulegen. Im darauf folgenden Jahr beschlossen die Verordneten der Stadt sich der erneuten Prüfung zu unterziehen. Im Jahre des Heils 1890 beschlossen die Väter der Stadt einstimmig das Gutachten des Rathssachverständigen darüber einzuholen, ob nicht auf Grund der technischen Fortschritte man nun mehr ohne Brücke über die Elbe gelangen könne.

1891. Versuch mit einer neuen Schwimmhose.

1892. Die Schwimmhose wird den Stadtverordneten vorgelegt.

1919. Ein großes Malheur ereignet sich. Die Brückendeputation der Stadtverordneten ertrinkt bei der Probe der Schwimmhose mit Mann und Maus, wie der selige Pharao in dem rothen Meere.

1924. Die Stadtverordneten beschließen, dass eine steinerne Brücke minder gefährlich sei.

1933. … Der Verkehr ist um das Doppelte gewachsen. Wenn jemand die Brücke passieren will, muß er den Tag zuvor ein Billet dazu lösen.

1947. Die Stadtverordneten bewilligen 500 000 Thaler zur Erbauung eines Speichers, damit die über die neue Brücke niedergeschriebenen Acten und Gutachten trocken untergebracht werden können.

Im Jahr 1953 befindet man, dass eine dritte Elbbrücke für Dresden nicht ausreichend sein würde, dass auch noch eine 4. und 5. nöthig sei, um dem Verkehr zu genügen. Aus diesen Gründen beschließt man die dritte Elbbrücke vorläufig nicht zu bauen, die 4. und 5. aber erst nach der Beendung der 3. in Angriff zu nehmen.

Im Jahre 1973 endlich, also gerade nach hundertjähriger Verhandlung wird das Project genehmigt: ›die über die neuzuerbauende Dresdner Elbbrücke ergangenen Acten und Gutachten als Dach über die Elbe zu legen, und somit den ganzen Raum von Pillnitz bis Meißen mit Actenpapier zu überdecken‹.

1974 wird diese Ueberdeckung von Pillnitz bis zur Terrasse

vollzogen und man befindet, dass das Papier noch bis Torgau reichen wird. Als aber bei der Einweihung der Bürgermeister zuerst nach Neustadt hinüber gehen soll, erklärt er: Nee, auf diese Brücke tret' ich nich …«

Da sieht man's doch, von wegen, nicht »richtig entschließen können«. Wir Sachsen, das muss einmal gesagt werden, sind zu allem entschlossen – sogar dazu, eine Glosse umzusetzen.

Markus Scheffer. Der Volkswille als Leerformel. In: Frankfurter Allgemeine Zeitung vom 30.5.2007; Thilo Alexe. Brückenstart am 13. August. In: Sächsische Zeitung vom 31.7.2007; Carl Reinhardt. Zur Geschichte der dritten Dresdner Brücke. In: Der Calculator an der Elbe. Zwanglose Blätter zum Lachen und Aergern. Nr. 54, 1873; Norbert Weiß, Jens Wonneberger. Dichter Denker Literaten aus sechs Jahrhunderten in Dresden. Dresden 1997; www.umwelt.sachsen.de

Camembert → Radeberger

City-Tunnel → Bahnhof → Bauprojekte → ICE

Crottendorfer Kegel

Der Crottendorfer Kegel macht dem nahe gelegenen Fichtelberg Konkurrenz

Das könnte schon sein, aber worin? Die kleine Erzgebirgsgemeinde Crottendorf liegt nicht allzu weit entfernt von Sachsens höchstem Gipfel, dem 1214 Meter aufragenden Fichtelberg. An diese Höhe dürfte der Crottendorfer Kegel, selbst wenn man ihn in dem 650 Meter über dem Meeresspiegel liegenden Ort aufstellt, nicht heranreichen. Das Markante am Crottendorfer Kegel ist denn auch nicht die Höhe, sondern der Geruch, der ihm entströmt, wenn er einmal in Brand gesetzt wird. Davon möge der Fichtelberg nun aber wirklich verschont bleiben.

Die Erzgebirgler sind ja weltweit dafür bekannt, dass sie sich allerlei Anheimelndes für die Weihnachtszeit ausdenken und auch herstellen. Die Räucherkegel oder Räucherkerzen – wie sie auch genannt werden –, die die Crottendorfer erfanden, werden aus einem Gemisch von Holzkohle, Kartoffelmehl, Sandelholz, Rotbuchenmehl, Weihrauch oder anderen Duftstoffen (wie Lavendel, Jasmin und Ambra) geknetet, in Form gepresst und getrocknet. In eigens dafür hergestellten Räuchermännchen, oder wie die Einheimischen sagen »Rachermanneln«, wurden und werden diese entzündet, und die still vor sich hinpaffende Holzfigur animierte jeden, der den Raum betrat, schnüffelnd zu fragen: Wonach riecht's hier denn? Und alle wussten, es ist Weihnachten.

Um 1750 begannen die Erzgebirgler ihre weihnachtlich duftenden Kegel in (ziemlich schmutziger) Heimarbeit herzustellen. Räucherstäbchen dagegen gibt es schon seit dem Mittelalter oder noch länger. Bekanntlich verschenkten die Weisen aus dem Morgenland Gold, Weihrauch und Myrrhe, »wobei das wertvolle Weihrauchharz als das ›göttlichste‹ der Geschenke« galt und sich schon seit Urzeiten in den religiösen Riten vieler Kulturen finden lässt. Aber auch da gab es den Fichtelberg schon längst.

1936 nahm die Firma Graupner als erste Räucherkerzenfabrik hier ihre Tätigkeit auf und belieferte den Rest der Welt mit Weihnachtsdüften. Der Familienbetrieb wurde 1959 zur »Freya Graupner und Co KG«, einem Betrieb mit staatlicher Beteiligung. 1972 enteignet, hieß die Firma dann bis 1990 »VEB Räucherartikel« und stellte immer noch die Crottendorfer Kegel her. Der Fichtelberg, selbst inzwischen volkseigen, blieb unbeeindruckt und erhob sich weiterhin über alles. Inzwischen kommen die Kegel aus der Crottendorfer Räucherkerzen GmbH, die einer gewissen Frau Marita Ehrentreich gehört. Eine »Marika« preist per Internet in ihren Testberichten die aus Crottendorf kommenden »Weihnachtsdüfte« an: Wenn gezündelte Kegel Tannenduft verbreiten, kann man sich »richtig wohl fühlen«. Der Fichtelberg bleibt ohne Konkurrenz, nicht nur, weil die Tannen dort Fichten sind, sondern weil er noch immer zum Verweilen in seinen Wäldern einlädt, im Winter wie im Sommer. Weil aber im Sommer sich kaum jemand mit Weihnachtsdüften umgeben will, werden die Crottendorfer Kegel in dieser Jahreszeit einfach einem neuen Zwecke zugeführt. Sie firmieren dann als »Hau ab! – Räucherkerzen«, mit dem Zusatz: »Und die Mücken machen 'ne Fliege!«.

Keene schlechte Idee, eene mit Konkurrenzpotential, nur nicht für den Fichtelberg.

Klaus Seehafer. Das Weihnachtsland. Heiteres und Besinnliches aus dem Erzgebirge. Berlin 2004; Birgit Matuschewski. Chronik. Eintausend Jahre Erfindergeist in Sachsen. Luxus und Gebrauchsgüter. Dresden 2004; www.ciao.de/Crottendorfer_Raucherkerzchen__Test_2893028

Daheeme

Der Dresdner ist überall zu Hause

Ja, aber nur in Dresden daheeme. Denn Dresdner sind immer unterwegs. Man trifft sie überall. Aber kaum, dass sie weg sind, wollen sie wieder nach Heeme. Denn daheeme ist dort, wo die Gefühle am meisten Platz haben.

Wenn der Dresdner nach Hause kommt, egal ob aus China oder Liechtenstein, dann grummelt's bei ihm jedes Mal in der Magengrube. Schon am Bahnhof oder am Flughafen ruft er: Willkommen daheeme! Machen Sie sich als Neuer in dieser Stadt darauf gefasst, dass Sie ↑Elbflorenz nicht mehr loskriegen. Wer einmal hier angekommen ist, der muss immer wieder her.

Natürlich liegt das an den Dresdnern. Die sind nicht leicht zu nehmen, aber wer sie nimmt, wie sie sind, der kommt an. Der

Dresdner hat ein großes Herz für die, die es ehrlich meinen. Doch wer uns übers Ohr hauen will, wird übern Tisch gezogen. Wer noch eine Idee mitbringt, dem wird der Tisch gedeckt.

Es gibt ein Schälchen Heeßen und ne ↑Eierschecke oder um die Weihnachtszeit ein Stück ↑Stollen. Dann wird geditscht. Was das ist, das lernen Sie, wenn Sie das erste Mal im Café Toscana am ↑Blauen Wunder sitzen. Dort ist ein Platz, wo Sie Gefühle kriegen. Die Dampfer fahren die Elbe lang, die Leute babeln in den Biergärten über Gott und die Welt, die Fahrradfahrer radeln gegen den Wind, in dem Kinder Drachen steigen lassen, Angler warten auf den großen Fischzug, und der Schiller schrieb hier einst Gedichte.

Dort an der Elbe saßen auch schon Erich Kästner und Theodor Körner. Und wenn Sie einen Dresdner fragen, wer noch alles dort saß, bekommen Sie eine Antwort und das Gedicht gleich dazu. Nehmen Sie Zeit mit, denn hier wohnten und wohnen auch Maler und Komponisten.

Die könnten heute ein Lied vom Leid der Dresdner trällern. Denn wenn wir unterwegs sind, dann fragt uns jeder. Ob uns das Wasser der Elbe noch bis zum Hals steht, wollen die Leute wissen. Das ist schnell geklärt. (↑Jahrtausendflut) Ob die ↑Frauenkirche wirklich wieder steht? Das ist schnell bewiesen. Ob uns der Oberbürgermeister untreu wurde? Das weiß nur das Gericht allein. Ob die ↑kleine Hufeisennase jetzt ins Stadtwappen kommt? Das ist die beste Idee seit Erfindung der Waldschlösschenbrücke. Ob wir unser Geld nicht besser anlegen könnten als in amerikanische Holzhäuser? Das fragen wir uns auch. Jetzt ist sie weg, die Landesbank, aber die stand nie in Dresden. Wir bauen nicht auf Sand, nur mit Sandstein.

Fragen Sie ruhig, wenn Sie herkommen. Der Dresdner gibt gerne – und an, was er weiß, und zeigt gleich alle Plätze mit Sandsteingebäuden, den ↑Zwinger, die Semperoper, das Schloss, die Hofkirche, den Neumarkt und den Altmarkt. Und wir Elbflorentiner haben auch den schönsten Balkon Europas. Und wenn der Dresdner auf seiner Brühlschen Terrasse steht, dann weiß er, hier bin ich daheeme.

DDR-Kosmetik → Florena

Dichterschule

Dichten lernt man an der Sächsischen Dichterschule

Das »DLL«, das Deutsche Literaturinstitut in Leipzig, gehört zur Universität Leipzig und »stellt die einzige Möglichkeit dar, an einer deutschsprachigen Universität *literarisches Schreiben zu studieren*«, heißt es vorsichtig im Informationsmaterial für zukünftige Bewerber. Nicht etwa, *das literarische Schreiben zu erlernen.* Das kann keiner versprechen!

Zumindest muss gesagt werden, dass vor 1955 – und speziell in Sachsen – Dichter, wenn sie die Dichtkunst studieren wollten, dies an keiner Schule konnten. Wie mag das bloß ein Herr Kästner geschafft haben? Das DLL wurde 1955 schlicht als »Literaturinstitut« gegründet und erhielt ab 1959 seinen heutigen Namen mit dem Zusatz »Johannes R. Becher«. Von den meisten Studenten wurde es nur »das grüne Haus« oder postalisch-lapidar »in der Tauchnitzstraße« genannt. Als Sächsische Dichterschule wurde das Institut eigentlich nie bezeichnet, das blieb einer Gruppe von DDR-Lyrikern vorbehalten, die allerdings fast alle auch das Literaturinstitut besucht hatten: Volker Braun, Heinz Czechowski, Adolf Endler, Bernd Jentzsch, Sarah und Rainer Kirsch, Richard Leising, Karl Mickel und B. K. Tragelehn. Diese weit über die Grenzen Sachsens hinaus bekannte Gruppe von Lyrikern einte in den sechziger und beginnenden siebziger Jahren ein »extremes Bedürfnis ... nach Austausch, Transparenz und gemeinsamen Aktivitäten« sowie die Verehrung ihres charismatischen Lehrers, des rumänien-deutschen Dichters Georg Maurer, der ihnen »scharfes, durchleuchtendes Reflektieren und vor allem das poetische Prinzip der Genauigkeit in der Behandlung des Gegenstandes« vermittelte, und an den man sich auch heute ruhig mal erinnern darf. Mit der Sächsischen Dichterschule schlug die Lyrikbegeisterung in den sechziger Jahren in der DDR übermütig hohe Wellen, mit ihrem Abflauen und nach einiger Kritik aus wenig lyrikbegeisterten Partei- und Regierungsstellen zerfiel die Gemeinschaft in den Siebzigern, die als fest strukturierte Gruppe wohl auch nie bestanden hatte. »Heute (also nach dem Ende der DDR) ist es zu großen Teilen die Sächsische Dichterschule mit ihren hoch gesetzten lyrischen Standards, die sich mit dem Terminus der geschätzten ›DDR-Lyrik‹ schmücken darf«, meint unermüdlich der Literaturwissenschaftler Peter Geist aus Leipzig.

Die meisten »Ehemaligen« der Sächsischen Dichterschule sind mittlerweile zu sächsischen Schuldichtern geworden, ausgezeichnet in Ost und West für ihr literarisches Schaffen. So beispielsweise Sarah Kirsch und Volker Braun mit dem hochgeschätzten Georg-Büchner-Preis. Einen Nobelpreisträger hat die Gruppe (noch) nicht hervorgebracht. Wie überhaupt zu beklagen bleibt, dass es bislang noch keinen sächsischen Literaturnobelpreisträger gibt. Wenn man einmal vom Wahl-Dresdner Karl Gjellerup absieht, den die schwedische Akademie 1917 auszeichnete. Aber der war schließlich ein zugereister Däne und hat weder am Deutschen Literaturinstitut Leipzig studiert noch gehörte er zur Sächsischen Dichterschule. Wo der das Dichten gelernt hat, weiß der Geier ...

www.literatur-leipzig.de; www.uni-leipzig.de/dll/09_geschichte/01.hmtl

Döbelner Riesenstiefel

Der Riesenstiefel stammt von Barbarossa

Friedrich I., den man seines roten Bartes wegen Barbarossa nannte und der bekanntlich im Kyffhäuser schläft, obwohl er in der Türkei beim Baden ertrunken ist, lebte von 1122 bis 1190 und musste schon für vieles seinen Namen hergeben. Eine ganze Tourismusbranche kann mit Geschichten über ihn leben, und mit seinem Namen wurde auch später Krieg geführt, der Angriffsplan auf die Sowjetunion hieß »Barbarossa«.

Der Kaiser des Heiligen Römischen Reiches lebte zwar bestimmt auf großem Fuß, das Riesenleder aus Döbeln dürfte er jedoch weder bestellt noch getragen haben. Hergestellt wurde das gute Stück aus Anlass des 600-jährigen Bestehens der Döbelner Schuhmacherinnung, und die hatte nun gar nichts mit dem Kaiser zu tun. Ihr Patron heißt Hans Sachs. Jener allerdings trieb sich in Nürnberg herum und war nie in Döbeln. Auch ohne ihn feierten die Döbelner Schuster 1925 ihr Gewerbe ausgiebig und mit dem größten Stulpenstiefel der Welt. Dieser hat eine Schafthöhe von 3,70 Metern und eine Sohlenlänge von 1,90 Metern, da passt etwa sechsmal die Schuhgröße 47 rein, aber wer lebt schon in so großen Schuhen? Sechs Innungsmeister hatten 750 Stunden lang an dem Prachtstück gewerkelt. Allein für das Oberleder wurden die Häute von zehn Rindern verarbeitet. Auch ein Riesenstiefel trotzt ja nicht auf Dauer jedem Wetter und so wanderte er ins Museum der Burg Mildenstein nach Leisnig.

Als Sachsen ein neues Bundesland wurde, wollten die Döbelner ihren Stiefel eigentlich wiederhaben. Aber die Leisniger hatten sich an ihn gewöhnt, und so beschlossen zwei Leisniger Schuhmacher einen noch größeren als den Döbelner Stiefel anzufertigen. Nun gibt es seit 1996 auch einen Leisniger Riesenstiefel, der misst sogar 4,90 Meter in der Höhe und verfügt über die bemerkenswerte Sohlenlänge von 2,20 Metern. Der steht im Leisniger

Stiefelmuseum und seit 1997 im »Guinnessbuch der Rekorde«. Die Döbelner geben sich nicht geschlagen, sie machten sich daran, einen Stiefelbrunnen zu errichten, den gibt es in Leisnig noch nicht. Übrigens, Barbarossa hat mit all dem absolut nüscht zu tun.

Regina van Treeck, Hartmut Nürnberger. Sachsen in Frage und Antwort. Beucha 2004; www.leisnig.de; www.lvz-online.de; www.burg-mildenstein.de; www.doebelnerleben.de/aktuell/riesenstiefel.html

Dohnaer Fehde → Königstein

Drebachs »Nackte Jungfern«

Hierbei geht es um unbekleidete Frauen

Das kleine unbescholtene Waldhufendorf Drebach im Erzgebirge, nahe der Bundesstraße 101, zwischen Annaberg und Marienberg gelegen, birgt innerhalb seiner Gemeindegrenzen womöglich die höchste Anzahl und Konzentration »nackter Jungfern« in ganz Sachsen. Aber die ↑schönen Mädchen, die ja bekanntlich in Sachsen wohnen, sehen anders aus. Die Drebacher sind auch nur dem Artikel nach weiblich und kommen ansonsten aus Zwiebeln, denn es handelt es sich dabei »nur« um blau-violette Krokusse, die hier auf ungefähr sieben Hektar Wiesen und in Gärten blühen. Das tun sie Jahr für Jahr, und ihre Blühzeit liegt zwischen Anfang März und Ende April.

Als Vater der Nackten Jungfern gilt ein ehrwürdiger Pfarrer, David Rebentrost, der von 1648 bis 1703 in Drebach als Geistlicher, ebenso aber als Arzt, Heilpraktiker und Pflanzenzüchter wirkte. Dieser Pfarrer und Mediziner Rebentrost soll dem Kurfürsten Johann Georg II., der mal bei der Jagd in den Wäldern an der Heinzebank gestürzt war, erste Hilfe geleistet haben. Daraufhin gab der Fürst seinem Helfer drei (Pflanzen-)Wünsche frei. Rebentrost entschied sich für eine Eibe, die Doldige Vogelmilch und einen Krokus, die er sich aus dem Dresdner Kurfürstlichen botanischen Garten kommen lassen durfte.

Die Eibe steht zwar noch immer im Pfarrgut des Ortes, aber sie ist abgestorben. Die Doldige Vogelmilch, im Volksmund heißt sie auch »Sachsenstern«, gedeiht prächtig und die Nackten Jungfern blühen und blühen und blühen. Allerdings nicht in Gelb oder Weiß, wie man Krokusse woanders bewundert, der Drebacher Krokus weicht in einigen Erscheinungsformen vom normalen Krokus ab. Er hat kleinere Blüten, etwas schmalere Kronenblätter, ausgesprochen kahle Staubblätter sowie in aller Regel nur drei Laubblätter, und er blüht hell- bis dunkelviolett. Im Einzelnen unscheinbar, in der Masse überwältigend – echte Sachsen!

Drebach hat auch eine Fußballmannschaft, die kickt in der Bezirksklasse und hieß bis 1989 »Traktor«. Aus dem Traktor ist nach der Wende der Verein »Krokusblüte« Drebach geworden. Bei ein wenig mehr Mut und Selbstvertrauen wäre wahrscheinlich ein viel passenderer Klubname denkbar gewesen … Schöne Vorstellung: Die Nackten greifen an!

www.drebach.de

Dresden

Dresden ist einmalig auf der Welt

Das glauben fast alle Dresdner und freuen sich. Trotzdem ist es falsch. Allgemein bekannt ist schon seit längerem, dass es in den USA fünf und in Kanada ein Dresden gibt. Gert Bürger, einer von den wenigen Einheimischen, die Dresden nicht unbedingt und um jeden Preis für einmalig halten wollten, hat »über 30 urbane und geographische Orte in aller Welt, die den Namen Dresden tragen«, recherchiert und aufgelistet. Dresden gibt es:

a) in den Vereinigten Staaten:
2 x in Georgia
2 x in Iowa
1 x in Indiana
1 x in Illinois
2 x in Kansas
1 x in Kentucky
3 x in Maine
1 x in Maryland
1 x in Michigan
2 x in Missouri
1 x in North-Carolina
2 x in New York
1 x in North-Dakota
1 x in Ohio
1 x in Oklahoma
1 x in Pennsylvania
1 x in South-Carolina
1 x in Tennessee
1 x in Vermont/New-Hampshire

b) in Kanada:
2 x in Ontario
1 x in British Columbia

c) in Europa:
1 x in England
2 x in Polen
1 x in Tschechien

d) außerdem:
1 x in Chile
2 x in Südafrika und
(vielleicht) 1 x in Australien in der Nähe von Perth.

Einmalig ist Dresden eben nicht. Quod erat demonstrandum! Egal, unser Dresden (↑Daheeme) ist unser und trotzdem einmolisch.

www.europractica-dresden.de

Dresdner Bank → Geld

Dynamo Dresden → Fussballmeister

Ehrenfriedersdorf → Lange Schicht

Eierschecke

Das ist ein Testverfahren zur Größen- und Qualitätsbestimmung von Hühnereiern

Das klingt nicht unwahrscheinlich. Wer Hühnereier in Europa zum Verzehr in Verkehr bringt, muss diese ordentlich kennzeichnen – nach Güteklasse, Gewicht, Haltbarkeit, Lagerbedingungen – und den Verpackungsbetrieb mit Namen und Adresse angeben. Freiwillig und wenn Zeit dafür bleibt, dürfen noch die Art der Legehennenhaltung, das Erzeugergebiet, das Legedatum und der letzte empfohlene Verkaufstag vermerkt werden. Sagt die EU! Um an all diese Angaben, Größen und Kennziffern zu gelangen, müssen die Eier also gecheckt werden und zwar von einem Eier-Checker, der über die nötige Checke (neudeutsch: Wissen, Erfahrung, Kenntnis) verfügt. Das Femininum »die Eierschecke« könnte sich trotz verfremdeter Schreibung auf eine weibliche Eierkontrollfachkraft beziehen …

Aber nein, das ist im sächsischen Sprachraum völlig ungebräuchlich und sogar unmöglich. Es steht der Tatsache vollständig entgegen, dass der Begriff »Eierschecke« hierzulande zwar durchaus mit Eiern zu tun hat, aber nicht mit deren Kontrolle, und einem wesentlich besser im Munde liegt. Sie, die Eierschecke, muss sogar mit einem Gedicht verglichen werden, sie ist ein Kuchen zum Genießen.

Die Eierschecke! Für diesen Kuchen, sagen die geheimniskrämerischen Bäcker, gibt es gar kein richtig vorgeschriebenes Rezept. Als gesicherte Checke (Machtwissen) aber gilt: Hefeteig, Quarkmasse und Oberschicht aus saurer Sahne, Milch, Stärkemehl, EIERN, Zucker, Vanille, Butter und Rum. Der Name des Kuchens soll sich übrigens von scheckig oder gescheckt (gründlich getestet?) ableiten und in Sachsen existieren mindestens drei Varianten friedlich nebeneinander, die Dresdner, die Leipziger und die Freiberger Eierschecke. Als Vorzugsvariante der Dichter und Denker, zumindest der nach Preußen oder Bayern exilierten wie Heinz Knobloch und Erich Kästner, gilt die aus der Elbmetropole. Aber das ist wohl Geschmackssache.

Mario Süßenguth. Süßes Dresden. Geschichten und Rezepte. Leipzig 2005; Heinz Knobloch. Eierschecke – Eine Dresdener Kindheit. Berlin 1995; www.rewe-gvs.de

Elbflorenz

Der Weltenbummler Casanova hat Dresden »Elbflorenz« getauft

Natürlich kannte der Abenteurer Giovanni Giacomo Casanova beide Städte gut genug, um sie miteinander vergleichen zu können. In Dresden war der dichtende Frauenheld häufig zu Gast. Hier feierte er 1752/53 mit seiner Racine-Parodie Bühnenerfolge, besuchte seinen Bruder, den Direktor der berühmten Dresdner Galerie, verkehrte in den Spielsalons mit ehemaligen Mätressen des Grafen Brühl und ließ sich 1788 bei dem gelehrten Juden Samuel im Talmud unterweisen. Kolportiert wird seine Bemerkung, Arno und Elbe seien gleich schmutzig. Da wäre also Elbflorenz ein abschätziger Wortzusammenschluss des sächsischen Flusses und der italienischen Stadt. (Die Elbe sei ein sächsischer Fluss, ist natürlich ein Irrtum. Aber das nur am Rande.)

Auch Casanovas Zeitgenosse, Johann Gottfried Herder, wird immer wieder als Erfinder des Begriffs »Elbflorenz« gefeiert. In seiner Schrift »Adrastea«, in der er sich ausführlich den Dresdner Kunstsammlungen zuwendet, vermerkt er emphatisch, dass Dresden »in Ansehung seiner Kunstschätze ein Deutsches Florenz« geworden sei: »Blühe, Deutsches Florenz, mit Deinen Schätzen der Kunstwelt! / Stille gesichert sei Dresdens Olympia uns. / Phidias-Winckelmann erwacht an Deinen Gebilden, / Und an Deinem Altar sprossete Raphael Mengs.«

Lassen wir mal all die Namen beiseite, Elbflorenz klingt hier natürlich besser für sächsische Ohren. Aber weder Casanova, noch Herder können als Namensgeber des »Deutschen Florenz« ernsthaft in Betracht gezogen werden, denn diese doch recht schmeichlerische Benennung stammt nachweislich schon aus dem 16. Jahrhundert, ohne dass ein konkreter »Erfinder« genannt werden könnte. Der Name für Dresden bedeutete denen, die ihn aufgriffen, nichts anderes als eine Parallele zu der italienischen Stadt am Ufer des Arno, mit ihren zahlreichen Brücken und ihrer durch berühmte Aussichten markierten Flusslandschaft. Insofern lag Casanova nicht ganz falsch, aber erfunden hat er den Vergleich nicht. Sei es nun wie es ist, der Name hat zumindest schon viele Reisende in die Stadt an der Elbe geführt, und das freut uns.

Norbert Weiß, Jens Wonneberger. Dichter Denker Literaten aus sechs Jahrhunderten in Dresden. Dresden 1997; Norbert Weiß, Jens Wonneberger. Lieber Dresden im Regen als Wien bei Sonne. Berlin 2006; Barbara Marx (Hrsg.) Elbflorenz. Italienische Präsenz in Dresden 16.-19. Jahrhundert. Dresden 2000

Elsterperle

So heißt ein Mineral- und Heilwasser aus dem Vogtland

»Elsterperle« nennt sich alles Mögliche, eine Gastwirtschaft, ein Hotel, sogar ein Kleintierzüchterverein, nur kein heilendes Mineralwasser. Eine Elsterperle ist nichts anderes als eine Elsterperle – eine Perle aus der Elster, der Weißen Elster, um genau zu sein. Entdeckt wurden die silbrig-matten Gebilde einst von italienischen Bergleuten und herumstreifenden Abenteurern, den »Wahlen«, die in den Gebirgen und Gewässern nach Bodenschätzen suchten und ihre Funde in »Wahlbüchlein« festhielten, von denen einige bis heute erhalten geblieben sind. Da kann man also sehen, die Ausländer haben's den Sachsen gezeigt. Ab 1455 standen dann Sachsen als Perlentaucher in kurfürstlichen Diensten. Kurfürst Johann Georg I. verlieh 1621 dem Oelsnitzer Tuchmacher Moritz Schmerler das Privileg des ersten kursächsischen Perlenfischers. Bis zum Ende der Perlenfischerei in Sachsen im Jahre 1928 blieb dieses Privileg in der Familie Schmerler erblich.

Die Weiße Elster, in der man die Flussperlmuschel finden konnte, trug ihren Namen zu Recht, so sauber war sie. In dem rasch fließenden klaren und kalten Wasser fanden die Muscheln ideale Lebensbedingungen. Perlen entstehen aber nur, wenn ein Sandkorn oder ein anderer Fremdkörper in die Muschel eindringt, der dann mit einer perlmuttartigen Schicht überzogen wird. In hundert geöffneten Muscheln, die ja sauberes Wasser lieben, lassen sich deshalb höchstens drei oder vier Perlen finden.

Zwischen 1719 und 1814, also in knapp hundert Jahren, wurden in der Elster 11 268 Perlen im Wert von 30 000 Mark gefunden und an den Hof in Dresden geliefert. Die Elsterperle ist eigentlich eine Kostbarkeit, die mit Geld kaum aufzuwiegen geht. Auch deshalb gehörte eine »vierschnürige Kette mit 177 Elsterperlen« zum Schmuck sächsischer Königinnen. Doch wer den Hals nicht voll genug kriegen kann, den bestraft die Natur – oder anders gesagt, der Fortschritt des einen kann auch den Rückschritt des anderen bedeuten. Von 1805 bis 1848 wurden jedenfalls noch 4 107 Perlen aus der Elster gefischt, danach gingen die Erträge immer weiter zurück. Die zunehmende Industrialisierung und der mangelhafte Naturschutz wirkten sich negativ auf die Lebensbedingungen der Flussperlmuscheln in der Elster aus. Ins klare Wasser der Weißen Elster flossen nun zum Beispiel die Abwässer von zahlreichen Hammer- und Pochwerken, von Färbereien und Bleichbetrieben. Die sich im sächsischen Vogtland Mitte des 19. Jahrhunderts kräftig entwickelnde Perlmuttindustrie tat ein Übriges. Überschätzt wurde – das nur nebenbei – die Muschelräuberei, vor der an den Fluss- und Bachläufen aufgestellte drastisch bemalte Holztafeln eindringlich mit Darstellungen von abgehackten Händen oder gar dem Galgen warnten. Genützt hat das nicht viel. Es soll nur noch etwa 2 000 der Flussperlmuscheln in wenigen vogtländischen Gewässern geben. Da muss viel klares Wasser fließen, damit sie nicht aussterben und vielleicht doch noch ein Unternehmer drauf kommt, sein Mineral- und Heilwasser »Elsterperle« zu nennen.

www.jadu.de/mittelalter/perlen; Walter Fellmann. Sachsen Lexikon. München und Berlin 2000; Birgit Matuschewski. Chronik. Eintausend Jahre Erfindergeist in Sachsen. Luxus und Gebrauchsgüter. Dresden 2004; www.umwelt.sachsen.de

FLORENA

Florena-Kosmetik – typisch DDR

Wenn sich mal ein Westpaket nach Sachsen verirrt hatte, konnte man es feststellen: Die da drüben haben Nivea, da ist die Dose blau und weiß. Mir hatten Florena aus dem sächsischen Waldheim, da war die Dose weiß und blau. Typisch DDR war, dass man immer eine Entsprechung im Westen suchte und oft auch fand, so weit man finden konnte und nicht im ↑Tal der Ahnungslosen lebte. Bezogen auf die Florena-Creme muss man sagen, die »Nivea des Ostens« – typisch DDR. Aber da sind wir schon beim Irrtum. Nachgemacht und nichts dahinter – das stimmte hier für den Inhalt durchaus nicht.

Die Anfänge der Waldheimer Kosmetikerstellung liegen viel weiter zurück als die Gründung der DDR. Kurioserweise handelte es sich zunächst um eine »Fabrik zur Bereitung chemischer Düngemittel«, die Adolf Heinrich August Bergmann Mitte des 19. Jahrhunderts gründete. Deren Produkte jedoch dienten weniger der Verbesserung der Bodenqualität unter landwirtschaftlichen Gesichtspunkten als der menschlichen Hygiene, des Mundes vor allem. Zahnseife (der Vorläufer der ↑Zahnpasta), Flechten- und Feinseifen und eine spezielle Haarseife gehörten zu Bergmanns Artikelpalette. Weshalb sich die Firma später folgerichtig als »Waldheimer Parfümerie- und Toilettenseifenfabrik A. H. A. Bergmann« bezeichnete.

Es war ein Glück für Bergmann, dass Sachsen im deutsch-französischen Krieg von 1870/71 an der Seite ↑Preußens stand, denn Preußen ging als Sieger hervor, wodurch auch für Sachsen ein bisschen Geld abfiel. Mit gönnerhaften Siegern in der Geschichte kennen sich die Sachsen nun mal aus. Fünf Milliarden Goldfranken sollen damals nach Sachsen geflossen sein, davon profitierte auch das Bergmannsche Unternehmen und prosperierte, wie es so schön heißt. Der Maschinenbestand wurde auf Dampfbetrieb umgerüstet und die Anzahl der Beschäftigten stieg von 50 im Jahre 1889 auf 75 im Jahre 1904.

800 verschiedene Artikel wurden nun in Prospekten und Zeitungen beworben, darunter das der vornehmen Damenwelt schier unentbehrliche und deshalb heiß begehrte »Taschentuchparfüm«.

Auch der Name »Florena« ist ganz und gar keine DDR-Erfindung, denn er wurde schon 1920 für Kosmetikprodukte aus dem sächsischen Waldheim beim Reichspatentamt München registriert. Den Markenartikel »NIVEA« gab es da leider schon, entwickelt von Oscar Troplowitz für die in Hamburg beziehungsweise Altona ansässige Firma von Paul C. Beiersdorf. Zur damals wohl bekanntesten Waldheimer Marke avancierte aber die rosenfarbene Zahnpasta »Rosodont«. Nach 1945 hieß dann die Firma ein wenig nostalgisch »Volkseigener Betrieb Rosodont Waldheim« und zwar, nachdem die Familie Bergmann entschädigungslos enteignet worden war. Die Fabrik beschäftigte mittlerweile 250 Arbeitskräfte. Die meisten Produkte, besonders natürlich die Florena-Creme, waren bei der Bevölkerung beliebt und wurden auch international gehandelt.

Ab den sechziger Jahren wurde zumindest die blau-weiße Florena-Creme-Hülle der Nivea-Dose immer ähnlicher, doch letztlich gilt: Creme ist Creme. Das ist noch immer so, denn seit sich Deutschland aus den neuen und den verbrauchten Bundesländern zusammensetzt, hat sich eins nicht geändert, es gibt Nivea und es gibt Florena, die eine in Hamburg, die andere in Waldheim. Typisch DDR – kann man nun wirklich nicht mehr sagen.

Fredo Frotscher. Episoden und Bilder um Sachsens berühmte Erzeugnisse. Taucha 2003

Frauenkirche

Der Mörtel der Dresdner Frauenkirche besteht aus Eiern und Quark

Fürs erste muss gesagt werden, die Frauenkirche ist schon ein großartiges Gebäude, und fürs zweite, dass sie wieder in Dresden steht, ist noch einmal großartig. Das Zweite, nämlich das ZDF, hatte dies auch mit einem großartigen Film gewürdigt, der nur einen kleinen Mangel aufwies. Er enthielt Details über die Geschichte der Frauenkirche, die nicht authentisch waren, so die widerständische Rolle des Pfarrers in der Zeit des Nationalsozialismus. Diesen Pfarrer spielte Wolfgang Stumph, der dazu und in Bezug auf den Wahrheitsgehalt der vorgeführten historischen Fakten beide Augen zudrückte. Nun steht ↑Stumpi für viele Zuschauer auch für Authentizität, die nimmt er für sich auch gern in Anspruch. Es nützt ihm daher wenig, wenn er sagt: Hört mal, liebe Leute, ihr wisst doch, authentisch ist Stumph in einer Rolle nur, wenn sie mit »St« beginnt wie Stubbe, Stankoweit, Struutz …, der Name des im Film dargestellten Pfarrers beginnt nicht mit »St«. Inzwischen sagt Wolfgang Stumph, es sei für ihn ein Fehler gewesen, diese Rolle im Film zu spielen, immerhin habe dieser jedoch, was ja nicht wenig ist, viel Aufmerksamkeit und Sympathie für die Stadt und ihre Frauenkirche geweckt. Nun ja, manche Irrtümer entstehen durch Augenzudrücken. Dabei weiß doch jeder, mit den zweien sieht man besser.

Aber zurück zu dem anderen Irrtum. Dass die Frauenkirche zu Dresden wieder in neuem Glanze zu bewundern sein würde, daran hatte über vierzig Jahre schon keiner mehr geglaubt. Dass der Mörtel tatsächlich aus Eiern und Quark besteht, sollte man lieber nicht glauben, schon weil die Sachsen Süßmäuler sind. Seit 2005 gibt es die alte, neue Frauenkirche wieder als den »vollendetsten Kirchenbau der protestantischen Welt«. Das Meisterwerk des Ratszimmermeisters George Bähr, dessen Lebenszeit von 1666 bis

1738 reichte, entstand seinerzeit in siebzehnjähriger Bauzeit und verschlang die horrende Summe von 288 510 Talern. Die glockenartig geformte Kuppel »mit steinerner Laterne, vergoldetem kupfernen Knopf und eisernem Kreuz« wurde 1743 vollendet und blieb weltweit ohne Beispiel. George Bähr aus dem erzgebirgischen Fürstenwalde erlebte das Ende der Bauarbeiten nicht mehr. Der Legende nach hatte er sich, als zweiundsiebzigjähriger Greis, vom ständigen Kampf um sein Werk müde und krank geworden sowie von Selbstzweifeln geplagt, am 16. März 1738 zur Kirchenbaustelle auf das Gerüst geschleppt und in die Tiefe gestürzt. Eine Legende und noch dazu gruselig. Nur das Todesdatum stimmt. Der schwindsüchtige und bettlägerige »Meister Bähr« starb in der Obhut seiner Frau Johanna Juliane in seinem Wohnhaus auf der Seegasse. Aber das nur nebenbei, womit schon angedeutet ist, dass das neue alte Bauwerk nicht geschichts- und legendenlos ist.

Eben so sollte in das Reich der Fabel verwiesen werden, dass der beim Bau verwendete Mörtel aus Eiern und Quark bestanden hätte. Richtig ist, dass in etwas älterer Fachliteratur die gute Qualität des historischen Mörtels auf »geheimnisvolle Zusatzmittel« wie Milch, Eier, Quark, Honig, Zucker, Essig, Wein, Bier oder Blut zurückgeführt wird. Bislang allerdings fehlt jeder fachlich stichhaltige Nachweis dafür, dass diese Zusatzstoffe den Mörtel positiv beeinflusst hätten oder dass sie überhaupt beigemengt worden sind. Als gesicherte Erkenntnis hingegen kann allein der Zusatz von Magermilch oder Magerquark vor allem bei Putzmörtel betrachtet werden.

Fest steht auch: Beim weltweit Aufsehen erregenden Wiederaufbau von 1994 bis 2005 des durch anglo-amerikanische Bomber im Februar 1945 zerstörten Gotteshauses wurde ein »speziell auf die alte Bausubstanz abgestimmter Mörtel« eingesetzt, »der zuvor an einer Probewand aus Postaer Elbsandstein getestet wurde«. Dieser Traß-Kalk-Verfugmörtel weist beinahe die gleichen Festigkeitswerte wie das alte Mauerwerk auf – ganz ohne Eier- und Quarkzusatz. Und mal ganz ehrlich, aus Eiern und Quark machen mir doch lieber ↑Eierschecke.

Jürgen Helfricht. Die Dresdner Frauenkirche. Eine Chronik von 1 000 bis heute. Husum 2003; Reinhard Delau. Die Frauenkirche. Eine Chronik 1722 bis heute. Dresden 2004; www.baufachinformation.de/denkmalpflege

Freistaat

Die Sachsen sind freier als andere Deutsche

»Einigkeit und Recht und Freiheit sind des Glückes Unterpfand« – von diesem Motto ließen sich schon die Gründungsväter der Weimarer Republik leiten. Um ihren Anspruch auf Freiheit von monarchischer Bevormundung deutlich zu machen, nannten sich daher nach der Novemberrevolution von 1918 fast alle deutschen Länder »Freistaat«. So gab es einen Freistaat Preußen, einen Freistaat Württemberg, einen Freistaat Bayern, einen Freistaat Thüringen, einen Freistaat Mecklenburg-Schwerin und so weiter. Sachsen war hier also keine Ausnahme.

Nachdem die sächsischen Arbeiter- und Soldatenräte am 10. November die Republik ausgerufen hatten und Friedrich August III. (↑Anekdotenkönig) drei Tage später seinen Hut nahm, wurde zunächst ein sechsköpfiger Rat der Volksbeauftragten als Regierung eingesetzt. Dieser Rat rückte bald von den ursprünglichen Zielen der Revolution ab: Anstatt die Enteignung allen Privateigentums und die Auflösung Sachsens zugunsten eines sozialistischen deutschen Einheitsstaates zu betreiben, ebnete er den Weg für die parlamentarische Demokratie. Im Februar 1919 wurde eine Volkskammer gewählt, die sich daran machte, eine Verfassung für den neuen »demokratisch-sozialistischen Freistaat« Sachsen zu entwerfen. Diese Verfassung trat im November 1920 in Kraft.

Mit der neuen Freiheit war es allerdings nach 1933 schnell vorbei. Schon bald nahm das »Gesetz über den Neuaufbau des Reiches« den deutschen Ländern ihre Hoheitsrechte und machte alle Landesbehörden faktisch zu Reichsbehörden, deren Beamte vom »Führer« ernannt wurden (↑Monarchie). Mit dem Ende des Zweiten Weltkriegs kehrte dann leider keineswegs die Freiheit nach Sachsen zurück. Zunächst hatte die sowjetische Besatzungsmacht das Sagen, und 1949 begann dann das straffe Regiment der DDR-Regierung in Berlin. Deren zentralistischer Politik fielen 1952 die deutschen Länder ganz zum Opfer: Vom einstmals freien Freistaat Sachsen blieben die drei unfreien Bezirke Chemnitz (später Karl-Marx-Stadt), Dresden und Leipzig übrig.

Im Westen bezeichneten sich nach 1945 allein Bayern und Baden wieder als Freistaat, wobei Baden nach der Vereinigung mit Württemberg 1953 auf diesen Namen verzichten musste. So hielt Bayern als einziges deutsches Land die freiheitliche Tradition hoch – bis am 3. Oktober 1990 auf der Albrechtsburg in Meißen der Freistaat Sachsen feierlich neu begründet wurde. Seitdem wähnen sich die meisten Sachsen – in schöner Verbundenheit mit den Bayern und den Thüringern (die seit 1993 wieder in einem Freistaat leben) – ein ganz klein wenig freier als alle anderen Deutschen. Allerdings handelt es sich dabei wirklich nur um eine gefühlte Freiheit, denn eine rechtliche Bedeutung hat die Landesbezeichnung nicht.

Reiner Groß. Geschichte Sachsens. Leipzig 2004

Fummel

Fummel sind Kleider und meistens recht teuer

Kann durchaus sein. *Der* Fummel ist auf jeden Fall der sächsische Begriff für Bekleidung. *Die* Fummel dagegen muss nicht unbedingt teuer sein. In Meißen ist man schon mit schlappen zwei Euro dabei, wenn man sich eine Fummel leisten will. Ja *eine* Fummel. Ist ja auch nicht gerade viel dran an ihr: ein Löffelchen Fett, eine Messerspitze Salz, ein Tässchen Mehl, Wasser oder Eigelb und saubere meißnische Luft! Die Fummel nämlich (oder Fommel wie sie früher auch genannt wurde) ist nichts weiter als eine »länglich zugespitzte, innen hohle und daher extrem zerbrechliche Teigtasche aus Nudelteig«. Die Herstellung der Fummel scheint denkbar einfach, gelingt aber nachweislich, der benötigten besonderen Luft wegen, nur in Meißen. Entsprechende Versuche in Leipzig, Dresden oder Riesa waren deshalb von vornherein zum Scheitern verurteilt.

Man verrührt also, sofern man sich in Meißen aufhält, Fett, Mehl und Salz zu einem möglichst festen Teig, den man sehr dünn ausrollt und anschließend in Stücke schneidet, die im Durchmesser nicht größer als fünfzehn Zentimeter sein sollten. Die Hälfte des Teilstücks wird nun mit Wasser oder Eigelb bestrichen, die andere Hälfte darüber geschlagen und die Ränder kräftig zusammen gedrückt. Schließlich wird – jetzt kommt's – mit einem Stroh- oder Plastehalm Meißner Luft eingeblasen und dann die Fummel bei nicht zu starker Hitze im Ofen ausgebacken. Wer es mag, streut Puderzucker drüber.

Die Meißner Fummel soll schon am Hofe ↑August des Starken als Nachtischgebäck beliebt gewesen sein, urkundlich nachgewiesen ist sie aber erst seit 1747 – und August starb 1733. Sie hat weder einen besonders guten Geschmack, noch erheblichen Nährwert, dafür aber eine richtig schöne Entstehungsgeschichte und die geht so: Zu Zeiten des Kurfürsten von Sachsen verkehrte täglich ein Depeschenreiter zwischen der Residenzstadt Dresden und Meißen. Dieser kehrte, ein Reitverbot für angesäuselte Kuriere gab es noch nicht, auf dem Rückweg gerne in die eine oder andere am Wege liegende Wirtschaft ein und sprach kräftig dem Landwein zu. Was zur Folge hatte, dass er hernach mitunter vom Pferde fiel, was ihm und seiner Posttasche, nebst kurfürstlicher Korrespondenz, gar nicht gut bekam. Der deshalb erboste Landesherr verdonnerte die Bäcker in Meißen dazu, ein ausgesprochen fragiles Gebäck zu erfinden, dessen Transport zu Pferde nur von einem absolut nüchternen Postillion bewerkstelligt werden konnte. Wie nicht anders zu erwarten, rauschte der beargwöhnte Depeschenreiter durch den Alkoholtest, offerierte bei Hofe eine »schlimm lädierte« Fummel in tausend Stücken und verlor seinen Job.

Noch heute, vermeldet eine durchaus ernst zu nehmende Legende, sollen die Dresdner, Leipziger und auch die Riesaer Frauen ihre Männer nur nach Meißen fahren lassen, wenn sie ihnen versprechen, eine vollständig intakte Fummel mitzubringen ... In der Zwischenzeit gehen sie vermutlich schobben und kaufen sich einen teuren Fummel.

Mario Süßenguth. Der kulinarische König. Essen und trinken wie August der Starke. München und Berlin 2002; Deutschlands kulinarisches Erbe. Cadolzburg 1998

Fürstenschulen

Nomen est omen – Fürstenschulen waren elitäre Bildungsstätten für Adlige

Wer was werden will, braucht eine gute Ausbildung und wer was hat, kann sie sich leisten ... Nee, nee – diese Erkenntnis ist schon viel älter. Und wo gibt es heute schon noch Fürstenschulen und gebildete Adlige? Dabei waren Fürstenschulen gar nicht für Adlige gedacht, und dieser Irrtum ist damit gleich aus dem Weg geräumt. Kurfürst Moritz von Sachsen nämlich hatte ab 1543 aus eingezogenen Klostergütern Schulen für protestantische Internatsschüler in Schulpforta bei Naumburg (1543), St. Afra in Meißen (1543) und St. Augustin in Grimma (1550) gegründet. Nach dem Vorschlag seines Ratgebers Georg von Carlowitz sollte man bei der Aufnahme der Schüler keinen Stand ausschließen, ging es doch vor allem darum, »das Bürgertum, aber auch begabte Kinder vom Lande ... zum Landesbeamtentum zu führen«, das sich bislang nur aus dem niederen Adel rekrutiert hatte. Gleich von der Schule ins Beamtentum, davon träumt noch heute so mancher!

Die Auflagen des Landesfürsten für die damaligen Schulen sahen vor, dass sich Bildung und Erziehung gleichermaßen am humanistischen Gedankengut wie an einer protestantisch ausgerichteten Lebensführung orientieren sollten. Die Schüler wurden »mit Essen, Lager, jährlich 10 Ellen Tuchs zu einem Rock und anderem versehen, zu göttlichem Leben erzogen, in den Sprachen, Zucht und Tugenden unterwiesen«. Und: Nicht mehr als ein Drittel der Schüler durfte von Adel sein. Eine Entsprechung stelle man sich für das heutige Schulsystem mal vor, nicht auszudenken. Wo nähme man bloß das Drittel her?

Nach dem sächsischen Vorbild entstanden ähnliche Bildungseinrichtungen in Heilsbronn (1582) und im brandenburgischen Joachimsthal (1607). Aus den Reihen der sächsischen Fürstenschüler gingen bedeutende Persönlichkeiten des Geisteslebens hervor, so unter anderen die Dichter Friedrich Gottlieb Klopstock, Christian Fürchtegott Gellert, Gotthold Ephraim Lessing und die Philosophen Johann Gottlieb Fichte und Friedrich Nietzsche. Übers Bildungsziel dürften die weit hinausgeschossen sein – von wegen Landbeamte!

Die ehemaligen Fürstenschulen existieren zum Teil noch immer als Bildungseinrichtungen, zum Beispiel St. Augustin in Grimma als sächsisches Realgymnasium, Schulpforta (Sachsen-Anhalt) als

Internatsgymnasium und St. Afra in Meißen als Landesgymnasium für hochbegabte Mädchen und Jungen. Man kann nur hoffen, dass die nicht alle Beamte werden, denn davon haben wir ja inzwischen schon genug, oder? Man braucht ja nur an den Postbeamten Stankoweit denken, selbst der wurde arbeitslos. Von einer Sorte Beamter kann es aber offenbar nicht genug geben – Kommisar Stubbe und Co., aber das nur nebenbei.

Hans Assa v. Polenz, Gabriele v. Seydewitz. 900-Jahr-Feier des Hauses Wettin. Festschrift. Bamberg 1989

FUSSBALL → BALLACK

FUSSBALLMEISTER

Erster deutscher Fußballmeister war der Dresdner SC

Das ist doch etwas, worauf man stolz sein kann, deshalb kann es doch auch nicht falsch und ein Irrtum sein – oder? Am 30. April 1898 wurde der Fußballverein Dresdner SC gegründet. Die Vereinsfarben waren Schwarz-Rot, weshalb es trutzig in der Vereinshymne heißt: »Stolz woll'n wir DSCer heißen / Und stehen fest stets Mann für Mann. / Als ein Panier zu allen Zeiten / Soll leuchten uns Schwarz-Rot voran!« Der Ball wurde im Ostragehege getreten und meistens wurde gewonnen. Ausnahmespieler wie Richard Hofmann (↑König Richard), Helmut Schön, Walter Dzur und Herbert Pohl machten den Verein deutschlandweit und international bekannt. Siebzehnmal konnte die ostsächsische und zweimal die mitteldeutsche Meisterschaft erkämpft werden. 1943 und 1944 wurden die Dresdner nach Siegen über Saarbrücken

(3:0) und den LSV Hamburg (4:0) sogar Deutscher Meister. Kein Zweifel: Ab 1902 war diese Mannschaft im sächsischen und mitteldeutschen Raum ein führender Verein. Neben dem Verein für Bewegungsspiele (VfB) Leipzig wohlgemerkt. Die Messestädter erlangten bereits 1903 die höchsten sportlichen Ehren.

Die Leipziger bezwangen die Dresdner – unmöglich, aber wahr! Tröstend ist nur, dass die Messestädter auch gegen die Mannschaften von Britannia 92 Berlin, Altona 93 und im Endspiel gegen den DFC Prag siegten. Und so erkämpften die Leipziger die erste deutsche Meisterschaft. Die damals noch blütenweiß antretenden »Helden von Altona«, hier endete das letzte Spiel für die Leipziger mit einem glorreichen 7:2, waren wie folgt aufgestellt: im Tor: Dr. Ernst Raydt; in der Verteidigung: Erhard Schmidt und Arthur Werner; in der Läuferreihe: Wilhelm Rößler, Walter Friedrich und Otto Braune; im Sturm: Georg Steinbeck, Bruno Stanischewski, Heinrich Riso, Adelbert Friedrich und Ottomar Assmus. Weitere Meistertitel folgten 1906 und 1913; 1936 wurde Schalke 04 im Pokalendspiel besiegt. Fußball – in Sachsen kein Drama ohne Ende.

In der Gegenwart spielen weder der Dresdner SC, noch der VfB Leipzig eine Rolle. Die Dresdner irren durch die Bezirksliga und die Leipziger mussten 2004 die Liquidation über sich ergehen lassen. Dynamo Dresden, das Team mit der stärksten Fangemeinde und den größten Vorschusslorbeeren, kämpft beständig mit sich selbst und dagegen an, in der Regionalliga Wurzeln zu schlagen. Allein die tapferen Veilchen des Erzgebirgsclubs Aue künden noch bundesweit davon, dass in Sachsen ganz ordentlich Fußball gespielt werden kann, konnte, können wird, oder so.

Klaus Querengässer. 100 Jahre Fußball in Dresden. Kassel 1995

Gartenlaube

Die Leipziger »Gartenlaube« ist als kleiner Bungalow beliebt

Mag schon sein. Klein aber fein, aus Holz gefügt oder Gusseisenteilen zusammengeschraubt, soll sie ihren glücklichen Besitzer vor Sonne, Wind, Außengeräusch und Wolkenbruch schützen. Im Unterschied zur Pergola steht sie stets frei und das schon seit über zweihundert Jahren: die Gartenlaube, das ersehnte Himmelreich für jeden ↑Schrebergärtner.

Wenn von Gartenlaubenromantik, Kitsch und Laubenkomik die Rede ist, meint man gemeinhin aber noch was ganz anderes: eine einst nicht nur bei Bungalowbesitzern beliebte Zeitschrift. Haftbar für die in schwarzen Lettern in Umlauf gebrachte kleine, aber feine Glückseligkeit dürfte auf jeden Fall der Verleger Ernst Keil gewesen sein, ein Leipziger radikal-liberaler Demokrat, der wegen »Vorbereitung zum Hochverrat« neun Monate Haft im Landesgefängnis Hubertusburg, einem düsteren Gemäuer, absitzen musste. Man kann sich schon vorstellen, dass an diesem Ort in Ernst Keil immer wieder aufs Neue die Sehnsucht nach seinem gemütlichen Heim in Leipzigs Dresdener Straße, nach dem weitläufigen Garten hinterm Haus und der schattigen Laube darin aufgekommen ist. Zumindest erschien ihm das häusliche Idyll als Symbol des wahren Glücks. Im Nachlass des Verlegers fand sich ein Schriftstück, das wohl als die Geburtsurkunde des berühmten »Illustrierten Familienblattes« gelten kann, und dem das Folgende zu entnehmen ist: »Erste Planungsnotizen zur ›Gartenlaube‹, niedergeschrieben in meiner Zelle Nr. 47 im Landesgefängnis Hubertusburg, Anfang Oktober 1852, in der Dämmerstunde beim Auf- und Niedergehen in der Zelle.«

Die erste Ausgabe der »Gartenlaube« erschien 1853 noch als achtseitige Beilage einer anderen Zeitschrift, dem humoristischen »Dorfbarbier« von Ferdinand Stolle. Im »Prolog« stimmte Keil seine künftigen Leser auf den Charakter der »Gartenlaube« wie folgt ein: »Wenn ihr im Kreise Eurer Lieben die langen Winterabende am traulichen Ofen sitzt oder im Frühling, wenn vom Apfelbaume die weißen und rothen Blüthen fallen, mit einigen Freunden in der schattigen Laube, dann leset unsere Schrift. Ein Blatt soll's werden fürs Haus und die Familie. – Es soll Euch anheimeln in unserer Gartenlaube, in der ihr gutdeutsche Gemütlichkeit findet, die zum Herzen spricht.«

Verleger und Zeitschrift eroberten die Herzen der Leser im Sturm (nicht aller Herzen, versteht sich). Die »Gartenlaube« fand Scharen von Käufern und Abonnenten, lag beim Friseur aus, in den Warteräumen der Ärzte, in Lesecafés und Leihbibliotheken. Ihre Auflage stieg 1861 auf über 100 000 Exemplare, 1870 waren es bereits 270 000 und 1876 gar 382 000 Exemplare. Zu lesen bekamen die Leute populäre Abhandlungen zu naturwissenschaftlichen Fragestellungen, zu Kunst und Kultur, Mode und Haushalt, Familie und gesellschaftliches Leben. Besonderer Gunst erfreuten sich die Rubriken »Das gehört sich nicht«, »Des Hauses Zier«, Lyrik, der Roman in Fortsetzungen, der zum Beispiel die Schriftstellerin Eugenie John, besser bekannt unter dem Pseudonym E. Marlitt, berühmt machte. Vor allem Roman und Lyrik prägten den Ruf der Postille als »Fahnenträgerin des satten Bürgertums, … mit ihrem in Zucker kandierten Christentum, den Pedantismus der Schulen, die sterile Arroganz der Katheder, die Prüderie der Strickstrumpftugenden, die Thränenfisteln der schriftstellernden Damenwelt, die Geistreichichkeit der Theetische«. So jedenfalls ließ sich der Berliner Dichter Karl Gutzkow darüber aus. Für einen Sachsen riecht das nach Neid.

Die »Gartenlaube« erschien noch bis 1883 in Leipzig, ein Jahr später in Stuttgart und von 1904 bis 1944 (zuletzt als »Die neue Gartenlaube«) in Berlin. Aber als sie Sachsen verließ, hatte sie auch längst ihren Zenit überschritten. Dass die »Gartenlaube« nach 1945 nicht wieder erschien, weil sie auch in Leipzig nicht mehr gebraucht wurde, liegt auf der Hand. Bald gab es ja das »Neue Deutschland«.

Magdalene Zimmermann. Die Gartenlaube als Dokument ihrer Zeit. München 1963; Walter Fellmann. Sachsen Lexikon. München und Berlin 2000

Gelbes Elend

Das »Gelbe Elend« ist eine Volkskrankheit

In gewisser Weise könnte man das so bezeichnen. Am nördlichen Stadtrand von Bautzen entstand in den Jahren 1900 bis 1904 die »Königlich-Sächsische Landesstrafanstalt Bautzen«. Die helle Fassade aus gelben Zwickauer Klinkersteinen brachte dem Gebäude den Spitznamen das »Gelbe Elend« ein. Vor dem Ersten Weltkrieg galt die Einrichtung als moderne und vorbildlich organisierte Vollzugsanstalt mit »baulich getrenntem Strafvollzug an männlichen Jugendlichen und Männern sowie einer weitgehenden Selbstversorgung durch die produktive Wirtschaftstätigkeit der Gefangenen«. Der wuchtige Bau verfügte über 800 Plätze für Einzel- und Gemeinschaftshaft.

Zwischen 1933 und 1945 wurden hier zahlreiche Antifaschisten, Kommunisten vor allem, Sozialdemokraten, Gewerkschafter oder religiös motivierte Andersdenkende gefangen gehalten, unter ihnen der unter dem Pseudonym Ludwig Renn weltbekannt gewordene Schriftsteller Arnold Vieth zu Golßenau. Von August 1943 bis Ende Juli 1944 saß der KPD-Vorsitzende Ernst Thälmann »im Ostflügel des Kreuzbaus in der Doppelzelle 11/12« ein, bevor er in das Konzentrationslager Buchenwald überführt und dort ermordet wurde.

Im Sommer 1945 richtete dann der sowjetische Geheimdienst NKWD ein Speziallager zur »vollständigen Isolierung feindlicher

Elemente« ein, worunter man ehemalige Spione, Diversanten und Nazi-Aktivisten verstand. Bis 1950 war das Bautzener Speziallager Nr. 4 mit insgesamt 26 000 Häftlingen belegt, von denen 2714 die Haft nicht überlebten. »Die Mehrzahl der Opfer verhungerte oder starb an Tuberkulose und anderen Krankheiten. Eine unbekannte Anzahl von ihnen wurde auch im Lager erschossen.«

Ab 1950 übernahm die Deutsche Volkspolizei das »Gelbe Elend«, nunmehr als Strafvollzugseinrichtung der DDR. Im ersten Jahr der Übernahme kam es zu mehreren Hungerstreiks, die gewaltsam beendet wurden. Die meisten Insassen der Anstalt waren wegen Spionage, Kriegsverbrechen, Verbrechen gegen die Menschlichkeit oder wegen antisowjetischer Tätigkeit zu langen Haftstrafen verurteilt worden. Später kam das DDR-Spezifikum »Republikflucht« als strafbares Vergehen hinzu. Der zunehmende Ausreisewille von DDR-Bürgern muss in den Augen der DDR-Mächtigen schon wie eine Volkskrankheit ausgesehen haben, aber ein Sanatorium war Bautzen I auf keinen Fall. Das Gefängnis galt »wegen der permanenten Überbelegung, einer schlechten Ernährung und der ständigen Schikanen des Wachpersonals als eine der gefürchteten Strafvollzugsanstalten der DDR«. Von außen gab es – bis auf die gelbe Farbe – kaum einen Unterschied zwischen den Haftanstalten Bautzen I und Bautzen II. Bautzen II allerdings hatte vor allem zwischen 1956 und 1989 einen unauffälligen Anstrich, schließlich brachte man hier die »harten Fälle« unter, politische Gegner bzw. solche, die man dazu machte, Bautzen II war der »Stasi-Knast«.

Während Bautzen II 1992 geschlossen wurde und nun als Gedenkstätte der Erinnerung an die Opfer politischer Gewaltherrschaft dient, wurde Bautzen I modernisiert und wird mit 600 Haftplätzen weiterhin zum Strafvollzug genutzt. Wenn man Kriminalität als Volkskrankheit bezeichnen will, hat sie hier ihre vorübergehende Verwahrstelle. »Gelbes Elend« heißt sie im Volksmund, über Kaiserreich, Weimarer Republik, Nazidiktatur und DDR-Sozialismus hinweg, noch immer.

Bert Pampel. Spuren Suchen und Erinnern. Gedenkstätten für die Opfer der politischen Gewaltherrschaft in Sachsen. Leipzig 1996

Geld

Sachsen können nicht mit Geld umgehen

»Sächsisch als Erfolgsprinzip« – Hätten die Manager der Sachsen LB sich doch bloß ihren offiziellen Slogan zu Herzen genommen! Dann hätten sie sicher nicht angefangen, zum Zwecke der globalen Immobilienspekulation eine Tochtergesellschaft im Ausland zu gründen. Aber zu spät. Nun sind die Milliarden futsch, und unsere Landesbank gehört jetzt den Schwaben. Da hat das sächsische Erfolgsprinzip ziemlich gründlich versagt. Aber es sind ja auch schon andere deutsche Banken von Nieten in Nadelstreifen an den Rand des Abgrunds geführt worden. Mit dem Geld anderer Leute spekuliert es sich eben überall am besten.

Die Sachsen sind in dieser Hinsicht nicht besser oder schlechter als andere. Immerhin hat aber das sächsische Bankenwesen eine lange Tradition. Wenn es nicht gelogen wäre, könnte man fast sagen: Wir haben das Bankwesen überhaupt erst erfunden! Zwischen 1871 und 1873 wurden in Sachsen jedenfalls 26 Aktienbanken gegründet, darunter auch die Dresdner Bank, deren Name heute noch weltweit von sächsischem Finanzgenie zeugt, auch wenn der Unternehmenssitz bereits 1884 in die Reichshauptstadt verlegt wurde. Die Dresdner Bank gehörte schon damals zu den vier größten deutschen Banken und legte ihr Kapital (gewinnbringend!) in der ganzen Welt an. So finanzierte sie nicht nur Eisenbahnstrecken in Österreich, auf dem Balkan und in der Türkei, sondern auch Unternehmen in Europa, Russland und den USA. Andere Bankhäuser wie die Dresdner Diskontbank, die Leipziger Vereinsbank, die Leipziger Diskontogesellschaft oder die Zwickauer Bank spielten in einer anderen Liga, arbeiteten aber ebenfalls profitabel.

Wenn jemand in Sachsen nicht mit Geld umgehen kann, dann doch allenfalls die Regierungen. Siehe beispielsweise die ↑Wettiner, die neigten hin und wieder zur Verschwendung (↑Georg der Reiche). Man könnte das natürlich auch ganz anders sehen, und Verschwendung oder auch Spekulationen als Großzügigkeit auslegen. Ist doch eine sächsische Tugend, oder? Vielleicht haben die Manager der Sachsen LB so gesehen den Slogan »Sächsisch als Erfolgsprinzip« nur falsch ausgelegt und müssen jetzt eben das schwäbische Prinzip »Geiz ist geil« lernen.

Dresdner Bank (Hg.). Chiffren einer Epoche. Frankfurt am Main 1972; Reiner Groß. Geschichte Sachsens. Leipzig 2004; www.sachsenlb.de.

Gemütlichkeit

Der Sachse lässt sich nicht aus der Ruhe bringen

Die Gemütlichkeit gehört in Sachsen einfach dazu, schon immer. Weder von einem Pfeifenclub und seinen Meisterschaften im Pfeifelangsamrauchen ist hier die Rede, noch von einem Schaafheimer Kegelverein, der eine ruhige Kugel schiebt, oder von einem Schützenverein in Trachtenkleidung und Almenrausch – hier geht es schlicht und einfach um die »sprichwörtlich sächsische Gemütlichkeit«. Die allerdings wurde, wenn man mal im Internet danach sucht, offenbar absolut von der Tourismusbranche vereinnahmt. Allerlei Gasthöfe, Hotels und andere touristische Einrichtungen werben vollmundig damit. Das bringt den Sachsen aber nicht aus der Ruhe, gemütlich schaut er sich das Treiben an. Sachsen ist ein Reiseland geworden, die jährliche Besucherzahl geht auf die sechs Millionen zu. Alle wollen die »sächsische Gemütlichkeit« erleben. Sie rasen von einem Museum zum andern, klettern auf die Berge, schauen am Ufer der Elbe nach seltenen Tierarten, radeln im Sommer, laufen Ski im Winter, suchen nach den Spuren alter Fürsten oder Dichter, fotografieren und schwadronieren und schlagen sich Bäuche mit sächsischen Backwaren und gärigen Getränken voll. Sie machen einen Wirbel, wollen möglichst viele der in den Prospekten versprochenen Attraktionen selber sehen und in den paar Tagen auch möglichst viel von der sächsischen Gemütlichkeit erhaschen – dann sind sie wieder weg und die nächsten kommen.

Der Sachse schaut gelassen zu, gibt in aller Ruhe und geduldig Auskunft, wenn er nach etwas gefragt wird, spaziert so vor sich hin, immer die Ruhe selbst und immer für einen freundlichen Plausch bereit, geht in sein Café, bestellt seinen Heeßen ... Und eigentlich lässt er sich auch wirklich durch nichts und niemanden aus der Ruhe bringen, es sei denn, er soll erklären, worin eigentlich die »typisch sächsische Gemütlichkeit« besteht. Da kommt er ins Rudern, da kommt ihm alles Mögliche in den Sinn, aber wird das einer verstehen? Er wird hektisch, denkt an Brückenstreit und Rotlichtsumpf, womöglich an Hartz IV und den Nachbarschaftsstreit und wer weiß, was noch. Da soll man doch lieber die Tourismusbranche fragen. Die Ruhe jedenfalls ist dahin ...

Aber was ist denn nun die typisch sächsische Gemütlichkeit? Das ist doch der dem Sachsen eigene Charme, mit dem er der Aufgeregtheit der anderen begegnet. Wenn ein Dresdner zum Beispiel gefragt wird: Wie komme ich zur Semperoper?, wird er antworten: mit Talent. Wird der Sachse in gleich mehreren Sprachen, die er nicht versteht, um eine Auskunft gebeten, und ein anderer merkt bewundernd an: Was der alles für Sprachen konnte!, wird der Sachse sagen: Na und, was hat es ihm genützt?

Sachsen können über alles plaudern, also babbern, ob es das Wetter, der ↑Brückenstreit oder die Weltlage ist – am Schluss wird immer der Spruch stehen: Wird schon weern, wenn ooch vielleicht ni so schnell. Man hört es schon in der Sprache. Wenn der Sachse Papa sagt und meint damit den sich hart durchsetzenden Teil der Familie, klingt das weich wie Babbe. Und Streit erst! Der Sachse tut auch meckern, nu klar, und er weeß so manches anders. Da heißt der Schlusssatz dann: Nu, ich weeß doch oohhh ni, obs richtsch is. Oder: Wer weeß, obs besser wird, aber es muss anders weern. Ehe der Sachse zu weit rausschwimmt, rudert er doch lieber gleich wieder zurück, irgendwann wird's schon … Es sollte vielleicht mal einer der Tourismusbranche erklären, was »typisch sächsische Gemütlichkeit« ist.

Georg der Reiche

Der sächsische Herzog Georg war besonders reich

Die Sachsen haben ihre Herrscher gern mit Beinamen versehen. Lange vor ↑August dem Starken gab es zum Beispiel schon Albrecht den Stolzen, Dietrich den Bedrängten, Albrecht den Entarteten, Wilhelm den Einäugigen oder auch Friedrich den Sanftmütigen (↑Prinzenraub). So liegt es nahe anzunehmen, dass Herzog Georg, der von 1500 bis 1539 in Sachsen regierte, »der Reiche« genannt wurde. Immerhin sprudelten zu seiner Zeit gigantische Erträge aus dem Silberbergbau in die fürstlichen Kassen. 1471 hatten neue Silberfunde am Schneeberg das sogenannte Zweite Berggeschrei ausgelöst, das zahlreiche Bergleute und Glücksritter ins Land lockte. Die erzgebirgischen Silbergruben erbrachten zwischen 1470 und 1550 sage und schreibe 1 004 Tonnen Silber, daneben wurde noch Zinn und Kupfer abgebaut, und auch die florierenden sächsischen Märkte und Städte zahlten üppig Steuern. Georg galt daher im deutschen Reich als einer der reichsten Fürsten.

Aber wie sah es tatsächlich in der fürstlichen Schatulle aus? Gar nicht gut. Eine aufwendige Hofhaltung, außenpolitische Abenteuer, Familienstreitigkeiten – Herzog Georg hatte stets mehr Ausgaben als Einnahmen! Ein für viele höchst aktuelles Problem. Bei seinem Tod hinterließ Georg folglich eine halbe Million Gulden als Schulden, unter anderem beim Bankhaus der Fugger. Zwar gehörten zum Nachlass auch Bargeld und Wertgegenstände für etwa 300 000 Gulden, aber selbst wenn sein Nachfolger damit einen Teil der Schulden getilgt hätte, wäre noch ein erkleckliches Defizit übrig geblieben. Daher nannte man den Herzog auch nicht Georg den Reichen, sondern einfach Georg den Bärtigen. Sein Reichtum an Barthaar war schon damals über jeden Zweifel erhaben und ist heute noch auf den erhaltenen Gemälden zu erkennen.

Einen Fürsten namens Georg der Reiche hat es aber wirklich gegeben. Er regierte von 1479 bis 1503 im Herzogtum Bayern-Landshut. Ob der nun wirklich so reich war, wie sein Name behauptet?

Reiner Groß. Geschichte Sachsens. Leipzig 2004

Gewandhaussächsisch

Das ist eine Geheimsprache der Leipziger Musiker

Ja, die Leipziger Musiker haben so ihre Eigenheiten und Geheimnisse, die sie nur höchst ungern zum Beispiel mit den lieben Kollegen der Dresdner Staatskapelle oder der Philharmonie teilen möchten. Möglich auch, dass sich beim Umschreiben oder halb Verschweigen bestimmter orchestermäßiger Tricks und Kniffe in Zeiten der knallharten Konkurrenz im Kampf um die Konzert- und Opernbühnen der Welt eine Art Verschleierungsslang herausgebildet hat. Den zu entschlüsseln ist auch uns nicht gelungen.

Der Begriff Gewandhaussächsisch meint aber etwas anderes, eine versprecherische Todsünde so zu sagen, einen sprachlichen Albtraum, wenn Sachsen sich bemühen Hochdeutsch zu sprechen. Das an sich ist noch nicht die Todsünde, aber jetzt kommt's: Wenn Sachsen beim Bemühen Hochdeutsch zu sprechen, das Hochdeutsche mit der geschriebenen Sprache gleichsetzen. »Sprich, wie du schreibst« ist eine unbillige Forderung mit einem langen weißen Bart. Denn wer konsequent und pedantisch so spricht wie es auf dem Papier steht, der liegt völlig daneben und macht sich lächerlich, sagen jedenfalls die Sprecherzieher und skandieren voller Verzweiflung: »Ich se*h*e in der Nä*h*e Re*h*e ste*h*en.«

Das jeweils schräge *h*, heißt Dehnungs-h und wird bei Strafe nicht und niemals nicht gesprochen, Gewandhaussachsen aber tun gerade das, immer und immer wieder. Sie betonen es noch dazu mit Begeisterung und Pathos, sprechen so, als ginge die Sprache auf Stelzen.

Wenn sie dann noch die e-Laute am Wortende – Schwalaute nennt man die und spricht sie schwach – so richtig schön markig betonen, kriegen sich die Nordlichter vor Lachen nicht mehr ein: »Ich se*he* Re*he* in der Nä*he*.«

Das kann man, wenn man will, selbst als Leipziger Sachse verlernen. Man muss nur wollen und: üben, üben, üben ... wie wenn man im Gewandhausorchester spielen will. Für Dresdner ist das natürlich ganz anders, die ham die Semperoper.

Ariane Willikonsky. Wir können alles – auch Hochdeutsch! Sächsisch. Hamburg 2007

Glashütte

Glashütte ist natürlich eine berühmte Glasbläserstadt

Wer so tickt, hat keine Ahnung. Ein Ort, an dem Glas geblasen, gepresst oder geschliffen wurde, war Glashütte noch nie, aber ein Beleg dafür, dass den Sachsen, auch wenn es ihnen dreckig geht, immer wieder was einfällt. Glashütte war schon immer eine Bergstadt. Manche glauben, dass ihr Name vom geförderten Glaskopferz oder dem Sprödglaserz genannten Silbererz herrührt oder von der Hütte, die Hans Glacz im Graupener Bergrevier betrieben haben soll, die Glacz-Hütte also. Belegen lässt sich das nun wieder mal nicht. Sicher aber ist, dass die Wirtschaft der 1443 erstmals erwähnten, am Fuße des Erzgebirges und in unmittelbarer Nähe zur tschechischen Grenze gelegenen Ansiedlung vom Silber-, Kupfer-, Eisen- und Zinnabbau geprägt war. Immerhin, Sachsens Silberreichtum vergangener Jahrhunderte gründete sich auch auf die aus Glashütter Erzen geschmolzenen 9344 Kilogramm Silber. Das hatte Gewicht, aber Berühmtheit konnte man damit nicht erlangen. Mit dem Silbersegen war es zu Beginn des 19. Jahrhunderts auch endgültig vorbei. Und mit Strohflechten und Landwirtschaft konnten die ehemaligen Bergleute ebenfalls nur schlecht berühmt werden.

Der Aufschwung der kleinen Bergbau- und Landgemeinde zur Stadt von europäischem Ruf nahm dann aber doch noch seinen Lauf und begann mit einem Einfall des Büchsenmachersohns Ferdinand Adolf Lange aus Dresden. Der hatte es sich in den Kopf gesetzt, ausgerechnet in Glashütte Uhren zu fabrizieren. Im Handwerk vom Dresdner Hofuhrmacher Gutkäs vorbildlich geschult, war er nach seiner Lehre in der Pariser Uhrenfabrik Winnerl zum Werkmeister avanciert. Dennoch kehrte er, auch der Liebe wegen, nach Sachsen zurück, heiratete die Tochter seines Lehrherrn und trat in dessen Geschäft ein. Doch als Nachfolger des Hofuhrmachers ein geruhsames Dasein zu führen, stand nicht in Langes

Lebensplan. Deshalb folgte er einem 1843 von der sächsischen Landesregierung erlassenen Aufruf, in dem bewährte Fachleute gesucht wurden, die bereit waren, in sächsischen Notstandsgebieten mit staatlicher Hilfe Industrien aufzubauen. Aufbau Ost in kleinerem Stil! Lange verpflichtete sich gegenüber der Regierung, »15 Lehrlinge innerhalb von 3 Jahren in der Uhrmacherei zu unterrichten«. So schlug im Dezember 1845 in der Mansarde des Langeschen Wohnhauses die Geburtsstunde der sächsischen Uhren- und feinmechanischen Industrie. Taschenuhren von beispielhafter Präzision kamen bald aus Glashütte. Werkstätten und Zuliefereinrichtungen kamen hinzu, und weitere Unternehmer, so der brillante Handwerker, Theoretiker und spätere Gründer der »Deutschen Uhrmacherschule« Moritz Großmann, siedelten sich in der Stadt an. Aber wie die Geschichte sich so entwickelt, gab es nach dem Auf wieder ein Ab.

Mit dem Beginn des Ersten Weltkriegs endete die »Blütezeit der Taschenuhrenproduktion«. Kriegsniederlage und Inflation taten ein Übriges. Dennoch, ein Glanzstück aus der Glashütter Produktion war die von Hermann Goertz im Jahre 1925 geschaffene Kunstuhr, eine komplizierte Sekundenpendeluhr mit zahlreichen Funktionen – Anzeige für Wochentage, Monate, Datum, Schaltjahre, Mondlauf, Tierkreiszeichen, Sonnenaufgänge, Sonnenuntergänge, Mondphasen, Schlagwerk ... –, ausgerüstet mit siebzehn Zeigern und einem Werk, in dem sich 122 Räder und Triebe sowie 54 Hebel und Federn bewegen. Einen kurzzeitigen und zweifelhaften Aufschwung brachte zwischen 1939 und 1945 auch die Fertigung von Marine-Chronometern und Zeitzündern.

Nach dem großen Knall kam das böse Erwachen, auch in Glashütte, zunächst mit Demontagen und Enteignungen. Ab 1951 begannen die Uhren wieder zu ticken und zwar anders. Die ehemaligen Einzelunternehmen wurden zum »VEB Glashütter Uhrenbetriebe« vereint. Unmengen der zum Teil in Handarbeit gefertigten Zeitmesser zeigten nicht nur den Einheimischen an, was die Stunde geschlagen hat. Noch heute als Sammlerstück gesucht, ist die Herrenarmbanduhr »Spezimatic«. Auch die Neuzeit wird auf Glashütter Uhren angezeigt, dabei kann der Ort wieder auf mehrere Traditionsfirmen verweisen, die »hochfeine, noble mechanische Armbanduhren« anbieten. Verständlicherweise verweist keines der Werbeangebote darauf, mit welchen Uhren Honecker und Co. ausgestattet waren, von heutigen mafiösen Amtsträgern ganz zu schweigen.

Gottfried Jürgas, Stefan Höhnel. Glashütte. Ein Rundgang durch die Stadt. Leipzig 1993; www.glashuette-sachs.de

Göltzschtalbrücke

Die Göltzschtalbrücke steht auf den Überresten eines römischen Aquädukts

Das imposante Bauwerk – man kann es vor Ort, in zahlreichen Bildbänden, auf unzähligen Ansichtskarten, graphischen Darstellungen und sogar schon Briefmarken immer wieder feststellen – ähnelt einem antiken Aquädukt. Auch gibt es gewisse Parallelen zum Erscheinungsbild des antikisierenden Aquädukt von Roquefavour, der Wasserleitung von der Durance nach Marseille, die 1844 bis 1847 auf römischem Einzugsgebiet errichtet wurde. Sicher, die alten Römer haben es recht weit gebracht, doch bis in das sächsische Vogtland sind sie, zumindest als Bauherren, niemals vorgestoßen, das ist gewiss.

Also kann die Göltzschtalbrücke schwerlich auf einem römischen Aquädukt stehen, und sie hat auch mehr mit der Eisenbahn zu tun, als mit dem kleinen Wässerchen der unter ihr liegenden Göltzsch. Und für den Eisenbahnbau sind die Römer definitiv nicht verantwortlich.

Interessant ist ihre Entstehungsgeschichte dennoch. »Die Anlegung von Eisenbahnen hat in allen Ländern Veranlassung zu Kunstbauten gegeben, die ... Erstaunen und Bewunderung erregen, aber dem Gewaltigsten, was in dieser Beziehung geleistet worden ist, kann sich die Überbrückung des Göltzschtals würdig an die Seite stellen.« Das vermeldete »Webers Volkskalender« in seiner 1850 in Zwickau erschienenen Ausgabe.

Zwischen Mylau und Netzschkau überspannt die mit 574 Metern Länge größte Ziegelbrücke der Welt das Tal der Göltzsch, ist 78 Meter hoch und zwischen 9 Metern (oben) und 23 Metern (unten) breit. Erbaut wurde sie zwischen 1846 und 1851. Bei ihrer Errichtung wurden, neben einem Sandverbrauch von 17 089 Kubikmetern, über 26 Millionen Ziegel verbaut. Dazu wurden 23 000 Stämme als Gerüstholz verzimmert. Gekostet hat die für die entstehende Eisenbahnlinie Leipzig–Nürnberg notwendige Brücke 2,2 Millionen Taler, jedenfalls eine Stange Geld.

Ein stattliches Preisgeld von 1 000 Talern war von der Sächsisch-Baierschen Eisenbahn-Compagnie bereits für denjenigen ausgelobt worden, der die »Lieferung eines Bauplanes für eine Thal-Überbrückung« kostengünstig und auf technischem Höchststand garantieren konnte. Von den eingereichten 81 Vorschlägen, kamen vier in die engere Wahl – verwirklicht wurde zwar keiner, sie dienten aber als Anregung für die weitergehenden Überlegungen des Leiters der Prüfungskommission, Professor Johann Andreas Schubert, dem schließlich der gültige und praktikable Brückenentwurf und die Berechnung der Statik zu verdanken sind.

Für die Deckung des ungeheuren Ziegelbedarfs waren ca. 20 Ziegeleien entlang der Bahnstrecke im Einsatz, die täglich um die 50 000 Steine brannten. Während der knapp sechsjährigen Bauzeit standen 1736 Arbeiter in Lohn und Brot, 31 von ihnen verunglückten tödlich. Soweit die Statistik. Am 15. Juli 1851 wurde der Viadukt festlich eingeweiht. »Nach einem ›Dreifach Hoch‹ auf den sächsischen König fuhr der erste Zug bei Musik und Böllerschüssen unter allgemeinem Jubel in ›schwindelnder Höhe‹ über das Bauwerk und vorbei an den Orten entlang der Strecke.«

Derjenige, der die Vermutung mit dem römischen Aquädukt aufgebracht hat, stammt vermutlich nicht aus Sachsen. Denn schon der Freiberger Bergkalender zählte 1852 die Göltzschtalbrücke, neben der Glas-Stahl-Konstruktion des Londoner Kristallpalastes und der Kolossalstatue der bronzenen Bavaria in München zu den »drei Wunderwerken der Gegenwart«. Als technisches Denkmal, Touristenattraktion und intakte Eisenbahntrasse ist die Göltzschtalbrücke heute noch erhalten – manchmal fahren auch Römer drüber.

Peter Beyer. 150 Jahre Göltzschtal- und Elstertalbrücke im Sächsischen Vogtland 1851–2001. Plauen 2001; www.goelzschtalbruecke.de

Grosser Garten

Dresdens Großer Garten ist die älteste barocke Parkanlage

Um es gleich zu sagen, das stimmt nicht, noch nicht mal eingegrenzt für Deutschland … Der Dresdner Große Garten ist ein großartiges Kleinod, das nicht nur Einheimische schätzen. Er ist das bekannteste in und um Dresden gelegene Gartenkunstwerk, aber er war keineswegs der erste seiner Art.

Der Grundstock für die Anlage des Großen Gartens wurde bereits 1676 mit der Einrichtung eines 700 mal 700 Ellen großen Vorstadtstückes als kurfürstlicher Jagdgarten gelegt (wobei eine sächsische Elle knapp 57 Zentimeter misst). Nach verschiedenen Erweiterungen begann 1683 unter der Leitung von Oberlandbaumeister Karcher die Umgestaltung des Gartens mit streng geometrischer Linienführung, ganz im barocken Stil. Jene europäische Kulturepoche, etwa zwischen 1600 und 1750 auch in der Gartenkunst vorherrschend, hat dabei den Dresdner Großen Garten mitgeprägt.

Auch im alten Rittergut Pillnitz, ein ganzes Stück außerhalb der Residenzstadt Dresden, entstand 1694 eine barocke Gartenanlage. Die Umgestaltung des Lustgartens und seine West-Erweiterung begannen 1712 unter der Gräfin Cosel, die 1706 das Schloss von ↑August dem Starken geschenkt bekommen hatte. Der Barockgarten Großsedlitz wurde im Auftrag des gleichen Potentaten zwischen 1719 und 1727 nach Plänen von Knöffel, Pöppelmann und Longuelune gestaltet.

So ist der Große Garten wohl der älteste Barockpark in Sachsen, aber der älteste sächsische Garten überhaupt ist er nicht. Den findet man in Ragewitz, über das von 1464 bis 1501 der Ritter Jörgen von Schleynitz die Gutsherrschaft innehatte. Er gilt als Initiator für den Beginn der hohen Gartenkultur hierzulande, nachdem er sich in Italien neue Erkenntnisse über die Gartengestaltung angeeignet hatte. Der Überlieferung nach soll der Ritter im Jahre 1461 den Herzog Wilhelm von Sachsen auf einer Wallfahrt nach Palästina begleitet haben. Inmitten des Ragewitzer Parks befindet sich die sogenannte »Mönchssäule« aus dem Jahre 1520, die den »HERN JORGEN VON SLEYNITZ« als »DISES GARTENS ANFANGER UND PFLANCER« würdigt.

Der Dresdner Große Garten hat sich im Laufe der Zeit immerhin auf 200 Hektar ausgeweitet. Zum gestalteten Grün und den baulichen Anlagen, den Brunnen und zahlreichen Plastiken haben sich auch viele Kulturstätten hinzugesellt, nicht zuletzt der von Lenné angelegte Zoologische Garten. Weniger Barockes kam hinzu, wie Radwege und eine Pioniereisenbahn, die heute Parkbahn heißt. Hin und wieder findet man im Großen Garten auch ein Plätzchen, wo man so richtsch de Seele baumeln lassen kann, und glauben, dass man in der ältesten barocken Parkanlage sitzt.

Es sei denn, es kommt ein Hannoveraner und erzählt, dass der Große Garten in seiner Heimatstadt der älteste erhaltene Barockgarten sei, weil er schon 1666 entstanden ist. Selbst Goethe soll ja von jenem beeindruckt gewesen sein. Na und, der Große Garten in ↑Niedersachsen misst schlappe fünfzig Hektar, der Dresdner ist schließlich viel größer.

Hans F. Kammeyer. Das älteste sächsische Gartendenkmal. In: Der deutsche Gartenbau. I, 2 (1954); Bernd Wähner. Gärten und Parks in Sachsen. Hamburg 1997; Jochen König: Dem Ritter von Schleinitz gewidmet. In: Schlösser, Parks und Gärten in Sachsen. Dresden 1996; R. v. Treeck, H. Nürnberger. Sachsen in Frage und Antwort. Beucha 2004

Heldenbuch

Das Dresdner Heldenbuch erzählt von sächsischen Helden

Schön wär's ja. Aber entweder mangelt es der sächsischen Residenz an Helden oder an Heldenbeschreibern. Das Dresdner Heldenbuch heißt nur deshalb so, weil es sich seit mehr als zweihundert Jahren im Bestand der Sächsischen Landesbibliothek zu Dresden (↑Labbi) befindet. Wie es dahin gelangt ist, weiß keiner so genau. Möglicherweise mit einem Nachlass. Jedenfalls trägt es das Bibliothekszeichen des berühmten Leipziger Professors und Literaturpapstes Johann Christoph Gottsched. Zusammengestellt hat es im Jahre 1472 ein gewisser Kaspar von der Rön, ein gebürtiger Franke, wahrscheinlich in Nürnberg im Auftrag des Herzogs Balthasar von Mecklenburg. Es handelt sich also um ein länderübergreifendes Werk. Enthalten sind 355 handbeschriebene und farbenfroh illustrierte Blätter mit Texten aus dem Sagenkreis um Dietrich von Bern und zwei Lieder. Eines, »Meerwunder« genannt, beginnt so:

»Nun hort und schweigt zu disser stunt! / ich mach euch abenteure kunt /von einer kungine: / die was eim kunig lobesam / do wusch ein teuffellicher man: / der wolt die frawen gewine.« Was, grob gesagt, heißen könnte: Nun haltet mal schön die Klappe. Ich erzähl euch jetzt eine Story von einer Königin und einem König. Der war vom Teufel besessen und wollte der Frau ein Leid antun. So ungefähr jedenfalls. Heldendichtung der etwas anderen Art, und man kann von Glück sagen: ganz ohne sächsische Helden.

Wer wissen will, wie die schaurige Geschichte endet, der sollte sich vertrauensvoll an die Handschriftenabteilung der Landesbibliothek wenden. Mit ein wenig Glück und Geduld und natürlich nur nach Voranmeldung, gelangt man in den kleinen Sonderlesesaal und kann ausgiebig im Heldenbuch schmökern. Wenn man's kann – und nur mit weißen Handschuhen, versteht sich.

Norbert Weiß, Jens Wonneberger. Dichter Denker Literaten aus sechs Jahrhunderten in Dresden. Dresden 1997; www.geocities.com; Allgemeine Deutsche Biographie Bd. 15. München 2007

Hellerau

Dresden-Hellerau ist lediglich eine Möbelfabrik

Manche halten Hellerau eher für die erste deutsche Gartenstadt. Bevor es in dieser am nördlichen Rand Dresdens gelegenen Siedlung um Möbel ging, kam auch hier ausgangs des 19. Jahrhunderts die ursprünglich in England beheimatete »Gartenstadtidee« als Antwort auf die sich immer stärker verdichtenden Innenbezirke der großen Städte auf. 1902 wurde in Berlin die Deutsche-Gartenstadt-Gesellschaft gegründet, die »als lebens- und sozialreformerische Organisation für die Idee der Gartenstädte« eintrat. Als erste gartenstadtähnliche Siedlung ist die Gartenstadt Marga in Brieske bei Senftenberg bekannt, die ab 1907 nach Plänen des Dresdner Architekten Georg Heinsius von Meyenburg errichtet wurde. Bis 1915 wurde dort eine Einwohnerzahl von 1700 erreicht. Entstanden waren ca. 100 Arbeiter-, Meister- und Beamtenhäuser.

Das Angebot reichte von der Wohnküche mit zwei Kammern, für Arbeiter gedacht, bis zu neun Zimmern mit Küche und Bad für leitende Ingenieure. Die Häuser hatten jeweils einen kleinen Nutzgarten und gemeinschaftlich bewirtschaftete Vorgärten. Alle Parzellen waren an die zentrale Kanalisation angeschlossen, die Straßenbeleuchtung elektrifiziert. Zum Teil wurde bereits Fernwärme genutzt. Ein wahrer Segen. In der Fachwelt wird immer wieder darüber diskutiert, ob »Marga« nur als Werkssiedlung oder bereits als Gartenstadt angesehen werden kann.

Egal, auf die Siedlung Hellerau traf beides zu. 1909 vom sozialreformerisch inspirierten Kleinindustriellen Karl Schmidt »als bessere Werkssiedlung der Deutschen Werkstätten gegründet«, zog Hellerau mit seinem Credo »Einheit von Wohnen und Arbeit, Kultur und Bildung« Reformer und Utopisten aus ganz Deutschland und Europa an.

Geschätzte Architekten wie Theodor Fischer, Kurt Frick, Muthesius, Riemerschmid und Heinrich Tessenow machten sich um das Erscheinungsbild der Gartenstadt verdient, wobei präzise Anforderungen an die Architektur der Häuser und die Gestaltung der Gärten erfüllt werden mussten. Zu den genauen Vorgaben gehörte es, die Häuser mit Rankpflanzen zu begrünen oder die Grundstücke mit Hecken abzugrenzen. Die Gärten sollten grüne Wohnzimmer sein – und auch eine Selbstversorgung mit Obst und Gemüse ermöglichen. Die künftigen Mieter von Hellerau – das hatte es im deutschen Wohnungsbau bislang noch nicht gegeben – wurden zur »Mitgestaltung ihrer Wohnungen« aufgefordert, indem sie ihre gewünschte Raumaufteilung vorlegen sollten.

Wenige Jahre bevor der Erste Weltkrieg fast alle Reformbestrebungen zum Erliegen brachte, wurde Hellerau mit dem von Heinrich Tessenow entworfenen Festspielhaus, spektakulären Theateraufführungen, einer »Bildungsanstalt für Rhythmische Gymnastik«, dem ortsansässigen Verlag von Jakob Hegner und einer Vielzahl prominenter Besucher wie Nolde, Heuss, Rilke,

Shaw und anderen noch zu einem weithin strahlenden Projekt der frühen Moderne.

Einer Rhythmik der besonderen Art, wie sie der Tanzpädagoge und Begründer der rhythmisch-musikalischen Erziehung Emile Jaques Dalcroze in Hellerau kreiert hatte, folgte später die militärische. Zunächst zog die Polizei auf das Festspielgelände, dann die ↑Rote Armee. Trotzdem blieb der gute Rest der deutschen Werkstätten und ihrer Möbelproduktion über die Jahre hinweg erhalten.

Denn Hellerau steht natürlich auch für schöne Einrichtungsgegenstände. Der aus ↑Zschopau stammende Tischler Karl Schmidt gründete hier eine Bautischlerei und Möbelfabrik und beteiligte sich schon frühzeitig auch an Kunstausstellungen. Für ein Kunstwerk hielt mancher möglicherweise die spanlos verformten Möbel, die ab 1950 in dem als VEB Deutsche Werkstätten Hellerau firmierenden Betrieb produziert wurden. Wer sich zu DDR-Zeiten eine Hellerauer Schrankwand in den Kopf gesetzt hatte, musste sich mit Geduld wappnen, mit unendlicher Geduld! Wenn grad mal drei Schrankwände als Exportüberschuss für die Bevölkerung in den Laden kamen, musste man fix sein und Stehvermögen haben, auch die Bekanntschaft mit einer der Verkäuferinnen war keine schlechte Voraussetzung ... Komischerweise stand trotzdem in fast jedem zweiten DDR-Wohnzimmer ein Stück aus Hellerau.

Und heute? Nachdem die einstigen Kunden erst einmal bei IKEA kauften, versuchte sich die Möbelfirma im Immobiliengeschäft, der Vermarktung von Gartenstadtteilen gewissermaßen. Inzwischen hat man sich als GmbH auf den Yachtausbau spezialisiert. Mit gewöhnlichen Wohnmöbeln hat das ja nun nichts zu tun.

Ehrhardt Heinold, Günther Großer (Hrsg.). Hellerau leuchtete. Zeitzeugenberichte und Erinnerungen. Ein Lesebuch. Husum 2007; Michael Mann. Schöne neue Welt: Gartenstädte lösen hässliche Urbanisierungsfolgen (www.fernuni-hagen.de/HISTOR/Spurensuche/helmholt/neue_welt.shtm)

HYMNE

Die Sachsen brauchen selber keine Hymne

Das stimmt, sie brauchen mehr als nur eine Hymne. Zunächst schmettert es sich leicht: »Gott segne Sachsenland, / Wo fest die Treue stand / In Sturm und Nacht! / Ew'ge Gerechtigkeit, / Hoch überm Meer der Zeit, / Die jedem Sturm gebeut, / Schütz uns mit Macht!« Ganz davon abgesehen, dass heute kein Schwein mehr weiß, dass »gebeut« kein Schreibfehler ist, sondern die alte Schreibweise von »gebietet«, widerstrebt es auch dem Sachsen, ewig um fremde Hilfe zu betteln. Siegfried August Mahlmann, der 1815 den Text für die sächsische Hymne verfasste und die Melodie bei den ↑Angelsachsen und ihrem »God save our gracious Queen« entlieh, dachte zwar an den ↑Monarchen, nämlich Friedrich August II., dem er in der zweiten Strophe huldigte, aber nicht daran, dass auch dessen Pracht einmal ein Ende haben würde. Das kam vierzig Jahre später, als dieser starb, woraufhin zwar die zweite Strophe umgedichtet wurde, aber irgendwie war die Luft raus. Die Sachsen sangen so dies und das und manchmal auch die Hymne, aber erst über 160 Jahre später fiel es auch dem letzten Sachsenbürger wie Schuppen von den Glubschen und jeder trällerte: »Sing, mei Sachse, sing!«.

Der Leipziger Kabarettist Jürgen Hart wollte einfach mal so einen Hit landen, ganz ohne Parteiauftrag und große Kommission. Die Melodie war diesmal nicht geklaut, sondern vom DDR-Erfolgsschlagerkomponisten Arndt Bause, der es immerhin, so sagt die »Welt«, damit zum Millionär gebracht hat. Die »Welt« muss es schließlich wissen. Nicht, dass ein Sachse nicht eigentlich alles können kann, aber Jürgen Hart, nachweislich kein übermäßig begnadeter Sänger schaffte es 1979 auf Anhieb auch mit seiner Stimme in die Hitparaden.

Es gibt Leute, die reden immer noch von der heimlichen Sachsenhymne. Aber wetten, es gibt heute so gut wie keinen Sachsen, der Harts Lied nicht singen könnte. Dagegen das von Mahlmann … Eins steht fest: Der Sachse braucht seine Lieder!

»Sing, mei Sachse, sing! Es ist en eichen Ding.
Und ooch ä düchtches Glück um d'n Zauber der Musik.
Schon des gleenste Lied, des leecht sich off's Gemüt.
Und macht dich oochenblicklich – zufrieden – ruhig – und glücklich!« – So sind mir Sachsen nu mal!

ICE

Leipzigs Citytunnel verbindet Weltstädte

Mir Sachsen schauen uns gern die Welt an, je schneller und je weiter, desto lieber. Und Leipzig ist ja schon immer weltoffen, weshalb sich die Stadt auch als ein Austragungsort für die Olympischen Sommerspiele 2012 bewarb. Große Pläne tauchten auf. Der ehemalige Leipziger Oberbürgermeister Wolfgang Tiefensee, ein ostdeutscher Politiker mit Visionen, wusste es ganz genau, besser gesagt, er konnte es sich ganz genau vorstellen: »Wir stoßen die Tür auf, dass die direkte Verbindung von München nach Berlin direkt, ohne Kopf zu machen, über Leipzig geht.«

Die Deutsche Bahn hat jedoch, erst klammheimlich, später trotzig und inzwischen auch offen, anderen Planungsvarianten den Vorzug gegeben. Sie schickt den ICE zwar von München nach Berlin, aber schlankweg wieder in den Kopfbahnhof (↑Bahnhof) und am teuren Citytunnel vorbei … Nachdem heraus war, die fünf Ringe wird es 2012 in Leipzig doch nicht geben, hatte man ja immer noch die großen Baupläne.

Glücklicherweise heißt der eine Bahnhof, der durch den Citytunnel angesteuert wird, wenigstens Bayerischer Bahnhof, wenn er auch in Leipzig liegt. Eine Möglichkeit wäre es immerhin, den Hauptbahnhof (↑Bahnhof) am anderen Tunnelende in Berliner Bahnhof umzubenennen.

Fazit: Das ↑Bauprojekt Citytunnel kostet den Steuerzahler mehr als anfangs geplant, doch damit hat er sich wahrscheinlich längst abgefunden. Dass er dafür aber lediglich vier unterirdische S-Bahn-Stationen in der Leipziger Innenstadt mit besserer Anbindung an solche Weltstädte wie Delitzsch und Gaschwitz, Borna und Grimma bekommt, dürfte noch gewöhnungsbedürftig sein. Nun ja, die Welt beginnt nun mal in der Provinz.

www.mdr.de/fakt/33411467.html

Jahrtausendflut

2002 überflutete die Elbe den Dresdner Hauptbahnhof

Am 17. August 2002 stieg der Elbpegel am Vormittag auf unfassbare 9,40 Meter. Das Hochwasser vernichtete oder beschädigte in wenigen Tagen 30 000 Gebäude. 750 Kilometer Straße, 540 Kilometer Bahngleise und 180 Brücken wurden zerstört. 20 Menschen verunglückten tödlich. Eine schreckliche Bilanz.

Vier Tage zuvor, am Dienstag, dem 13. August, morgens um sechs Uhr war der Dresdner Hauptbahnhof zur Evakuierung bestimmt worden. Ungefähr 24 Stunden lang stand der Bahnhof auf einer Höhe von reichlich einem Meter im Wasser. Das reichte aus, um die Fundamente des Gebäudes, die Keller und die technischen Anlagen so schwer zu beschädigen, dass die Reparatur- und Instandsetzungsarbeiten erst im Winter 2004 beendet werden konnten.

Doch nicht die Fluten der Elbe hatten sich den Weg bis in die Innenstadt und zum Bahnhofsgelände gebahnt, sondern das Wasser eines normalerweise eher mickrigen Flusses, der Weißeritz.

Das Quellgebiet der Weißeritz liegt im Erzgebirge, in der Nähe des Kahleberges. Wilde und Rote heißen die Flüsse, die die Talsperren Klingenberg, Lehnmühle und Malter speisen und sich vor den Toren Freitals vereinen. Nach ungefähr 35 Kilometern Lauf mündet die Weißeritz dann in der Dresdner Friedrichstadt in die Elbe. Die Wassertiefe des nur sechs Meter breiten Flusses erreicht im Normalfall kaum einen Meter. Da ein beträchtlicher Teil des Flussbettes begradigt, durch Mauern begrenzt und im Stadtgebiet von Dresden sogar in ein neues Bett umgeleitet wurde, besteht nun latent die Gefahr, dass sich bei Hochwasser der Fluss seinen Weg zum alten Flussbett bahnt. So geschah es im Jahre 2002.

Die Weißeritz verließ ihr »künstliches« Flussbett, überspülte die Straße von Freital nach Dresden und trat in Höhe der Nossener Brücke vollends über die Ufer, um sich mit brachialer Gewalt und mit hoher Geschwindigkeit in Richtung Hauptbahnhof zu ergießen. Innerhalb einer Viertelstunde stand das Verkehrszentrum unter Wasser. Wahre Sturzfluten ergossen sich in den Bahnhof, der komplett stillgelegt werden musste. Etwa 42 Millionen Euro betrug der Schaden allein hier. Züge, Gleise, elektrische Anlagen, das Reisezentrum, die Ticketautomaten, Geschäfte – alles war zerstört. Für mehr fehlen die Worte.

Karina Helfricht, Jürgen Helfricht. Die Jahrtausendflut. Husum 2002; www.weißeritz.de/chronologie

Johann
Sächsische Könige waren keine Poeten

Das wäre ja wohl nicht das Schlimmste, solange sie anständig regiert haben. Doch da gibt es auf jeden Fall so manchen Zweifel! König Johann, der von 1854 bis zu seinem Tode im Jahr 1873 Sachsen regierte, war ein Herrscher zwischen zwei Welten. Der ↑Wettiner, der das Königsamt von seinem Bruder Friedrich August II. nach dessen Tod übernahm, erreichte in der Politik nicht unbedingt das, was er wollte, und hatte einigen Zoff mit dem preußischen Fürsten Bismarck. Aber er gilt auch als der bedeutendste Dichter seines Stammhauses. Unter dem Pseudonym Philalethes (Freund der Wahrheit) fand er Eingang in die deutsche Literaturgeschichte. Seine Übersetzung von Dantes »La Commedia« behielt bis weit in das 20. Jahrhundert hinein Maßstab setzende Gültigkeit und wurde noch 1994 von einem Schweizer Verleger für eine Neuausgabe des Danteschen Werks verwendet.

Auf eigene Kosten hatte Johann als 30-Jähriger seine Übertragung der ersten zehn Gesänge veröffentlicht. Bereits 1836 begründete er die »Academia Dantesa«, eine gelehrt und schöngeistig disputierende Abendgesellschaft, der unter anderen der bekannte Arzt und Maler Carl Gustav Carus und der »König der Romantik«, Ludwig Tieck, angehörten. 1865 regte Philalethes die Gründung der Deutschen Dante-Gesellschaft an. Die eigenständigen literarischen Leistungen des Königs – Dichtung, Trauerspiel, Novelle – erreichten hingegen nicht den Rang seiner Übersetzungskunst. »Wäre es nach Johanns Neigung gegangen«, schreibt Walter Fellmann in seinem Lebensbild des Königs, »so hätte er sich der Kunst und der Wissenschaft bis an sein Ende verschrieben. Daß ihm als König kaum noch Zeit für eine schöpferische künstlerische Arbeit bleiben werde, ließ sich absehen ...« Und Fellmann fügt ironisch hinzu: »Auch die breite Öffentlichkeit hätte es gern gesehen, wäre Johann bei Dante und der Lyrik geblieben – man mochte ihn nicht.« Mehr als die Könige lieben die Sachsen eben doch ihre Dichter (↑Dichterschule).

Mag König Johann alias Philaletes auch als der bedeutsamste Dichter des sächsischen Königshauses gelten, der einzige war er nicht. Maria Amalia, Tochter des Prinzen Maximilian von Sachsen, machte als Lustspielautorin Furore und von sich reden, auch wenn sie sich ebenfalls hinter einem Pseudonym, sinnigerweise Amalie Heiter, versteckte.

Der Bühnenerfolg des Jahres 1834, die Komödie »Lüge und Wahrheit«, sowie weitere zwanzig Stücke, meist bieder im Aufbau und schlicht in der Sprache, stammen aus ihrer Feder. Diese wurden nicht nur in Dresden, Berlin, München und Wien aufgeführt, sondern fanden ihr Publikum genauso in England, Frankreich, Italien, Ungarn und Polen. Die Einnahmen stiftete Maria Amalia großzügig für karitative Zwecke. Schon damals warf die heitere Kunst mehr ab als die ernsthafte.

Übrigens hatte schon Prinz Maximilian, ihr Vater, dichtend und komponierend, einen Künstlerkreis um sich geschart, zu dem zeitweilig Christoph August Tiedge, der Verfasser des berühmten Lehrgedichts »Urania« gehörte. Meyers Konversationslexikon sagt von diesem Gedicht, dass es »auf Kantscher und rationalistischer Grundlage den Unsterblichkeitsglauben mit allem Feuer und aller Trivialität einer durchaus wohlmeinenden, aber mittelmäßigen Natur in leichtflüssigen Versen vortrug und daher von der Masse der Halbgebildeten mit Enthusiasmus aufgenommen« worden ist.

Um noch mal auf Maria Amalia zurück zu kommen: Die Prinzessin verehrte Napoleon, dem sie im Mai 1812 im Dresdner Palais des Prinzen Anton begegnet war. Sie blieb ihr Leben lang unverheiratet, wofür sie ihrer »unangenehm rauen Stimme« die Schuld gab. »Am Schreibtisch aber und im Theater verlor sie das Gefühl, am Hofe vielleicht als überzählig zu gelten«, weiß Walter Fellmann zu berichten. Neben der Schriftstellerei versuchte sie sich ebenso erfolgreich auf musikalischem Gebiet. Carl Maria von Weber, der sie unterrichtete, hielt sie »für eine viel versprechende Komponistin«. Ihre so häufig aufgeführten und vergnüglich beklatschten Stücke aber, in denen politische oder soziale Konflikte nicht vorkamen, trafen nur für relativ kurze Zeit den Geschmack des Publikums. Vier Jahre nach ihrem Tod galt keines der Stücke mehr als aufführbar. Amalie Heiters Tagebücher hingegen enthalten lesenswerte Notizen zu ihren Reisen in 472 europäische Städte. Leider ist ihr Briefwechsel, sie korrespondierte mit 400 deutschen und ausländischen Persönlichkeiten, nicht erhalten. Dass man von ihr als Dichterin aus dem sächsischen Königshaus wesentlich weniger hört als von König Johann, mag daran liegen, dass sie noch nicht von Alice Schwarzer entdeckt wurde. Da mit dem Dichterkönig Johann der Irrtum, das sächsische Königshaus habe keine Poeten hervorgebracht, ohnehin ausreichend widerlegt ist, lassen wir es erstmal dabei.

Walter Fellmann. Sachsens Könige. München, Berlin 2000; Walter Fellmann. Prinzessinnen. Glanz, Einsamkeit und Skandale am sächsischen Hof. Leipzig 1996.

Kaffeesachsen

Sachsen ist das Land der Kaffeetrinker und Kuchenfresser

Ooch wenns weh tut, der Stettiner Literat Robert Eduard Prutz schrieb am 12. März 1848 aus Dresden an den Dichter Georg Herwegh: »Land der Kuchenfresser, die verwaschenste, farbloseste breiweichste Generation, die es in Deutschland gibt: Volk wie nasser Schwamm, nicht Welf, nicht Ghibellin, bloß träge Maulaufsperrer, die immer noch glauben, das alles geschehe bloß ›draußen‹ und bloß, damit sie zu ihrem schlechten Kaffee alle Morgen eine interessante Zeitung zu lesen haben.« Nicht gerade ein freundliches Bild von den biederen Sachsen im Revolutionsmärz '48, das noch dazu als Klischee bis in unsere Tage hinein wirkt. Wenig tröstlich ist dabei der Umstand, dass jener Prutz mit seinen patriotischen Epigonengesängen ziemlich erfolglos blieb.

Bereits ein knappes Jahrhundert zuvor soll schon König Friedrich II. von ↑Preußen voller Ironie die drei Begriffe Sachsen, Kaffee und Kuchen in einen nachgerade untrennbaren Zusammenhang gebracht haben, indem er bärbeißig formulierte: »Ohne Kaffee mangelte es den sächsischen Soldaten an der Kampfmoral und sie verweigerten den Einsatz mit dem Argument: Ohne Kaffee können wir nicht kämpfen.« Was den puritanisch veranlagten Herrscher aller Preußen gar zu der Behauptung veranlasste, »bekömmlicher als der Waffengang seien den sächsischen Soldaten Kaffee- und Kuchengelage gewesen«.

Das war natürlich abfällig gemeint, klar. Klingt aber gar nicht so schlecht. Doch so friedlich sind die Sachsen nun auch wieder nicht ... Und Weltmeister im Kaffeetrinken sind sie schon gar nicht, da kommen ihnen die Finnen, Schweden und Schweizer allein statistisch zuvor mit ihren vier bis sechs Tassen »Bohne« oder Schälchen Heeßen pro Tag.

Mit dem Kuchengenuss, dieser tief verwurzelten Vorliebe für ↑Eierschecke, ↑Stollen, Bienenstich und Prasselgebäck mag es freilich anders aussehen. Da sollte man die vergleichenden Statistiken besser um des lieben Friedens willen ruhen lassen.

Dass die Sachsen über Jahrhunderte hinweg auf jeden Fall eine herausragende Bedeutung für die Herausbildung der »deutschen Kaffeekultur« erlangt haben, steht außer Frage.

Bereits 1697 wurde in Leipzig die erste deutsche »Kaffeehaus-Ordnung« erlassen. Eines der schönsten deutschen Kaffeehäuser »Zum arabischen Coffe Baum« ist seit Beginn des 18. Jahrhunderts in der Messestadt zu finden. Hier erschienen auch die ersten satirischen Kaffee-Pamphlete und Kaffee-Zeitschriften. Die Hausfrau ↑Melitta Bentz erfand in Dresden den Kaffeefilter.

Sächsische Synonyme für Ersatz- oder außerordentlich schwachen Kaffee wie »Muckefuck (vielleicht abgeleitet vom französischen mocca faux, falscher Mokka) oder „Bliemchengaffee« für gar zu dünnes Gebräu, wanderten in den allgemeinen deutschen Sprachschatz und in die Schilderungen berühmter Deutschlandreisender wie die des Spötters Mark Twain, der behauptete: »Blümchenkaffee ist ein dünner Bohnenkaffee-Aufguss (15 Bohnen, 16 Tassen) beziehungsweise mehrfach ausgekochter Kaffeesatz, den die Sachsen als Lorke, Plempe oder Latsch bezeichnen.«

Der Kabarettist Tom Pauls, auch als Ilse Bähnert bekannt, soll den Begriff »Schwerterkaffee« als Steigerungsform von Blümchenkaffee geprägt haben: ein so dünner Kaffee, dass man durch ihn hindurch nicht nur die Blümchen auf dem Boden der Tasse sehen kann, sondern sogar die Schwerter auf der Unterseite.

Nun gibt es sogar Wörterbücher, die erklären, das Wort »Kaffeesachse« habe seine »Herkunft vom immensen Verbrauch der Ersatzkaffeegetränke bei den armen sächsischen Bevölkerungsschichten«. Demnach bestünde ein großer Teil der Bevölkerung Sachsens also aus Ersatzkaffeesachsen? Bachs göttliche Kantate eine Ersatzkaffee-Kantate oder ein musikalisches Kunststück nur für die Mokka trinkende Oberschicht? Nicht auszudenken!

Der Irrtum mit den Kaffeetrinkern und Kuchenfressern muss noch weiter untersucht werden.

Ulla Heise. Süße muß der Coffee sein! In: Süße muß der Coffee sein! Drei Jahrhunderte europäische Kaffeekultur und die Kaffeesachsen. Leipzig 1994; Gunter Bergmann. Kleines sächsisches Wörterbuch. Leipzig 1986

Kaminkriecher → Pflaumentoffel

Karasek

Die Oberlausitz hatte einen böhmischen Volkshelden

Wer von böhmischen Dörfern spricht, hat eigentlich keine Ahnung. Mit den böhmischen Volkshelden könnte das ähnlich sein, obwohl so ein »braver Soldat Schwejk«, wie ihn Jaroslav Hašek erfand, könnte einem Sachsen durchaus gefallen. Da gibt es schon Seelenverwandtschaften.

Ein gewisser Johannes Karasek aus Prag, den man auch den »Prager Hansel« nannte, hat sich in der Oberlausitz tatsächlich unvergesslich gemacht. Bis in das Jahr 1849 hinein befanden sich dort zahlreiche böhmische Enklaven, die – von sächsischem Gebiet eingeschlossen – sich als ideal für das räuberische Unwesen mancher damaliger Zeitgenossen erwiesen. Schmuggel, Schwarzhandel, Diebstahl, Raub und Hehlerei blühten in diesen »böhmischen Dörfern«, wie später, zum Glück, niemals wieder in dieser Gegend.

Mit viel Geschick und der Aura des Selbsthelfers, wie es heißt, hat sich jener Johannes Karasek diese idealen territorialen Bedingungen zu nutze gemacht. In der Gegend von Leutersdorf führte er einen wilden Haufen von Dieben, Räubern und Totschlägern an. Des Lesens und Schreibens unkundig, war der gelernte Tischler und Fleischhauer beim Militär gestrandet, dann aber aus der österreichischen Armee desertiert und in das Lager der Gesetzesbrecher übergewechselt. Das wäre ja nun kein Ziel für den »braven Soldaten Schwejk« gewesen. Im Gegensatz zur ehrlichen, aber mühseligen Arbeit der Bauern, Weber oder Handwerker, machte sich für Karasek die Räuberei jedoch tatsächlich bezahlt. Er leitete seine Bande bei einträglichen Überfällen, bei denen er nach Seifhennersdorf, Spitzkunnersdorf, Warnsdorf, Niedergrund, Oderwitz, Neugersdorf, Ebersbach, ja bis nach Friedland und Sebnitz gelangte. In Warnsdorf erschoss Karasek dabei eigenhändig einen Bauern, der Kochhansel genannt wurde.

Zum Verhängnis wurde ihm und seinen Kumpanen der Einbruch beim Gutsbesitzer Glathe im Rittergut Oberleuthersdorf in der Nacht vom 31. August zum 1. September 1800. Obwohl der Überfall trotz einiger Störungen zunächst gelang, die reiche Beute und der notwendig überstürzte Rückzug der Räuber brachte das Ende. Unbeabsichtigt markierten sie durch die fette Beute ihren Fluchtweg mit Münzen, so dass es leicht war, sie zu verfolgen und aufzufinden. Die Festnahme und der Abtransport der dingfest gemachten Übeltäter erfolgte unter großer Anteilnahme der Bevölkerung. »Die Dragoner, die zu Karaseks Bewachung abkommandiert waren, konnten die Menge der Leute kaum auf erforderliche Distanz halten«, heißt es.

Karasek und seine Kumpane wurden auf die Bautzner Fronfeste verbracht. Am 14. September 1801 stand das Urteil fest: Tod durch das Rad für Karasek und seine engsten Vertrauten. Nach einem Gnadenerlass des Kurfürsten Friedrich August, wurde Johannes Karasek jedoch nach Dresden gebracht und hier als Baugefangener Nr. 1 unter strengster Bewachung »verwahrt«. Neun Jahre später ist er im Gefängnis gestorben, genug Zeit offenbar um sich aus dem bekannten und gefürchteten Räuberhauptmann einen Volkshelden zu dichten. Doch ein Robin Hood, ein Stülpner Karl, ein »braver Räuber Fürchtenix« ist er Zeit seines Lebens nicht gewesen, ein »braver Soldat Schwejk« sowieso nicht.

Die vom Volksmund kolportierte Sage, »Karasek nahm den Reichen und gab den Armen«, entbehrt also jeder Grundlage und kann nur mit der Sehnsucht nach einem eigenen Volkshelden erklärt werden.

Johannes Karasek, der bekannte und gefürchtete Räuberhauptmann der Oberlausitz. Waltersdorf 1991

Karl der Grosse

Karl der Große hat die Sachsen unterworfen

Die Sachsenkriege Karls des Großen gehören zu den historischen Ereignissen, die auch heute noch in der Schule behandelt werden. Immerhin waren diese Kriege blutig und folgenreich und sie dauerten insgesamt sogar länger als der Dreißigjährige Krieg, nämlich von 772 bis 804. Aber führte Karl diesen »langwierigsten, grausamsten und mühevollsten Kampf«, den die Franken nach Aussage des Kaiserbiographen Einhard je geführt hatten, tatsächlich gegen die sympathischen Menschen im Gebiet um ↑Dresden, Chemnitz und Leipzig?

Wer die Sachsen kennt, der weiß, das ist unmöglich! Nicht nur, weil man ihnen eigentlich gar nichts zuleide tun kann, sondern vielmehr noch, weil es sie in der Zeit um 800 noch gar nicht gab. Zwischen Saale und Elbe lebten vorerst nämlich noch slawische Stämme, die sich den Angriffen Karls und seiner Nachfolger noch eine Weile widersetzten, und denen sich erst im 11. und 12. Jahrhundert die »echten« Sachsen hinzugesellten. Jene Sachsen hingegen, die in den Sachsenkriegen blutig unterworfen und christianisiert wurden, das waren noch die ↑Altsachsen, die Vorfahren der heutigen ↑Niedersachsen.

Was für ein Glück! Merke: Der Satz »Wer zu spät kommt, den bestraft das Leben«, gilt auch nicht immer. Jedenfalls nicht für die »richtigen« Sachsen.

Hans K. Schulze. Vom Reich der Franken zum Land der Deutschen. Berlin 1994

Kleine Hufeisennase

Der Sachse an sich ist streitsüchtig

Der Streit mag ja eine Methode sein, um die Gegenseite in ihrer Meinung zu bestätigen. So schlau ist der Sachse aber auf jeden Fall, sich darauf nicht einzulassen. Ehe hier nun also ein Streit entsteht, ob und wie sinnvoll oder sinnlos das Streiten ist, soll klar und deutlich gesagt werden: Sachsen sind absolut nicht streitsüchtig, das ist absolut gegen ihre Natur! Im Gegenteil, der Sachse sorgt gern für Heiterkeit, die ist seine Natur und zwar absolut!

Nehmen wir den ↑Brückenstreit in der Landeshauptstadt. – Ja, immer aufs Schlimme! Die meisten Dresdner meinen nun mal, die Waldschlösschenbrücke könnte doch etwas ganz Wunderbares für das Wohlbefinden des Verkehrs, für die Wirtschaftskraft und den gigantischen Bauwillen der Sachsen ein, ein Beweis für Visionen und Innovationen, ein zweites ↑Blaues Wunder sozusagen, nur ohne blaue Farbe, dafür aber dem ökologischen Trend verhaftet, mit Wald, um mal im Bilde zu bleiben. Nun teilt sich der Welt aber diese schöne Vision einfach nicht mit, und sie droht durch ihre Gremien mit der Streichung von der Liste der schönen und besichtigenswerten Dinge auf ihr. Was macht der Sachse? Nee, er streitet nicht. Er lehnt sich zurück und schaut zu, wie sich die ganze Welt aufregt, dass ihr die schöne Aussicht auf die Elbe genommen werden soll. Dann sagt der Sachse vielleicht noch, ↑nu, und lässt Rhinolophus hipposideros flattern, eine der kleinsten Fledermäuse Europas. Die Umweltschützer sind sofort mit Informationen zur Stelle: Etwa vier Zentimeter groß. Lebensgewicht etwa vier bis neun Gramm. Wegen des hufeisenförmigen Hautaufsatzes an der Nase auch kleine Hufeisennase genannt. Rund 850 dieser Nasen in Sachsen machen vierzig Prozent des bundesweiten Bestandes aus. In Sachsen bevölkern sie zehn Sommer- und etwa zwanzig Winterquartiere. Vom Aussterben bedroht, sind sie wie ihre anderen fledermäusischen Artgenossen die einzigen natürlichen Feinde für die uns besonders in lauen Sommernächten piesackenden Nachtinsekten. Nu! Da wird die Brücke erst mal nicht gebaut. Auch wenn sich die Welt kaputtlacht, wie vier Zentimeter Widerstand hierzulande ein gigantisches Bauprojekt stoppen können, da gibt es erst e mal keen Streit. Der Sachse ist doch tierlieb und sorgt für Heiterkeit. Was will man denn noch mehr?

Übrigens könnten auch noch ganz andere Beweise angebracht werden, zum Beispiel der »Maschendrahtzaun« von Regina Zindler aus Auerbach. Erinnern Sie sich? Die hatte es bei dem, was manche Nachbarschaftsstreit nennen, mit Hilfe des TV-Entertainers Stefan Raab zu weltweit großer Heiterkeit und zu einem Hit gebracht.

Wieso glaubt eigentlich irgendjemand, mir Sachsen seien streitsüchtig?

www.umwelt.sachsen.de; Dagmar Rosenfeld. Vier Zentimeter Widerstand. In: Der Tagesspiegel vom 11.08.2007

Klöppeln

Klöppeln ist ein sächsischer Ausdruck für Klappern

Klappern gehört zwar zum Handwerk, mit dem Klöppeln aber hat es nichts zu tun und eigentlich müsste sich das längst bis über die Grenzen Sachsens herumgesprochen haben. Aber wie es eben so ist: Spitzendeckchen aufs Vertiko legen und nicht wissen, was Klöppeln ist ... Klöppel sind Kegel, doch ums Kegeln geht es auch nicht. Klöppeln ist eine Handarbeitstechnik, die man ganz leicht und schnell erklären kann. Es handelt sich bei dieser Technik um ein »fortschreitendes mustergemäßes Umeinanderdrehen, Verkreuzen oder Verflechten von auf Kegel (Klöppel) aufgewundenen Fäden, von Hand auf dem Klöppelkissen (Klöppelsack) nach dem Klöppelbrief (Muster) über Stecknadeln mit Glaskopf oder mithilfe einer Klöppelmaschine«. Weil das Ganze so leicht zu erklären und höchstwahrscheinlich noch leichter zu machen ist, bleibt das Klöppeln feiner Spitzen und Deckchen auch zarten Frauenhänden überlassen. Die Italiener sollen diese Technik im 16. Jahrhundert erfunden haben, doch im Erzgebirge klöppelt man schon mindestens ebenso lange. In den Annaberger Annalen von Paulus Jenesius wurde das Klöppeln 1561 erstmals in der Region erwähnt. Eine Barbara Uttmann aus dem erzgebirgischen Elterlein soll viele hundert Klöpplerinnen beschäftigt haben, weshalb sie die »Klöppelherrin« genannt wurde.

Zunächst wurden Klöppelspitzen ausschließlich für die Kirche gefertigt. Später verzierte man auch profane Kleidungsstücke mit Spitze. Aber selbstverständlich durfte nicht jeder tragen, was ihm gerade einfiel. Die Annaberger Kleiderordnung von 1683 brachte Ordnung in die Mode der feinen Gesellschaft: »Entsprechend seines unterschiedlichen Vermögens trug das Bürgertum verschiedene Spitzen, dies jedoch war den ärmsten Schichten der Gesellschaft (Bauern, Tagelöhnern und Klöpplerinnen!) grundsätzlich untersagt.«

Klar, wer die ganze Woche lang an den Spitzen rumklöppelt, muss sie nicht auch noch sonntags tragen wollen. Aber da es sich beim Klöppeln vorwiegend um gemeinschaftlich verrichtete Heimarbeit handelte, war wenigstens das mehrstimmige Singen erlaubt, was den »Klippelmaadeln« außerordentlich gefiel:

»Ich bi e Klippelmaadel,
dreh es Zwirnsfaadel,
sitz ben Klippelsackel alle Obnd.
Loß de Klippel springe,
tu meg e Liedel singe
on bi flessig, deß der Arm oft brommt.
Klipp, klapp, klipp. Klippel klipp, klapp.«

Seit dem 19. Jahrhundert wird vorwiegend mit Maschinen geklöppelt. Das geht schneller als mit der Hand, und es rechnet sich. Gesungen wird da nicht mehr. Ansonsten hoffen die Annaberger vermutlich auf die nächste Saison und dass dann die Haute Couture ihre Spitze entdeckt, so geht's auch den Klippelmaadeln wieder besser. Die Annaberger Arbeitslosenquote lag im Juli 2007 immerhin bei 14,1 Prozent. Vielleicht hilft ja ein bisschen Klappern fürs Handwerk.

Der Brockhaus in fünf Bänden. Band 3. Mannheim und Leipzig 1993; Regina van Treeck, Hartmut Nürnberger. Sachsen in Frage und Antwort. Beucha 2004; Elvira Werner. Vom Klöppeln in erzgebirgischer Dichtung. Schneeberg 1984

König Kurt → Monarchie

König Richard

König Richard herrschte über England und hat mit Sachsen nichts zu tun

Und nicht nur der eine Herrscher Englands! Da gibt es noch Richard von Cornwall und Richard Löwenherz, Richard II. und Richard III. sowieso. Außerdem: Cliff Richard, der in den sechziger und siebziger Jahren die internationale Rockmusik königlich dominierte, bevor er sich der religiös geprägten Ballade annahm. All diese Richards haben eines gemeinsam, nämlich mit Sachsen nichts zu tun. Hier herrschte allerdings auch ein König Richard, aber nur auf dem Fußballfeld (↑Fußballmeister).

Richard Hofmann aus Meerane (hier wurde er 1906 geboren) hatte nur ein Ohr und einen sensationellen Schuss, der dem Gegner das Fürchten beibrachte. Wenn Richard sich den Ball am Elfmeterpunkt zurechtlegte, wurde allgemein eine Hofmannsche Strafstoßbombe erwartet, und diese Erwartung erfüllte sich oft. Das machte ihn zum wohl bekanntesten Stürmer des Fußballvereins Dresdner SC. Zweimal (1940 und 1941) holte er den Pokal des Deutschen Fußballbundes in die Elbestadt und zweimal (1943 und 1944) die deutsche Meisterschaft.

Für die deutsche Nationalmannschaft, deren Rekordinternationaler er einige Jahre war, spielte er fünfundzwanzigmal, wobei ihm zwischen 1928 und 1932 das seltene Kunststück gelang, in fünf Länderspielen, und zwar gegen die Schweiz, Schweden, England, Dänemark und Finnland, jeweils drei Tore am Stück zu erzielen.

Seine internationale Karriere endete bereits 1933. Doch nicht, wie zuweilen kolportiert wird, aus politischen Gründen, sondern wegen Verletzung des Amateursportstatuts. König Richard war blauäugig genug gewesen, sich für ein paar bezahlte Stammbuchbildchen von der Zigarettenindustrie als Werbeträger vereinnahmen zu lassen. Sein Sohn Bernd spielte später einige Jahre in den DDR-Oberliga-Mannschaften Dynamo Dresden und Dynamo Berlin. Den Ruf seines Vaters erlangte er jedoch nicht, einen König Bernd gab es in Sachsen wirklich nicht.

Richard Hofmann ist 1983 in Freital bei Dresden gestorben. Ihm verdanken die Sachsen, dass sie einen König Richard hatten, der sogar mal England besiegt hat. Wenn das nüscht is! (Siehe auch ↑Monarchie.)

Klaus Querengässer. 100 Jahre Fußball in Dresden. Kassel 1995

Königstein

Die Festung Königstein ist uneinnehmbar

Jedenfalls war das der beruhigende Gedanke, der die jeweiligen Herren der Festung und der Burg Königstein über die Jahrhunderte in Sicherheit wiegte. Doch was ist schon sicher? Damals hielt man die steinerne Sicherheit noch für vollkommen. »In lapis regis« – auf dem Stein des Königs – heißt es, hat Wenzel I., König von Böhmen, die Oberlausitzer Grenzurkunde unterschrieben. Das war schon mal eigentlich eine gute Voraussetzung, sich mögliche Streitigkeiten mit dem Nachbarn vom Halse zu halten. 1379 wurde die erste Burganlage über der Elbe urkundlich erwähnt. Bezwungen wurden Festung und Burg, so ist es ebenfalls überliefert, allerdings auch.

Zum ersten Mal stürmte im Jahre 1406 Wilhelm I., Markgraf von Meißen die Wehranlage, besser gesagt, er ließ stürmen oder noch präziser ausgedrückt, seine Soldaten wappneten sich befehlsgemäß mit Geduld, vier Jahre lang. Dann war die Besatzung der Burg endlich abgeschlafft und ausgehungert und gab sich als leichte Beute geschlagen. Und warum das alles? Beim traditionell jedes Jahr stattfindenden »Dresdner Adelstanz« nahm das Drama seinen Anfang. Der Jeschke von Dohna tanzte mit der jungen Frau des Ritters Rudolf von Körbitz. Vielleicht tat er dies ein wenig zu innig oder zu lange? Zumindest der von Körbitz wird es wohl so empfunden haben, weshalb er erbost und gnadenlos dem Jeschke »beim Vorbeitanzen ein Bein stellte«. Was sich ein von und zu Dohna natürlich nicht bieten lassen konnte, noch dazu in Gegenwart der Schönen. Er quittierte die Ungehörigkeit mit einer laut schallenden Maulschelle. Markgraf Wilhelm fühlte sich, auf Ausgleich bedacht, zum Schiedsherrn berufen. Was den Jeschke erst so richtig aufbrausen ließ. Es kam zur »Dohnaer Fehde«. Wilhelm schleifte Burg Dohna, Jeschke floh auf den Königstein, suchte Schutz beim böhmischen König, der wiederum deshalb verurteilt und hingerichtet wurde. Der Königstein wurde daraufhin ab 1408 eine feste Sachsenburg.

361 Meter über dem Meeresspiegel und 240 Meter über dem Elbtal trotzt die Festung auf einem Felsplateau, umgeben von über 2 000 Metern Ringmauerwerk, der Brustwehr. Als aus- und einbruchsicheres Gemäuer diente der Königstein viele Jahre als Staatsgefängnis und Fluchtburg. Der sächsische Kanzler Nikolas Krell wurde hier als erster Staatsgefangener zehn Jahre festgehalten, bis er 1601 auf dem Neumarkt in Dresden hingerichtet wurde (↑Protestanten). Johann Friedrich Böttger, der Miterfinder des sächsischen ↑Porzellans weilte – wie ganz sicher jedem bekannt ist – als unfreiwilliger Gast auf der Festung. Vor dem eigenen Volk und den gefürchteten bürgerlichen Demokraten flüchtete 1849 Friedrich August II. auf den Königstein, wohin er seinerseits nach Niederschlagung der Revolution seine politischen Gegner für viele Jahre verbannte.

Einmal aber wurde die Festung, so ganz nebenbei, am 19. März 1848, bezwungen. Zwar von keiner Armee, nur von einem Schornsteinfegergesellen, doch ohne Hilfsmittel immerhin. Peinlich genug für eine »Unbezwingbare«!

Sebastian Abratzky aus Mehlis bei Oschatz war achtzehnjährig nach Königstein gereist, um Arbeit beim Bahnstreckenbau Dresden–Bodenbach (heute Děčín auf tschechischer Seite) zu finden. Auch die martialisch wirkende Festung interessierte ihn durchaus. Doch über den als Eintrittsgeld geforderten Taler und die zehn Silbergroschen verfügte er keineswegs. »Ich begnügte mich deshalb mit der äußeren Ansicht und sprang ... ohne mich um den Weg zu kümmern, den Berg hinauf.« Als Schornsteinfeger im Klettern nicht unerfahren, erkannte Abratzky im Fels einen begehbaren Spalt, der bis unter die Brustwehr der Festung führte. »Gleich eisernen Klammern gruben sich meine Finger in die Felsenkante. So hing ich an der steilen 400 Fuß hohen Felsenwand da, mich nur auf die Kraft meiner Finger verlassend.« Zwar überwindet der Schornsteinfeger die Mauerkrone, wird am Ziel seiner Klettertour aber auf der Stelle von den Schildwachen überwältigt und für zwölf Tage arretiert. Obwohl Abratzky seine Geschichte zu vermarkten suchte (»Wohin ich kam, da musste ich mein Abenteuer erzählen – und dann sammelte man für mich.«), starb er 1897 verarmt in Dresden-Tolkewitz.

Die Sicherheit des Königsteins wurde noch eine ganze Weile strapaziert, ab 1871 als nunmehr gesamtdeutsche Festung brachte man hier in den beiden Weltkriegen Kriegsgefangene unter. Einem französischen General gelang 1942 die Flucht nach draußen. Nachdem die ↑Rote Armee 1945 die Festung kampflos erobert hatte, war sie vier Jahre später ein Ort für straffällig gewordene Jugendliche. Seit 1955 gelten Burg und Festung nun vermutlich endgültig als einnehmbar. Da wurde die Anlage als militärhistorisches Freilichtmuseum der Öffentlichkeit zugänglich gemacht. Ganze Besucherscharen haben seither den Königstein erobert, mehr der schönen Aussicht wegen als in kriegerischer Absicht. Das hat sich auch seit 1991 nicht geändert, seither ist der ↑Freistaat Sachsen hier der Burgherr. An uneinnehmbare Festungen glaubt heute doch sowieso keiner mehr …

R. Dohrmann. Festung Königstein. Die Burgfestung der Kurfürsten und Könige von Sachsen in der Sächsischen Schweiz. Lübeck (o.J.); Sebastian Abratzky. Die einzige Ersteigung der Festung Königstein durch Sebastian Abratzky von ihm selbst erzählt. Dommitzsch (o.J.); Eduard Dietrich. Erinnerung an die Festung Königstein. Sagen und Märchen. Dresden (o.J.)

Kreuzchor → Lipsianer

Krug, Manfred → Stülpner

Labbie

Sachsens größte Bibbo heißt Labbie

Auch wenn es nicht gleich so aussieht – hier geht es wirklich mal um Bildung. Die »Sächsische Landesbibliothek – Staats- und Universitätsbibliothek zu Dresden«, wie die exakte Bezeichnung lautet, ist unbestritten eine der wichtigsten Bildungseinrichtungen Sachsens. Wenn in Großenhain oder Kamenz, in Gröditz oder Königsbrück, wo auch immer hier zu Lande, eine einheimische Leseratte mangels Nachschub Entzugserscheinungen bekommt, dann gibt es nur eins, auf in die Bibbo, wie die Sachsen liebevoll ihre Büchereien, Bibliotheken und Lesestuben titulieren. Ausnahmen bestätigen natürlich die Regel. Die Deutsche Bücherei in Leipzig zum Beispiel wird nicht etwa analog zur Bibbo »Deubü« gerufen, sondern mit gehörigem Respekt als »DB« bezeichnet. Auch mag es kaum vorstellbar sein, dass die Zwickauer ihre ehrwürdige Ratsschulbibliothek, die älteste, die wir in Sachsen besitzen, schnoddrig »Raschubi« nennen würden.

Nach diesem Muster müsste die »Sächsische Landesbibliothek – Staats- und Universitätsbibliothek Dresden« als Bezeichnung »Sälastauunibibbo« tragen, was sprachökonomisch möglicherweise eine sinnvolle Verballhornung ist, die entfernt an Löffelsprache oder ähnliches erinnert. Aber das verbietet sich allein schon aus, sagen wir mal klangästhetischen Erwägungen heraus, weils ehmd ni schön is. Deshalb verwendet man in Dresden noch immer ein Kürzel aus jener Zeit, da Sächsische Landesbibliothek und Bibliothek der Technischen Universität, zwar nicht eben verfeindet waren, aber doch zumindest sammelspezifisch getrennte Wege gingen. Damals nannte man die Unibibliothek schlicht BTU und die Landesbibliothek Labi; bei Labi ist es schließlich bis zum heutigen Tag geblieben. Und das ist auch gut so, könnte der amtierender Bürgermeister sagen. Aber es gibt gewisse Probleme mit den sogenannten Neusachsen, die nicht wahrhaben wollen, dass es Labi heißt und nicht etwa Labbie. Wer einmal nur Labbie von sich gibt, enttarnt sich auf der Stelle als Zuzügler, und zwar als ein beckmesserischer. Denn natürlich hat (pro forma!) der Labbieist recht: Wer Bibbo ruft, muss auch Labbie sagen. Das ist logisch! Merke aber: Die Sachsen gelten weltweit und wahrscheinlich noch darüber hinaus als helle. Deshalb müssen sie noch lange nicht logisch sein!

Aber es heißt nun mal Labi und Bibbo. Und wem das nicht passt, der muss sich mit der offiziellen Abkürzung anfreunden, die lautet SLUB, aber auf keinen Fall Slubbi.

www.slub-dresden.de

Lange Schicht

Ehrenfriedersdorf ist Gegenstand eines Märchens

Es geht um eine Schicht im Schacht. Der Ort Ehrenfriedersdorf gehörte im 15. und 16. Jahrhundert mit seinen ergiebigen Zinnvorkommen zu den bedeutenden Bergstädten des Erzgebirges, und das ziemlich lange. Die alltägliche Arbeit der Bergleute unter und über Tage war und ist überall auf der Welt Gefahren und Unwägbarkeiten ausgesetzt. 153 Unfälle sollen sich im Laufe der Zeit allein im Ehrenfriedersdorfer Revier ereignet haben. Zwei von ihnen erregten ganz besonderes Aufsehen im Ort und sind deshalb über die Zeit immer wieder erzählt worden.

Es geschah am Nachmittag des Weihnachtsabends 1769. Die Bergleute Stelzel und Kopper befuhren vor dem Fest noch einmal den Stollen, um das »gesetzte« Feuer zu kontrollieren, das tags zuvor wie üblich entfacht worden war – eine traditionelle Technik, die dazu dienen sollte, das erzhaltige Gestein für den Abbau mürbe zu machen. Das war nicht ungefährlich, denn bei mangelhafter Verbrennung des entzündeten Holzes bildeten sich mitunter geruch- und geschmacklose Kohlenoxyde, sogenannte »giftige Schweden«, die eingeatmet zum Tode führen können, was an jenem Weihnachtstag wohl tatsächlich geschah. Urplötzlich brach Kopper zusammen und fiel zu Boden. Auch Stelzel spürte, wie ihm die Sinne schwanden ... doch es gelang ihm, auf Händen und Füßen aus dem Stollen zu kriechen. Erst am Morgen darauf wagten sich zwölf Retter in den Schacht, um nach Kopper zu suchen. Fünf von ihnen bezahlten die Aktion mit ihrem Leben. Bis zum 29. Dezember blieb es unmöglich, den vergifteten Stolln zu betreten. Erst am vorletzten Tag des Jahres 1769 konnten die sieben toten Bergleute geborgen und begraben werden. Wenig märchenhaft und kein schöner Jahresbeginn für die Bewohner von Ehrenfriedersdorf. Sehr lange dauerte die »Schicht« der Verunglückten jedoch nicht, wenn man die zweite Begebenheit betrachtet.

Mehr als zweihundert Jahre zuvor hatte ein Ereignis stattgefunden, das wegen seiner Rätselhaftigkeit mystisch verklärt Eingang in die bergmännische Sagenwelt gefunden hat.

Am 25. November 1508 war der junge Erzhauer Oswald Barthel bei Zimmererarbeiten in einen Wasserschacht gestürzt, aus dem es für ihn keine Rettung gab. Erst sechzig Jahre später fand man bei Grubenarbeiten seine Leiche und zwar völlig unversehrt. Sie wurde im tiefen Sauberger Stollen, der eine Länge von 2,2 Kilometern maß, vom darin befindlichen mineralhaltigen Wasser konserviert.

Dieser in manchem Lesebuch zu findende sagenhafte Bericht über die sechzig Jahre währende »lange Schicht von Ehrenfriedersdorf« fügt allerdings der Wirkung halber einiges hinzu, was in den Chroniken wohl kaum zu finden sein dürfte. So wird dem jungen Oswald Barthel Anna, die Tochter des Obersteigers, anverlobt, die nach dem Unglück das heilige Gelübde ablegt haben soll, ihrem Bräutigam die Treue zu halten. Sie habe ihren Brautkranz mit eigener Hand unter die Totenkränze in der Kirche aufgehängt und soll in tiefster Stille, den Segen der Armen durch barmherzige Taten verdienend, gelebt haben. Doch nach sechzig Jahren, neun Wochen und drei Tagen sah sie ihren Verlobten wieder, tot, doch in jugendlicher Gestalt. »Da ging mit der Himmelssonne auch der treuen Anna Lebenssonne unter.« Heißt es, in der märchenhaften Erfindung, aber der Rest ist wohl wahr.

Am 3. Oktober 1990 stellte die Förderanlage in Ehrenfriedersdorf den Betrieb endgültig ein. Der ehemalige Schacht, die Seilfahrtseinrichtung ist noch vollständig intakt und dient heute als Schaubergwerk. In 100 Metern Tiefe erwartet den Besucher ein Bergwerk im Originalzustand. Die Geschichten, die heute manchmal wie Märchen klingen, hat es gegeben und sie gehören dazu.

Manfred Blechschmidt. Die silberne Rose – Europäische Bergmannssagen. Leipzig 1985; Matthias Kreibich. Johann Gottfried Kopper. In: Kaffeesatz im Löschpapier. Sächsische Industrie-Geschichten. Chemnitz 2006

Lauterer Luft

Das ist eine Berühmtheit wegen der besonders reinen Luft im Westerzgebirge

Die Luft im Erzgebirge, nicht nur im Westen, ist schon was ganz Besonderes, die Besucher werden es eratmen. Das Städtchen Lauter liegt im Westerzgebirge zwischen Aue und Schwarzenberg mittendrin. Der heilsamen und ganz besonders erquickenden Gebirgsluft gesellt sich also die »Lauterer Luft« hinzu – aber als ein ausgesprochenes Extra der Likörextraklasse, ein 25-prozentiger Kaffeelikör trägt diesen Namen und ist bei den Kaffeelikörtrinkern ganz sicher eine Berühmtheit. Das passt zu den ↑Kaffeesachsen. Bereits seit 1734 experimentierten in Lauter königlich sächsische Laboranten erfolgreich mit dem, was die Gebirgswälder, Wiesen und Fluren hergaben: Kräuter, Wurzeln und Wildfrüchte, die – nach uralten Rezepten destilliert – feine Heilsäfte und Liköre ergaben. Und das ist bis heute so geblieben.

Eigentlich sollten die Schnapsbrenner ja im Auftrag ↑August des Starken ein Elixier finden, das dem König das Leben verlängert. Jedenfalls wurden zunächst in Hand- und später in Manufakturarbeit »Haus- und Heilmittel« laboriert und fabriziert. Die heutige Produktpalette der Firma »Lautergold« – die wissen wie man's macht – weist ausschließlich »geistige Getränke« auf: »Vugelbeertroppn« oder »Stülpner Trunk« und eben »Lauterer Luft«, der wohl bekannteste Erzgebirgslikör. Wenn man allerdings ganz viel, nämlich zu viel davon zu sich nimmt, könnte es jedoch sein, dass die Reinheit der Luft Schaden nimmt.

www.lautergold.de

Leipziger Allerlei

Ein beliebiges Kuddelmuddel in der Messestadt

Manchmal herrscht in Leipzig wirklich ein ziemliches Kuddelmuddel. Was das Wort »manchmal« betrifft sowieso. Da kann es passieren, dass jemand, den zum Beispiel ein falsch geparktes Auto vor der Tür behindert, fragt: »Gehört der grüne Audi manchmal Ihnen?« Der Leipziger wird sofort nu oder nee sagen. Der Nichtleipziger kann sich nur wundern und überlegen, ob er vielleicht seine Raten nicht bezahlt hat. Wenn der Leipziger in einem anderen Ort im Restaurant zum Ober sagt: Kann ich manchmal die Karte haben?, wird nun wieder er sich wundern. Vermutlich bekommt er die Karte gar nicht zu sehen.

Kurzum, diese merkwürdige Verwendung des Wörtchens »manchmal« für das sonst übliche »vielleicht« ist eine beobachtete Eigenheit an den Leipzigern. Aber es ist noch längst kein Leipziger

Allerlei und hat auch nichts damit zu tun, dass Ostern und Michaelis (Frühjahr und Herbst) in Leipzig die seit Jahrhunderten wichtigsten Jahreszeiten sind. Da fanden und finden noch immer die Messen statt, und während der Messetage geht auch so *allerlei* in der Stadt ab, zumindest im Vergleich mit dem Sommer- und Winter*einerlei*. Besonders deutlich wurde dies zu Zeiten der DDR selig, wenn einmal im Halbjahr internationales Publikum und Aussteller aus allen Ecken der Welt durch die Stadt tobten, die Messehäuser der City zeitweilig wegen Überfüllung schließen und westliche Verlage ihre von »Sachverständigen« geplünderten Bücherstände aufgeben mussten. Dieses Leipziger Allerlei ist Geschichte und dahin.

Aber – und nun sind wir bei dem wirklichen und wahren Leipziger Allerlei – die Speise mit eben diesem Namen belebt die regional geprägte Küche Sachsens wie eh und je. Aus dem Kochbuch der Leipzigerin Susanne Eger – sie lebte ausgangs des 18. Jahrhunderts – soll das Rezept stammen. Andere sagen, es sei gar kein Rezept, sondern eine Art Nachkriegslist aus dem Jahre 1816 und dem Stadtscribenten Malthus Hempel zuzuschreiben. Sei es drum. Kochvorschrift und Zutatenliste ähneln sich stark. Junges Gemüse, so frisch es eben geht, muss sein: Erbsen, Möhren, grüne Bohnen, Kohlrabi, Spargel, Blumenkohl – bei der Verwendung von Morcheln scheiden sich die Geister. Das Gemüse wird getrennt gegart und anschließend in Butter geschwenkt. Serviert wird mit Semmelklößchen, frischem Grün und gesottenen Krebsschwänzen, die nicht aus der Pleiße stammen müssen. Ähnlich hat es besagter Malthus Hempel, so ist es überliefert, seinen Stadtoberen nach den Napoleonischen Kriegen vorgeschlagen. Der reichen Stadt Leipzig drohte damals eine Bettler- und Steuereintreiberplage. »Verstecken wir den Speck und bringen nur noch Gemüse auf den Tisch, sonntags vielleicht ein Stückchen Mettwurst oder ein Krebslein aus der Pleiße dazu. Und wer kommt und etwas will, der bekommt statt Fleisch ein Schälchen Gemüsebrühe und all die Bettler und Steuereintreiber werden sich nach Halle oder Dresden orientieren.« – So der Vorschlag von Malthus Hempel.

Eine etwas merkwürdige Art der Umverteilung der Mittel. Was sagt denn eigentlich der Bund dazu? Leipziger Allerlei ist allerorten im Tiefkühlregal zu finden, ohne Speck und selbst sonntags ohne Krebsschwänze. Nun dürfte ja wohl klar sein, wer dieses Kuddelmuddel in der Finanzpolitik angerichtet hat.

Stadtlexikon Leipzig von A bis Z. Leipzig 2005; www.leipzig.de; de.Wikipedia.org/wiki/Leipziger_Allerlei

Leipziger Lerche

Spottname für Leipziger Soubretten

Das stimmt durchaus, hat sich aber umgangssprachlich nicht durchsetzen können. Zwar soll der junge Erich Kästner während seiner Studentenzeit in Leipzig die vor sich hin trällernde Kellnerin im Café Merkur sowie halbgewalkte Tingel-Tangel-Sängerinnen so tituliert haben – aber verbürgt ist das keineswegs. Außerdem gibt es diese Bezeichnung, die für etwas völlig anderes herhalten muss, schon viel länger und ist seit 2004 sogar gesetzlich geschützt. Da sollte man mit Vermutungen sowieso vorsichtig sein und einfach zugeben, dass es sich bei den Leipziger Lerchen in erster Linie um kleine helle, konisch geformte Mürbeteigtörtchen handelt, die mit Konfitüre oder Marzipan gefüllt sind und nicht mehr als 90 Gramm wiegen. Diese Art Lerche gilt in Leipzig und der näheren Umgebung sozusagen als Ersatz- oder auch Trostgebäck.

Denn untröstlich schienen sie zu sein, die Leipziger Leckermäuler unter den gut betuchten Bürgern, die für ihr Leben gern in Kräutern und Eiern gebackene Lerchen verspeisten. In den Waldauen um die Flüsse Weiße Elster und Parthe soll es neben Drosseln und Wachteln im 18. und 19. Jahrhundert noch jede Menge Lerchen gegeben haben. Doch der Appetit der Messestädter kannte keine Grenzen. Allein im Oktober des Jahres 1720 waren Tausende der schmackhaften Singvögel zu Tode gekommen, gerupft und gebraten worden. Was die Leipziger nicht selber vertilgen konnten, packten sie in Papier und Spezialkisten und schickten es in die weite Welt. So etwas empört den Naturfreund und Vogelschützer nicht erst heute. Deshalb machte der Tierschutzverein »Nützliche Vögel« so richtig mobil und ließ alle Singvögel von der Liste der jagdbaren Tiere streichen. Außerdem wurde man beim sächsischen König Albert I. vorstellig. Der hatte ein Herz für Tiere und ließ 1876 die Lerchenjagd verbieten.

Das war der Zeitpunkt, an dem die Leipziger Bäcker und Konditoren Morgenluft witterten und sich die unsägliche Trauer der Lerchenfresser zu nutze machten. Sie setzten denen die bereits erwähnten Ersatzlerchen aus Mürbeteig, Konfitüre und so weiter, geformt wie ein kleines Vögelchen und ausgestattet mit einem Duft, »der allein alles überbot«, vor die Nase.

Einen Ton geben diese Leipziger Lerchen nicht von sich, schon deshalb wäre der Spottname völlig sinnlos.

Wer noch andere Leipziger Lerchen kennt, wie einen Preis dieses Namens für Persönlichkeiten, die Leipzig und die Region Mitteldeutschland national wie international bekannt gemacht haben, liegt auch nicht falsch. Zum Beispiel hat die Band »Die Prinzen« den Preis 2007 bekommen, die Jungs können zwar Töne von sich geben, aber den Spottnamen ham se nich verdient.

Deutschlands kulinarisches Erbe. Cadolzburg 1998; www.leipzig.de

Lipsianer

Lipsianer sind kleine Leipziger Sängerknaben

Das ist grundsätzlich falsch und verwerflich, weil der Verdacht nahe liegt, dass hier Menschenkinder aus Sachsen mit geschimmelten Warmblutpferden aus Slowenien, den Lipizzanern nämlich, in einen Topf geworfen werden.

Leipziger Sängerknaben heißen Thomaner, wenn sie dem Thomanerchor angehören, wie Dresdner Sängerknaben Kruzianer genannt werden, wenn sie im Kreuzchor singen. Lipsianer aber sind – oder besser waren – Angehörige einer riesig kleinen, verschwindenden Minderheit von das Tanzbein schwingenden nicht mehr ganz so jungen Leuten um die starke Mitte des vergangenen Jahrhunderts. Sie siedelten ausschließlich im Osten Deutschlands und vermehrten sich nicht, weshalb sie vom Beginn ihres Daseins an, trotz bemerkenswerter staatlicher Unterstützung, zu den vom Aussterben bedrohten Arten gerechnet werden mussten. Sie frönten einer Leidenschaft, die heutzutage der ausführlichen Erläuterung bedarf, der Leidenschaft für einen Gesellschaftstanz, der nach seinem Erfindungsort Leipzig »Lipsi« gerufen wurde.

»Lipsi« ging, wenn man ein Mann war, ungefähr so: Schritt mit dem linken Fuß nach links, Tap mit dem rechten Fuß nach links, Schritt mit dem rechten Fuß nach rechts, Tap mit dem linken Fuß nach rechts, Schritt mit dem linken Fuß nach links, Schritt mit dem rechten Fuß nach links, Achtung: Füße schließen! Und so weiter. War man aber eine Frau, hieß das ... also, seitenverkehrt eben.

Volkstümlicher ausgedrückt könnte man so sagen: Der Lipsi setzte sich zusammen aus der »Verbindung zweier Walzertakte mittleren Tempos zu einem Takt mit sechs Zählzeiten, die normalen Betonungen der Dreivierteltakte werden aufgehoben, zugunsten neuer Schwerpunkte jeweils auf der 1., 3., 4. und 5. Zählzeit des Taktes.« Das ist die einfache lexikalische Beschreibung. Bemerkenswert modern fiel auch die choreographische Umsetzung des Lipsi aus, die dem räumlich ziemlich eingeschränkten Platz der überfüllten Tanzflächen zu jener Zeit Rechnung trug.

Premiere hatte der »Lipsi« nicht auf dem Hotteboden oder in verruchten Bars, sondern er wurde standesgemäß vom Leipziger Komponisten René Dubianski und dem Tanzlehrerehepaar Christa und Helmut Seifert auf der Tanzmusikkonferenz in Lauchhammer der Öffentlichkeit präsentiert und zwar als wirksam offensive Antwort auf die Bedrohung der sozialistischen Lebensweise durch »westliche Musikmoden«. Zum Lipsi-Gesangs-Star avancierte, ob sie wollte oder nicht, die beliebte Leipziger Schlagersängerin Helga Brauer, die auf einer der ersten Amiga-Lipsi-Platten 1959, unterstützt von den »Flamingos« und dem von Kurt Henkels dirigierten Rundfunktanzorchester Leipzig, ziemlich dreist und allen Ernstes behauptete: »Heute tanzen alle jungen Leute im Lipsi-Schritt, nur noch im Lipsi-Schritt«. Na ja: »alle« und »nur noch« war vielleicht ein wenig dick aufgetragen. Jedenfalls allerspätestens mit dem sensationellen Auftauchen der vier Pilzköpfe aus Liverpool, war es mit der genialen Verbindung zweier Walzertakte mittleren Tempos zu einem Takt mit sechs Zählzeiten vorbei. Auch wenn die Partei- und Staatsführung der Deutschen Demokratischen Republik väterlich verkünden ließ, unsere Jugendlichen brauchen kein markerschütternd dümmliches »Yeah, Yeah, Yeah« zu ihrem Glück. Für den Lipsi war alles zu spät. Vielleicht auch da schon überhaupt.

Horst Seeger. Musiklexikon in zwei Bänden. Leipzig 1966

Lommatzscher Pflege

So wird ein schonendes ganzheitliches Heilverfahren genannt

Darauf sind alle scharf. Aber auch in Lommatzsch wurde nicht der Stein der Weisen erfunden und so werden hier lediglich die ebenso in anderen Orten bekannten Heilverfahren angewandt. Allerdings hatte Lommatzsch in weit zurückliegender Zeit, urkundlich geworden ist die Stadt im Reformationsjahr 1517, ein eigenes Amt, wie Meißen auch. Das war ein Pflegeamt, aber keins, von dem Heilung ausging, sondern Pflege wurden zu jener Zeit fest umrissene Verwaltungsbezirke genannt. Mit dem Absolutismus verschwanden diese alten Ämter verwaltungsmäßig, doch namentlich als Bezeichnung für eine bestimmte Gegend blieben sie zum Teil erhalten. So war das mit der Lommatzscher Pflege, einem Gebiet, das für seine Bodenfruchtbarkeit bekannt war. »Große Korntenne« nannte Bischof Benno vor eintausend Jahren die fruchtbare Landschaft um Leisnig, Döbeln und Meißen. Als »Sachsens Schmalzgrube« bezeichneten weniger Vornehme die »Lommatzscher Pflege«, von der dennoch schwärmerisch behauptet wird, sie sei »gleichsam der Maßstab, wonach man in Sachsen Fruchtbarkeit und ländliche Wohlhabenheit zu schätzen pflegt. Hier liegt in Wahrheit Dorf an Dorf, und der Boden ist so üppig, daß man hier kaum die Brache kennt« (Ludwig Rüling). Als Kornkammer Sachsen hat sich dieses Gebiet einen Namen gemacht.

Nach Ende des Ersten Weltkriegs wurde die Lommatzscher Pflege für Leipziger, Dresdner, Meißner und viele andere Stadtbewohner zum »gelobten Land der Hamsterer und Schieber«, die »mit schlaffem Rucksack den inneren Gefilden der Pflege zustrebten, um dann mit überstraffem Segeltuch wieder herauszukommen«. Ein Vorgang, der sich nach Weltkriegsende Nummer zwei im Jahre 1945 wiederholen sollte.

Was die »Pflege« so fruchtbar macht, ist der durch die Verwitterung von Granit, Gneis, Schnecken und Muscheln entstandene

Lößboden, der eine lohnende landwirtschaftliche Nutzung seit Jahrhunderten ermöglicht. Die reichen Ton- und Kaolinvorkommen der Gegend bilden zudem die Grundlage für die Meißner Tongut- und Steinzeugproduktion.

Winzige Ortschaften mit vereinzelten Drei- und Vierseithöfen prägen noch heute das Erscheinungsbild der einst von den slawischen Daleminzern urbanisierten Region.

»Hauptstadt« und gleichzeitiger Namensgeber des Landstrichs, die Kleinstadt Lommatzsch, hat 39 Ortsteile, in denen reichlich 5 000 Einwohner leben. Eine historische Attraktion befindet sich in der Lommatzscher Unterwelt, direkt unter dem Stadtkern, ein verzweigtes Gangsystem, das einst der kühlen Lagerung von Bierfässern und Nahrungsmitteln diente.

Lommatzschs berühmtester Sohn ist ein blauäugiger Italo-Cowboy namens Mario Girotti, der von 1943 bis 1945 einige Kinderjahre in der Stadt verbrachte, bevor er sich, als Terence Hill verkleidet, auf Technicolor und hohem Ross nach Las Vegas aufmachte, um die Sonne zu putzen. Die Lommatzscher Pflege ist zwar kein Heilverfahren, aber doch ein fruchtbares Stück sächsische Erde, sogar für Hollywood.

Otto Eduard Schmidt. Kursächsische Streifzüge. Dritter Band. Aus der Alten Mark Meißen. Dresden 1921; Klaus John. Meißen und Umgebung. Pappritz 2006; www.lommatzsch.de

Marienkäfer

Der Marienkäfer kommt auch in Sachsen vor

Der Marienkäfer, Coccinellidae, auch Glücks- oder Herrgottskäfer genannt, so heißt es in der populären Fachliteratur, ist ein Flugwesen mit Flecken und Punkten von ein bis zwölf Millimetern Größe. Die Imagines und Larven dieser Käfer betrachten zum Beispiel Blattläuse, Schildläuse und ähnliches Ungetier als Delikatesse, die zu verspeisen sich lohnt, weshalb sie vom Menschen zuweilen als biologisches Schädlingsbekämpfungsmittel domestiziert werden. Der Marienkäfer ist Mitglied einer weltweit agierenden Großfamilie. In Deutschland tritt er meistens als Siebenpunkt – rote Flügeldecken mit sieben schwarzen Punkten – oder in der Monsterversion Vierzehnpunkt – ganz in schwarz mit vierzehn gelben Flecken – auf. Es wird eine weltweite Verbreitung des Marienkäfers unterstellt, demnach müsste es ihn folgerichtig ebenfalls in Sachsen geben.

Das kann aber nicht sein! Fakt ist: Marienkäfer oder Marinis kennt und liebt auch jedes deutsches Kind. Fast jedes deutsche Kind, muss man sagen. Denn die Kinder in Leipzig und Umgebung, in Grimma, in Höfgen und Mutzschen, ja im ganzen Muldental kennen weder Marienkäfer noch Marinis (von der Biologieschulstunde mal abgesehen), sondern nur Mohdschegiebchen oder Mohdschekühchen, was aus dem südmärkischen, elbe-elsteranischen, osterländischen und westmeißnischen Slang (↑Sächsisch 2) übersetzt soviel wie kleine fliegende Kühe oder eben Marienkäferchen bedeutet. Fliegende Kühe, ja, die kommen in Sachsen vor, aber Marienkäfer nur ganz selten.

Der Brockhaus in fünf Bänden. Mannheim und Leipzig 1993; Gunter Bergmann. Kleines sächsisches Wörterbuch. Leipzig 1986

MAY, KARL

Karl May war nie in Amerika

Fantasie ist schon eine feine Sache. Jeder, der die Indianergeschichten des Sachsen Karl May gelesen hat und in der DDR lebte, wo Sachsen ja nun mal lag, hatte so auch seine ↑Amerika-Reisen. Des Edelmenschen Reich war Karl Mays Metier. Winnetou und Old Shatterhand in den Weiten des wilden Westens. Da kannte er sich aus. Obwohl er Amerika überhaupt nicht zu Gesicht bekommen hatte, als er seine edlen Helden erfand und in Abenteuer verwickelte. Da ging es ihm wie seinen Lesern.

Im Februar 1842 als fünftes von vierzehn Kindern einer bettelarmen Weberfamilie im sächsischen Ernstthal geboren, schien kaum vorstellbar, dass sich sein Leben als weltweit bekanntester und meistgelesener deutscher Schriftsteller in einer hochherrschaftlichen Villa der Gartenstadt Radebeul, dem »Nizza des Nordens«, vollenden würde. Hier starb der knapp 70-Jährige am 30. März 1912, wenige Tage nachdem er in Wien seine viel beachtete Rede »Empor ins Reich des Edelmenschen« gehalten hatte.

Aber war der große Indianerschriftsteller nicht ein sächsischer Münchhausen? Erzählte von der großen weiten Welt und hatte Sachsen niemals verlassen ... Den Büchern hat es nicht geschadet. Besonders in der DDR kam er damit groß raus. Obwohl in gigantischen Auflagenhöhen erschienen, konnte man seine Bücher nur unterm Ladentisch finden.

Was das Renommee betrifft, da scheiden sich noch immer die Geister am Werk und an der schillernden Persönlichkeit Karl Mays. Was seiner allgemeinen Beliebtheit jedoch keinen Abbruch tut, wie alljährlich stattfindende Festspiele, Fachtagungen, Klubgründungen, Verfilmungen, Hörbuchvarianten und stetige Neuauflagen seiner Bücher nachhaltig beweisen.

Und – das muss hier mal laut und deutlich gesagt werden – Karl May war auch mal in Amerika. Als älterer Herr, nicht als Abenteurer oder Reiseschriftsteller, ist er dahin gefahren. Eingeweihte wissen doch, wenn man im Knast sitzt, kann man nicht verreisen. Am 5. September 1908, da hatte er seine Fortsetzungsgeschichten schon fertig und die Zelle längst verlassen, brachte ihn und seine Frau das Passagierdampfschiff »Großer Kurfürst« binnen elf Tagen von Bremen nach New York. Er besuchte Museen und Gottesdienste, schipperte mit dem Dampfboot »den Hudson River aufwärts nach Albany«. Er bestaunte die Niagarafälle und die Statue des Indianerhäuptlings Sa-go-ye-wat-ha, besuchte seinen ehemaligen Schulkameraden, den Arzt Ferdinand Pfefferkorn und hielt einen Vortrag zum Thema »Drei Menschheitsfragen: Wer sind wir? Woher kommen wir? Wo gehen wir hin?« Insgesamt also nichts Aufregendes. Am 27. Oktober 1908 stach er wieder in See und saß Anfang November wieder an seinem Radebeuler Schreibtisch.

Weil ihm seine »große Amerikareise« im Nachhinein und vor heimischem Publikum dann doch ein wenig mickrig erschien, behalf sich Karl May, indem er – wie in seinen Romanen so oft – eben ein wenig flunkerte. Er tat so, als habe seine Amerikareise viel länger gedauert. Den geplanten Englandaufenthalt im November und Dezember nutzte er dann, um Postkarten an Freunde und Verwandte mit der Bemerkung zu schicken: »Herzlichsten Gruß aus Old England, auf der Heimreise von Amerika« ... Die Fantasie verleiht nun mal Flügel. Seine Leser aus Sachsen und dem Rest der ehemaligen DDR können das verstehen.

Und – was zu beweisen war – Karl May ist in Amerika gewesen, das steht fest.

Michael Petzel. Das große Karl-May-Lexikon. Berlin 2000; Martin Lowsky. Karl May. Stuttgart 1987

Meerane

Die »Steile Wand von Meerane« ist ein schwieriger Kletterfelsen

Wer das glaubt, für den ist Täve wahrscheinlich ein Fitnessgetränk. Täve oder Gustav Adolf Schur, die DDR-Radsportlegende der fünfziger und sechziger Jahre hat einiges zur Bekanntheit der Steilen Wand von Meerane beigetragen, selbst ihm verging hier das Lachen.

Die sächsische Kleinstadt Meerane an der Grenze zu Thüringen bietet als einzigartige Sehens- und Erlebniswürdigkeit keinen Kletterfelsen, sondern eine »normale« zwischen geduckten Häuserzeilen verlaufende Straße. Einen hohen Schwierigkeitsgrad weist diese allerdings auf. So muss man, wenn man sie bewältigen will, auf einer Strecke von 360 Metern einen Höhenunterschied von 32,6 Metern überwinden, das sind schlappe dreizehn Prozent Steigung. Wer tut so was schon freiwillig? Die »Radfernfahrer für den Frieden«, wie sie von den Rundfunkreportern gerne genannt wurden, hatten zum Beispiel in den fünfziger Jahren mehrfach das zweifelhafte Vergnügen, beim Erklimmen der Wand Bergwertungspunkte einzufahren. Selbst der spätere sowjetische Olympiasieger von 1960 in Rom, Viktor Kapitonow, wäre hier fast von seiner Maschine gekippt. Radweltmeister Uwe Raab beschrieb diese Herausforderung für die Sportler: »In Wirklichkeit macht dich die Wand auf dem Wege dorthin psychologisch mürbe. Du liest eine Menge darüber und hörst über die Wand von Meerane die unheimlichsten Geschichten. Plötzlich steigt sie vor dir auf. Da gibt es keinen, der nicht tief Luft holt und sofort schaltet.« Mit technisch durchgestylten »Kletter-Rädern« und (EPO-)gestärkten Muskeln ist es längst kein so großes Abenteuer mehr, die Steile Wand hoch zu strampeln. Kletterwand wird die Straße häufiger genannt, ein Kletterfelsen ist sie nicht.

ww.radsportnews.net; www.meerane.de

Meissen → Fummel → Porzellan

Melitta

Melitta-Filtertüten kamen nur per Westpaket nach Sachsen

Dieser Eindruck musste zwangsläufig entstehen. Wenn schon mal ein Paket aus dem Westen eintrudelte, dann zum Weihnachtsfest als Gegengabe für den Dresdner Stollen, den sie dann im Westen, zerbröckelt wie der ankam, mit dem Löffel essen mussten. Wenn schon Weihnachtspaket, dann Seife, Backpulver, Zitronat, Palmin, Bonbons, Schokolade, guten Bohnenkaffee und Melitta-Kaffee-Filter – lose, fünf Stück, vermutlich aus der Werbung. Bis Neujahr roch die Wohnung wie ein Intershopladen und viel weniger nach Bohnenkaffee als sonst üblich. Das machte der Filter, der Melitta-Filter aus dem Westen. Wir brühten sonst nämlich unseren Kaffee. Aber woher sollten die im Westen wissen, wie man richtigen Kaffee kocht, een säggssches Schälchen Heeßen?

Unvorstellbar, dass einer Dresdner Hausfrau, Melitta Bentz, sozusagen inmitten der Kaffeebrühmetropole (↑Kaffeesachsen), die Idee gekommen sein soll, einen Kaffeefilter zu erfinden. Aber einen Kaffeefilter, »mit nach unten gewölbtem, mit einem Abschlussloch versehenen Boden und lose einliegendem Siebe« hat sich die gute Frau wirklich am 20. Juni 1908 patentieren lassen.

Die Erfindung war problemlos und ziemlich prosaisch vonstatten gegangen. Melitta Bentz hatte ihrem Sohn Willy ein Löschblatt abgeluchst, es zur Tüte gefaltet und über eine löcherige Messingplatte gespannt. Vorher – und auch nachher – hatte man, wie es sich gehört, die gemahlene Bohne in das heiße Wasser getan und die überaus aromatische Mischung durch ein feines Sieb in Kanne oder Tasse gegeben. Seit jener Zeit haben sich die Kaffeetrinker in Filterbefürworter und traditionelle Brühfetischisten gespalten und die Fronten scheinen hoffnungslos verhärtet, wenngleich die Filteranhänger mit dem massenhaften Einsatz von Kaffeemaschinen, die es ja ohne Filter gar nicht erst tun, enormen Zulauf erfahren haben.

Anfang des vorigen Jahrhunderts war das noch unentschieden. Im Winter 1908 gründeten Melitta und Hugo Bentz in der Dresdner Marschallstraße mit 50 Filtern und 100 Kartons Filtrierpapier eine Firma. Die Präsentation des Filters 1909 auf der Leipziger Messe soll ein Erfolg gewesen sein. Die Zahl der Mitarbeiter stieg stetig. Der Laden brummte. Die Filter wanderten aus in alle Welt und die Firma 1928 von Sachsen nach Minden.

Man fragt sich, warum? Vielleicht sollte der sächsische Bliemchengaffee sein Alleinstellungsmerkmal nicht verlieren. Seither jedenfalls kommen Melitta-Filter, sofern sie in Sachsen einzudringen vermögen, stets aus dem Westen, aber erfunden wurden sie dort nicht.

Birgit Matuschewski. Eintausend Jahre Erfindergeist in Sachsen. Luxus und Gebrauchtgüter. Dresden 2004

Mohdschegiebchen → Marienkäfer

Mohdschekühchen → Marienkäfer

Monarchie

Die Monarchie wurde in Sachsen 1918 abgeschafft

Auf dem Papier jedenfalls, und Papier ist bekanntlich sehr, sehr geduldig. Am 13. November 1918 kapitulierte Friedrich August III. (↑Anekdotenkönig) auf Schloss Guteborn bei Ruhland, dankte ab und ließ das Volk der Sachsen fortan seinen »Dreck alleene machen«. Soweit stimmt die Aussage. Aber Könige gab es hierzulande trotzdem immer wieder.

Dem letzten, Friedrich August, beinahe auf dem Fuße, folgte der Fußballkönig Richard (↑König Richard). Der regierte, zumindest in sportlicher Hinsicht, als deutscher Nationalspieler bis 1933. Als die Nationalsozialisten die Macht ergriffen, kürten sie den Plauener Spitzenfabrikanten Martin Mutschmann zum Spitzenreiter in Sachsen und ernannten ihn später zum Reichsstatthalter. Gauleiter war er als Nazi der ersten Stunde schon seit 1925. Beim Volke, das ihn eher lustlos »König Mu« nannte, stand er im Verdacht, dass ihm seine Jagdleidenschaft wichtiger sei als seine politischen Aufgaben.

König Mu war höhere Kultur ein Dorn im Auge, hingegen die sächsische Volkskunst, wie er sie reduziert auffasste, die Krone der Kunstschöpfung. Wer die sächsische ↑Mundart karikierte, konnte unter König Mus Ägide rasch zum Volksverräter mutieren. Luftschutzräume ließ er während des Krieges lieber erstmal für sich und dann erst für die anderen Sachsen bauen. Das Volk ulkte 1943 bitterböse: »Warum sind wir noch nicht bombardiert worden? – Weil wir mit Mutschmann schon genug gestraft sind!« Auch seine Flucht am 7. Mai 1945 ging schief. Auf dem Weg gen Westen lief er in Oberwiesenthal der Hilfspolizei in die Arme.

Im sozialistischen Sachsen sollte erst mal Schluss sein mit jeder Art von Monarchie. Dem blauen Blut wurde die rote Fahne entgegengehalten und einer, der es als sächsischer Monarch weit hätte bringen können, ein gewisser Walter Ulbricht aus Leipzig, zog nach Berlin und höheren Ziele entgegen. Mit einmal in der Woche Sport wollte er den Kapitalismus überholen, ohne ihn einzuholen. Das ist ihm zwar nicht ganz geglückt, aber die Sachsen verdanken ihm, dass ihre Sprache weit über die Landesgrenzen hinaus bekannt wurde. Wer den Satz spricht: »Niemand hat die Absicht eine Mauer zu errichten«, verfällt, egal wo er herkommt, leicht ins Sächsische. Schmählich war sein Ende noch vor dem Ende der DDR.

Der nächste Monarch in Sachsen, dem freien ↑Freistaat, war »König Kurt« oder schlimmer noch »König von Sachsen«. Der CDU-Politiker Kurt Biedenkopf wurde eigentlich nur von der Presse und seinen politischen Freunden, dafür aber um so beharrlicher, so genannt. Aus dem Leipziger Gastprofessor des Jahres 1990 wurde in Blitzes Schnelle der Spitzenkandidat der Christdemokraten für die Landtagswahl und schließlich der erste Ministerpräsident des ebenfalls 1990 neu gegründeten Landes Sachsen. Nach elfjähriger zumeist erfolgreicher Regierungstätigkeit und begleitet von diversen Vorkommnissen, die als Paunsdorf-, Miet- und Ikea-Rabatt-Affäre in seine Regentschaftsgeschichte eingegangen sind, trat König Kurt mit ungebrochenem Selbstbewusstsein 2002 als Ministerpräsident zurück. Monarchen, wenn sie nicht gestorben sind, verlieren ihre Krone nicht so schnell, sie widmen sich zumeist wohltätigen Zwecken oder betätigen sich als Schlichter.

Ein anderer »König Kurt« soll hier nur wegen der Sympathie der Autoren für ihn erwähnt werden. Er lebt als kollektiv betriebener alternativer Buchladen in der Dresdner Neustadt, der sich mit der Verbreitung unterrepräsentierter Literatur befasst. Na bitte, es gibt auch Außenseiter.

Zwischenzeitlich beherrschten auch sächsische Sängerknaben die deutsche Popmusik. »Herzbuben« nannten die sich ursprünglich und haben ihre Wurzeln im Leipziger Thomaner- wie im Dresdner Kreuzchor. Als sie feststellten: »Das Leben ist grausam«

und es gibt schon die »Wildecker Herzbuben«, nahmen sie kurzerhand den Namen »Die Prinzen« an, blieben aber ohne Regierungsanspruch.

Für das bislang wahrhaft letzte Königliche im Freistaat Sachsen, steht, übrigens, ein hessischer Bauunternehmer, der sich in den Kopf gesetzt hatte, Präsident des traditionsreichen Fußballklubs Dynamo Dresden zu werden. Was ihm Kraft seiner Wassersuppe auch gelang.

Alle freuten sich. Besonders König Wolf Rüdiger Otto. Aber nicht lange. Otto der Starke regierte seine Schützlinge zwar mit harter Hand und versprach dafür, das Blaue vom hessischen in den sächsischen Himmel zu transportieren. Mit den Moneten aber nahm er es nicht so genau. Was ihm drei Jahre Gefängnis wegen Veruntreuung einbrachte. Auf Bewährung versteht sich. Die aber gab es für die Dynamofußballer nicht. Lizenz weg, alles weg. Weshalb die Mannschaft schnurstracks von der Bundesliga in regionale Untiefen abstieg. Manchmal, früher, vor ein paar Jahren, noch in der heimeligen Ruine des alten Rudolf-Harbig-Stadions, wenn die Luft lau war, lau, wie das Spiel der Kicker auf dem schmutzig-grünen Rasen. Da schwebte zuweilen ein Heißluftballon majestätisch über allen und ließ weithin ins Land seine Versandhauswerbung strahlen. Und drohend wie aus einer Kehle stieg es vom Fanblock aus bis an das Himmelszelt: »Otto? – Wir sehen dich!«

König Fußball ist allerdings ein übersächsisches Phänomen.

Die Sachsen sind derzeit und ganz bestimmt nur kurzzeitig monarchenlos. Aber keene Sorge, ohne Monarchen kommen mir Sachsen nun mal nicht lange aus. Die Monarchie lebt!

www.berlinonline.de/berliner-zeitung/archiv/http://sport; www.ard.de/sp/fussball; www.mdr.de/boulevard/portraets; projekte.free.de/koenig-kurt

MÜNCHHAUSEN

Der Lügenbaron war ein Sachse

Vielleicht hat er ja gar nicht gelogen – dann ist er auch ein Sachse gewesen. Aber die Sache ist kompliziert. Der historisch tatsächlich verbürgte »Lügenbaron« Hieronymus Carl Friedrich von Münchhausen, er lebte von 1720 bis 1797, ist in seinem Geburtsort Bodenwerder an der Weser, im Hannöverschen also, auch gestorben. Nach einer Ausbildung zum Pagen, schien es ihm angenehmer, selbst Befehle zu erteilen, weshalb er sich für die militärische Laufbahn entschied und es bis zum Rittmeister eines russischen Kavallerieregiments brachte. Teilhabe an militärischen Geplänkeln oder galanten Abenteuern auf sächsischem Hoheitsgebiet können ihm nicht nachgesagt werden, hingegen aber mit hoher Wahrscheinlichkeit die streitlustige Teilnahme an zwei Feldzügen gegen die Türken. Beim Abschied aus dem Heere bescheinigten ihm seine Vorgesetzten außerordentliche Tugenden, nämlich »Tapferkeit, und dass er lesen und schreiben könne«. Und erfinden, muss hinzu gesetzt werden. Kriegsmüde heimgekehrt, führte Münchhausen das beschauliche Leben eines Landedelmannes, der mit Vorliebe in Erinnerungen schwelgte und seinen Gästen haarsträubende Märchen auftischte.

Gottfried August Bürger, der berühmte plebejische Dichter des Sturm und Drang, gilt, wenn nicht als Erfinder, so doch als literarischer Veredler der tolldreisten Münchhausen-Geschichten. 1786 auf der Leipziger Herbstmesse hat er die, ohne seinen Namen preiszugeben, als »Wunderbare Reisen zu Wasser und zu Lande, Feldzüge und lustige Abenteuer des Freyherrn von Münchhausen« präsentieren lassen. Der Herr Bürger nun stammt aus dem

Harzdorf Molmerstedt, hat in Halle an der Saale studiert und ist in Göttingen gestorben.

Ursache für die hierzulande weit verbreitete Annahme, dass es sich beim Lügenbaron um einen Sachsen gehandelt haben muss, könnte der den Sachsen eigene Hang zur Selbstironie sein. Es könnte aber auch an einem gewissen Börries von Münchhausen liegen, der 1874 bis 1945 lebte. Der erblickte zwar in Hildesheim das Licht der Welt, ist aber als Herr der alten Wasserburg Windischleuba bei Altenburg freiwillig aus dem Leben geschieden. Außerdem hat er – wenn auch mit geringem Erfolg – in Altenburg die Schulbank gedrückt, begeistert Dienst beim Sächsischen Garde-Reiter-Regiment geleistet und historisierende Balladen geschrieben, in denen immer mal wieder geflunkert wurde und deren Verkaufszahlen außerdem Schwindel erregende Höhen erreichten.

Nicht unerwähnt soll bleiben, dass das Drehbuch zum berühmten Ufa-Münchhausen-Farbfilm aus dem Jahre 1944 von einem Herrn A. Bürger gefertigt wurde, der in Wahrheit Erich Kästner heißt. Dass der Erich aus Sachsen stammt, dürfte jedenfalls verbürgt sein!

Hat da vielleicht noch irgendjemand den Durchblick? Egal – Kästner war Sachse, Münchhausen nicht!

Kurt Böttcher (Hrsg.). Sturm und Drang. Berlin 1978; Günter Albrecht. Literaturführer Sachsen, Thüringen. Berlin 1990; Norbert Weiß, Jens Wonneberger. Dichterhäuser um Leipzig. Berlin 2006

Mundart

Bei den Sachsen hatten immer nur die Männer das Sagen

Garantiert nicht, das würden die Sächsinnen, und die ↑schönen Mädchen erst recht nicht zulassen. Zwar stammen die schönsten »Geenichs«-Geschichten (↑Anekdotenkönig) – Sachsen war ja immer männliche ↑Monarchie – garantiert vom Humoristen Hans Reimann, aber mindestens ebenso erfolgreich war und vor allem ist, die Leipziger Mundartdichterin Lene Voigt. Beide müssen auch voneinander gewusst haben, sie stammten aus der gleichen Stadt, lebten zur gleichen Zeit und pflegten das, was ihnen aus der Gusche kam, die Sprooche.

Er, der Sohn eines Leipziger Kohlenhändlers, wurde 1889 und zwei Jahre vor ihr, der Tochter eines Leipziger Schriftsetzers, geboren. Frühzeitig lernte Hans Reimann andere Teile der Welt kennen, studierte in München Grafik und später Philologie und Kunstgeschichte. Nach dem Ersten Weltkrieg, den er als Leutnant überstand, war er Herausgeber und Autor der satirischen Zeitschriften »Der Drache« und »Das Stachelschwein«. Er arbeitete bei der »Weltbühne« und dem »Simplicissimus«, war mit Siegfried Jacobsohn, Walter Mehring, Joachim Ringelnatz wie George Grosz und manch anderem Zeitgeist befreundet. Über seine 1925 erschienenen »Sächsischen Miniaturen«, bei weitem nicht Reimanns erste Publikation, schrieb Kurt Tucholsky in der »Weltbühne«: »Diese Drucksachen sind beste Literatur.« Wie Tucholsky hatte Reimann auch einige Pseudonyme, nannte sich schreibend Hans Heinrich, Artur Sünder, Hanns Heinz Vampir, Max Bunge oder Andreas Zeltner. In den zwanziger Jahren gründete Reimann in Leipzig auch sein eigenes politisch-satirisches Kabarett »Die Retorte«. Er leitete aber auch ein Kabarett in Frankfurt am Main, trat als Kabarettist in vielen Städten wie Bremen, Breslau, Düsseldorf, Hamburg, Kassel, Magdeburg, Mannheim und selbst in Wien, Prag und Zürich auf.

Während Reimann sein sächsisches Gemüt überall hin schleppte, konnte Lene Voigt, 1891 geboren, zunächst als Kindermädchen und dann Verlagskontoristin sich zum Schreiben nur in Sachsen vorarbeiten. Erste Veröffentlichungen sind Zeitungsartikel. Durch ihre Mitarbeit an der Zeitung »Leipziger Hausfrau« konnte sie sich tiefgreifende Einblick in die Welt verschaffen und sich ihre sächsischen Gedanken darüber machen, »Balladen« und »Glassiker« sind dabei herausgekommen. »Zwerchfellmassage ersten Rangs«, bescheinigten ihr die Leipziger Neuesten Nachrichten 1926. Kann sein, die Welt kennt »Die Glocke« von Schiller, der Sachse kennt »De Glogge« von Lene Voigt.

Hans Reimann war auch in den dreißiger und vierziger Jahren ganz gut im Geschäft, versuchte sich als Filmschauspieler und Reisender in den Vorderen Orient, schrieb Filme und Hörspiele, allerdings vor allem »anonym«. Die Nazis boykottierten ihn und seinen Humor, daran änderte auch sein anbiedernder Aufsatz »Jüdischer Witz unter der Lupe« nichts. Später musste er dafür um seinen guten Ruf kämpfen. Im Grunde war er gegen die Nazis und hatte da auch nichts Braunes in der Biografie anders als Grass und Walser beispielsweise. Seine Autobiografie »Mein blaues Wunder« erschien schon 1959, da lebte er längst im Westen. Dass er große Teile des Romans »Die Feuerzangenbowle« schrieb, mit dem der Rechtsanwalt Heinrich Spoerl groß rauskam, blieb lange unbekannt. Reimann selbst erklärte, er habe Spoerl den Ruhm bewusst überlassen. Er habe durch Publikationen bei den Nazis nicht auffallen wollen. Immerhin habe er 1931 den Verlagsvertrag für eine Parodie auf Hitlers »Mein Kampf« unterschrieben. Er zog es dann aber doch vor, die Unterschrift zurückzuziehen. Als sächsischer Humorist entdeckt wird Reimann erst jetzt wieder – 2007 erschienen seine »Geenichs-Anekdoten« neu. Gestorben ist er achtzigjährig 1969 in Hamburg.

Lene Voigt dagegen lebte bis zu ihrem Tode 1962 immer nur in Leipzig, von einigen kleineren Reisen abgesehen. Bis dahin dichtete und dichtete sie, »Die sächsische Odyssee« und anderes, immer auf Säk'sch (↑Säggssch), aber ohne große biografische Auffälligkeiten. In den Kalender gelangt jeder, wenn er nur will! In den achtziger Jahren des hinter uns liegenden Jahrhunderts wurden ihre Texte zunächst von Kabarettisten wieder neu entdeckt, wobei sie allerdings in Sachsen niemals so richtig vergessen worden war – siehe die »De Glogge« und anderes. Die Sachsen lieben und verehren sie und jeder Sachse, der was auf sich hält, kann ein paar Verse rezitieren. Das tun mit Vorliebe und als Vortroogskinstl'r vor allem auch die Männer.

Es ist also wirklich nicht so, dass in Sachsen nur die Männer das Sagen haben, im Gegenteil – das müssen wir Männer neidlos anerkennen –, wer noch nichts von Lene Voigt gehört hat, ist eigentlich keen richtscher Sakse.

www.hans-reimann.de; www.taz.de/index.php?id=archivseite&ressort=ku&dig=2007/01/12/a0233; www.lene-voigt-gesellschaft.de

Muschebuhbuh → Teebeutel

Musikwinkel

Der Musikwinkel ist ein Präzisionsprüfgerät im Instrumentenbau

Wer kennt sich schon – außer den Instrumentenbauern selbst – im Instrumentenbau aus? Warum also sollte es da keinen Musikwinkel geben? Ein dem Winkelmesser oder der Schiebelehre ähnelndes Messwerkzeug käme da doch durchaus in Frage. Aber was soll's, ein bisschen nachgedacht und man kommt von selber drauf – das ist der letzte Winkel, wo noch wirklich Musik gemacht wird. Die Region im sächsischen Vogtland, die die Orte Markneukirchen, Erlbach, Klingenthal, Schöneck und die dazwischen liegenden Ansiedlungen umfasst, da kann man es schon an den Namen hören. Die Musikbegeisterung kennt hier seit eh und je keine Winkeladvokaten, immer frei weg – der Sachse liebt die Musik und sie wohl auch ihn.

Wer nicht singen kann, braucht Instrumente, und wer die nicht hat, muss sich welche bauen. Angefangen hat es in diesem Winkel Sachsens mit den Geigenbauern aus Graslitz, einem grenznahen Ort im Böhmischen. Jene, die zu Zeiten der Gegenreformation aus Glaubensgründen in das Vogtland exilierten, sich dort niederließen und aus ihren Kenntnissen und Fertigkeiten kein Geheimnis machten. 1677 waren das in Markneukirchen schon zwölf »ehrbare und kunstreiche Geigenmacher«, die sich zur ersten vom kurfürstlich-sächsischen Kanzleiamt in Moritzburg beurkundeten Innung zusammenschlossen. Mitte des 18. Jahrhunderts war die Zahl der Meister bereits auf 120 angewachsen, und die taten alles dafür, den aufkommenden Ruhm ihrer Stadt, des »sächsischen Cremona«, zu festigen. Die Bedingungen dafür konnten besser nicht sein. »Das Holz für die Klangkörper lieferte der einheimische Wald: Fichte, Ahorn, Buche und Linde. Das Baumharz spielte eine wichtige Rolle bei der Zubereitung des feinen Lacks, der für die Güte der Geige mitbestimmend ist. Die Schafzucht … lieferte das Ausgangsmaterial für die Darmsaiten.«

Zu den Geigenmachern in Markneukirchen, Klingenthal und den Nachbargemeinden, gesellten sich deshalb bald der Bogenbau und die Saitenfabrikation, später der Gitarren- und Zitherbau, bis hin zu Holzblasinstrumenten und Waldhörnern, die schließlich ebenfalls von hier aus den Weg in die Musikwelt antraten. Ab 1829 kamen aus Klingenthal auch Harmonikainstrumente, so dass im Grunde schon sehr frühzeitig so ziemlich die gesamte Palette klassischer Orchesterinstrumente hergestellt und vertrieben werden konnte. Eine Klingenthaler Herkunft kann auch dem Akkordeon und natürlich dem ↑Saxophon nachgesagt werden. Hohe Handwerkskunst, Fachwissen, Musikalität und ausgeprägter Gewerbefleiß, machten um die Wende vom 19. zum 20. Jahrhundert den Ort Markneukirchen mit einem achtzigprozentigen (!) Anteil an der weltweiten Musikinstrumentenproduktion sogar zur zweitreichsten Stadt in Sachsen. Immerhin fünfzehn veritable Millionäre, Händler zumeist, beherbergte die Stadt zeitweilig in ihren Mauern und konnte, nicht ganz unwichtig für das internationale Geschäft, in den Jahren 1893 bis 1916 auf ein »eigenes« amerikanisches Generalkonsulat vor Ort verweisen.

Heute sind im Musikwinkel, einer Region, die nun zwar nichts mit einem Präzisionsgerät zu tun hat, aber auch nicht der »letzte Winkel« Sachsens ist, ca. 115 kleine und mittlere Unternehmen mit über 1 000 Arbeitern, Angestellten, Handwerkern – darunter nicht wenige Künstler ihres Fachs – tätig. Zu den namhaften Kunden, die ihre Instrumente individuell und exklusiv im Vogtland fertigen lassen, gehören oder gehörten Mungo Jerry, Maurice André und der berühmte Geiger Yehudi Menuhin. Überhaupt, die Geichen, da schmelzen mir doch gleich hin.

Hermann Heinz Wille, Karl-Heinz Blei. Musikwinkel. Leipzig 1985; www.vogtlandkreis.de

Naturschutz → Kleine Hufeisennase → Sumpf → Urwald

Niedersachsen

Niedersachsen sind zu klein geratene Sachsen

Neben der Niederflurbahn, dem Niederdruckpressverfahren und der Niederspannung wäre der Niedersachse als kleinwüchsiger Arbeiter für sächsische Bergwerke zu manchen Zeiten der Geschichte sicher eine willkommene Einrichtung gewesen. Allerdings, man ahnt es schon, soweit ging der sächsische Erfindungsgeist nie. Mit den Niedersachsen hat es daher eine etwas andere, weniger technische Bewandtnis.

Was den meisten Deutschen als selbstverständlich erscheint, dass es nämlich ein Bundesland Sachsen und ein Bundesland Niedersachsen gibt, muss dem auswärtigen Betrachter, so er kein Studium der deutschen Geschichte oder gar der deutschen Verwaltungsföderalistik absolviert hat, zunächst merkwürdig vorkommen. Denn wo ein »Nieder« ist, da ist sonst in Deutschland auch immer ein »Ober«: Zu Niederbayern gehört ein Oberbayern, zu Niederfranken ein Oberfranken, zum Niederrhein ein Oberrhein und so fort. Wobei im geographischen Zusammenhang »nieder« so viel wie flussabwärts (näher am Meer gelegen) und »ober« soviel wie flussaufwärts (näher an der Quelle) bedeutet.

Wenn also im Sächsischen alles logisch zuginge, dann müsste es ein Niedersachsen und ein Obersachsen geben, und beide wären ein Teil des gemeinsamen Landes Sachsen. Glücklicherweise geht aber im Sächsischen nicht alles logisch zu, und deshalb hat Niedersachsen niemals zu Sachsen gehört, und das wird wohl auch in Zukunft so bleiben, wenn nicht eines Tages in der Föderalismuskommission der Bundesregierung die niedersächsische Delegation vor der sächsischen in Schlummer sinkt. Denn dann könnte es natürlich passieren, dass ein gewiefter Beamter aus der Dresdener Staatskanzlei die Situation ausnutzt ... Was wäre das für eine Sensation: Das erste Bundesland aus zwei Teilen und einem Loch dazwischen (↑Sachsen-Anhalt)! Aber ach, man wagt es gar nicht, an die Hürden zu denken, die solch einer Fusion entgegenstünden: Selbst wenn die Volksabstimmung in beiden Ländern positiv ausfiele, es bliebe doch das Problem der fehlenden Landverbindung. Womöglich müsste man eine Brücke bauen, von Leipzig nach Braunschweig zum Beispiel, dann verlören Quedlinburg und Halberstadt ihren Status als Unesco-Weltkulturerbe, die sächsischen Verwaltungsgerichte wären auf Jahrzehnte ausgebucht – und die ↑Kleine Hufeisennase könnte ihren Lebensraum auf einen Schlag verhundertfachen.

Aber zurück zu den Fakten. In Wahrheit war Niedersachsen schon immer ein Solitär, ein einsames »Nieder« ohne »Ober«, und damit mehr den ebenfalls küstennahen Niederlanden verwandt als etwa dem bayerischen Niederbayern. Dass sich kein Deckelchen für das niedersächsische Töpfchen finden wollte, mag daran liegen, dass die Niedersachsen die legitimen Nachfahren der ↑Altsachsen sind. Die Sachsen dagegen, also die Menschen, die auf dem Gebiet des heutigen Bundeslands Sachsen lebten, hatten trotz fehlender verwandtschaftlicher Beziehungen den Namen geerbt, dem inzwischen nicht mehr der üble Piratengeruch aus dem frühen Mittelalter anhaftete. Im Jahr 1180 zerschlug der deutsche Kaiser das Herzogtum Sachsen, das bis dahin vom aufmüpfigen Geschlecht der Welfen regiert worden war. Das ehemalige Reich Heinrichs des Löwen zerfiel in viele kleine Teile, darunter das Herzogtum Westfalen, das Herzogtum Braunschweig-Lüneburg und ein neues, kleineres Herzogtum Sachsen. Dieses Rumpf-Sachsen wurde hundert Jahre später wiederum geteilt, und zwar in die Linien Sachsen-Wittenberg und Sachsen-Lauenburg. Die Herzöge von Sachsen-Wittenberg durften sich dank der Goldenen Bulle von 1356 sogar Kurfürsten von Sachsen nennen, was ihnen allerdings wenig genützt hat, denn sie starben knapp siebzig Jahre später aus. Lachende Dritte waren in diesem Fall die Markgrafen von Meißen, die 1423 nicht nur die sachsen-wittenbergischen Lande, sondern auch den Kurfürstentitel übertragen bekamen. Nun war ihr Land nicht nur größer als das der Herzöge von Sachsen-Lauenburg, sondern es trug auch den vornehmeren Titel. So war es kein Wunder, dass man im Lauf der folgenden Jahrhunderte nur noch an Wittenberg-Meißen dachte, wenn man Sachsen sagte.

Die Herzöge von Braunschweig, von Westfalen, von Lauenburg und so weiter residierten dagegen zwar dort, wo früher die ↑Altsachsen gelebt hatten, aber das war auch damals schon furchtbar lange her. So gab man ihnen gewissermaßen zum Trost den Namen Niedersachsen, denn sie lebten ja nun einmal in der Nähe des Meeres. Wären sie weiter nach Süden gezogen, in die Alpen vielleicht, dann hätte man sie vermutlich Obersachsen genannt. Das wäre sicher ein glanzvollerer Name gewesen. Aber andererseits: Vielleicht hätte das alpine Klima sie zu kleinwüchsigen Gebirgsbauern gemacht, und dann ... Siehe oben.

Gerhard Köbler. Historisches Lexikon der deutschen Länder. München 1999; Robert Zagolla. Sachsen – Eine kleine Geschichte. Berlin 2007

Nu!

Nu steht umgangssprachlich für nun

»Nu« kann auch eine kurze Zeitspanne meinen. Was für löslichen Ersatzkaffee »Imnu« und flinke Fahrradkuriere durchaus zutreffen mag, stimmt für den sprachbewussten Sachsen noch lange nicht. Es ergäbe auch keinen wirklichen Sinn, wenn der eine dem anderen seine Zustimmung versichert, indem er »nun«, beziehungsweise »nu« in der angenommenen Bedeutung von »nun« verwendet – nu klar.

»Nu« – wobei das »n« mindestens dreifach zu verzögern und das »u« kurz und knallhart zu intonieren ist, also »nnnu« – heißt einfach: Ja. – Geehn mir ins Kino? Nu. Das bedeutet also: Wir gehen. – Lassen mirs lieber? Nu. Das bedeutet nun aber: Wir gehen nicht ins Kino. So einfach ist das.

Vorsicht aber bei der weit verbreiteten Verdoppelung »nunu« – bei der das letzte »u« im Gegensatz zur Einfachform nicht kurz und knallhart zu intonieren ist, sondern etwas weicher, vielleicht »nnnunnnuu«. Diese Äußerung stellt keineswegs eine Art verstärkte Zustimmung dar, sondern die Infragestellung des Behaupteten im Sinne von »Da kannst du mir viel erzählen« oder einfach »Ach, was« oder vulgär »So'n Quatsch«. Der Dresdner (↑Daheeme) wandelt das kurz gesprochene »u« bei »nu« auch gern in Richtung »o« ab. In anderen Gegenden Sachsens ist man da auch variabel. Ja, Säggssch is nu emal nicht so einfach. Hoppla, auch hier bestätigen die Ausnahmen die Regel, wie im wirklichen Duden.

Duden. Die deutsche Rechtschreibung. 24. völlig neu bearbeitete und erweiterte Auflage. Mannheim, Leipzig, Wien, Zürich 2006

Orneeschwerbleede

Orneeschwerbleede ist ein sächsischer Fluch mit gälischen Sprachwurzeln

Das Gälische, die Sprache der Gälen Irlands, Schottlands und der Insel Man, soll heute, das behauptet jedenfalls der Schriftsteller Hugo Hamilton, »nur noch für ein paar saftige Flüche taugen oder als Geheimcode zwischen Gangstern«.

Das ist sicherlich eine gehässige Übertreibung. Aber gälische Flüche haben es dennoch in sich! Nehmen wir mal »A Dhia thois cobhair«. Das klingt zwar ziemlich düster, heißt aber nur »Gott, steh mir bei«. Völlig anders das rüde »nighean na galladh« – »Tochter einer Hündin«, was dem sächsischen »Orneeschwerbleede«, natürlich nicht inhaltlich, aber – wenn man nur richtig will – von der Sprachmelodie her sehr nahe kommt. Trotzdem schließen Linguisten aller Länder die hypothetische Annahme eines gemeinsamen gälisch-sächsichen »Urfluchs« kategorisch aus. Schade eigentlich.

»Orneeschwerbleede«, ein den Sachsen in seiner Mentalität bezeichnender Ausspruch, ist streng genommen auch gar kein richtig böser Fluch, sondern ein in zwei Hauptbestandteile zerfallender universell einsetzbarer Kommentar: »Ornee« im Sinne von »Oh nein, aber nein, nicht doch«, beziehungsweise »Das gibt es doch gar nicht«. Und »schwerbleede« steht für »meine Gedanken verwirren sich, ich verliere den Verstand, hier geht was in die Hose, es wird Brühe, irgendwas geht schief, was ist hier eigentlich los«. Beide Bestandteile des Kommentars können einzeln und relativ eigenständig zur Anwendung gebracht werden.

Anzunehmen, »Orneeschwerbleede« bringe in jedem Falle weltanschaulich Negatives zum Ausdruck, wäre fahrlässig, wenn nicht gar falsch. So ist ein sprachbewusster, des Fluchens beziehungsweise des Kommentierens mächtiger Sachse, durchaus imstande und in der Lage, auf den Überraschungssieg seiner Lieblingsfußballmannschaft in der Höhle des bayrischen Löwen, in München also, geradewegs wie auf die erwartete Niederlage beim Heimspiel gegen, sagen wir, Meppen nuanciert mit »Orneeschwerbleede« zu reagieren.

Das ist nur ein Beispiel von vielen, eine von ungezählten Varianten. Die Verwendung besagten Kommentars bleibt ja nicht auf Nebenkriegsschauplätze (Fußball → Fußballmeister) beschränkt, sondern hat ihren festen, unumstrittenen Platz in der alltäglichen verbalen Auseinandersetzung Mann gegen Mann, Frau gegen Frau, Mann gegen Frau, Chef gegen Unterstellten, Schüler gegen Lehrer und so weiter. Auch aus dem ehelichen Streitgespräch ist »Orneeschwerbleede« nicht mehr wegzudenken. Nur in der Politik, sei es auf Bundes- oder Landesebene, bekommt »Orneeschwerbleede« keinen Fuß in die Tür. Was wahrscheinlich in der heillosen Angst sächsischer Abgeordneter seine Begründung finden mag, von des Säggsschn nicht kundigen Journalisten in der überregionalen Presse falsch zitiert zu werden. Mit der Presse darf man es sich nicht verscherzen. Die lässt man die lieber in dem Glauben, »Orneescherbleede« sei ein Fluch der Kelten, käme also aus dem Gälischen. Die Übersetzung für alle anderen lautet: O nein, ich werde blöd – das würde ein Sachse ja noch nicht einmal denken.

Hugo Hamilton. Ein schlechter Verlierer. Göttingen 2001; Diana Gabaldon. Der magische Steinkreis. München 2000; Gunter Bergmann. Kleines sächsisches Wörterbuch, Leipzig 1986

Pfefferküchler

Sächsische Pfefferküchler können nur nachgemachte Nürnberger sein

Wer kommt denn auf so blöde Gedanken? Sachsen ist sogar das einzige deutsche Bundesland, in dem die Pfefferküchlerei noch als im Familienbetrieb organisiertes Handwerk existiert. Pfeffer- oder Honigkuchen, wie er einst genannt wurde, wird schon seit dem Mittelalter in Sachsen gebacken. Allerdings wurde diese Herstellung nur als Nebentätigkeit der Weißbäcker verstanden und über die Qualität der Produkte ist nichts bekannt.

Namentlich bekannt aber und aktenkundig ist jener Johann Ullrich Engelhard, der sein Küchlerhandwerk in der Freien Reichsstadt Weißenberg (Bayern) gelernt hatte und 1747 das Bürger- und Meisterrecht in der sächsischen Residenz beantragte, zunächst aber nicht bekam. Den zweiten Anlauf, noch im gleichen Jahr, unterfütterte er mit der wagemutigen Behauptung, er könne, was kein Dresdner Bäcker beherrsche, nämlich »Pfefferkuchen in der gleichen guten Qualität herstellen, wie sie von den ›Tyrolern‹ angeboten werden«. Bei Hofe wurde man hellhörig. Eine solche Aussicht, in der Residenz ständig qualitativ hochwertigen Pfefferkuchen kaufen zu können, ohne die Markttage und die anreisenden Nürnberger und Tyroler abwarten zu müssen, stieß natürlich auf offene Ohren. Nur eine Bedingung wurde Engelhard gestellt, seine Küchlein sollten »in der Arth« sein »wie die Nürnbergischen«.

Jedoch weder die Metropolen Dresden, Leipzig oder Chemnitz entwickelten sich im Laufe der Jahrhunderte zu sächsischen Pfefferkuchenhochburgen, sondern die Kleinstädte Wildenfels und Pulsnitz.

Pulsnitz, in der Westlausitz gelegen, kennt seit mehr als 450 Jahren die Pfefferkuchenherstellung, was ein Privileg aus dem Jahre 1558 bezeugt. Küchler aus Pulsnitz boten ihre Waren beinahe überall in Sachsen auf den Märkten an. Wo sie eine Marktlücke witterten, da stießen sie hinein. Die Querelen zwischen dem Kamenzer Rat und Pulsnitzer Pfefferküchlern ist als »Pfefferkuchenstreit« in die Geschichtsbücher eingegangen. Es ging dabei um die Belieferung des Klosters Marienstern – ein Riesengeschäft zur damaligen Zeit, im 18. Jahrhundert, das keiner dem anderen überlassen wollte.

Heute existieren in Pulsnitz neben einer Backfabrik noch acht Handwerksbetriebe, die nach jahrhundertealter Manier, alles – von der Teigbereitung bis zum Absatz der Waren – selbst bewerkstelligen. Als regionale Spezialität gelten die »Pulsnitzer Spitzen«, die auch außerhalb Sachsens großen Anklang finden. Sogar in Nürnberg? Kann sein.

Andreas Martin. Seltenes Handwerk in Sachsen. Pfefferküchler. Dresden 1996

Pflaumentoffel

Der Pflaumentoffel ist ein typischer Sachse

Sagen wir mal so: Jeder Sachse könnte ein typischer Pflaumentoffel sein, wenn er von einem anderen Sachsen mit unnachahmlicher Leutseligkeit vorsichtig auf seine Ungeschicklichkeit, Tapsigkeit, seine Toffelei hingewiesen wird. So könnte man meinen. Doch weit gefehlt, denn es handelt sich in der Regel um ein essbares Exemplar, und dass es sich bei diesem um einen Sachsen handelt, gilt höchstens außerhalb Sachsens als sogenanntes ungesichertes Wissen.

Das Urbild des Toffels geht auf die Innung der Kaminfeger zurück. Deshalb hat der Toffel eventuell etwas mit dem Feuerteufel zu tun, mehr noch aber, wie schon der Duden verrät, mit einem etwas dümmlichen Menschen. Das soll den Kaminfegern aber nicht nachgesagt werden. Diese Saubermänner hielten sich im 17. Jahrhundert, und später auch noch, kleine – wie es heißt: achtjährige – Waisenjungs, die sie als Säuberungssonden (»Kaminkriecher«) einsetzten, weil ihnen diese Art Tätigkeit zu schmutzig war oder sie selbst nicht mehr gelenkig genug dafür waren. Nicht immer ist der Dumme der, der die Drecksarbeit macht.

Damals soll das mit den »Kaminkriechers« eine nicht nur in Sachsen übliche Säuberungsmethode gewesen sein. Solche gepflaumten Töffelchen sind wohl auch in anderen südlichen Teilen Deutschlands und in Österreich gesichtet worden. Ob aber die gelenkigen Knaben nach den essbaren Pflaumentoffeln benannt worden sind oder umgekehrt? Wir wollen jetzt nicht spekulieren.

Amtlich belegt jedenfalls ist der Pflaumentoffel als »Männlein aus Backpflaumen« und zwar mindestens seit Weihnachten 1801. Feilgeboten wurden diese Männlein meist von Kindern, die mit Bauchläden die Märkte durchstreiften, um ihre selbst hergestellten Figuren in der Weihnachtszeit zu verkaufen. Der Dresdner Maler Ludwig Richter hat den armen Kindern, die auf dem Markt solche »Pflaumenfeuerrüpel« anboten, 1853 mit einem Holzschnitt gewissermaßen ein Denkmal gesetzt. Der Titel des Blattes lautet »Ausverkauf wegen Geschäftsaufgabe«. Ihm ist es wohl auch zu verdanken, dass der Pflaumentoffel, neben dem Weihnachtsstollen – und für die Gegenwart müssten noch Glühwein, Kamenzer Wurst und Kräppelchen genannt werden – zum Markenzeichen des Dresdner Striezelmarktes geworden ist. Ein Markenzeichen, das mit der Zeit geht. Verkörperte der Pflaumentoffel früher die kleinen achtjährigen »Kaminkriecher«, ist er heute ein »gestandener« Schornsteinfeger mit Leiter, Pelerine und schwarzem Zylinder in durchaus heiratsfähigem Alter. Und wenn man den schwarzen Mann anfasst, das war schon immer so, wird man nicht dumm, sondern er bringt Glück! Das könnte auch ein typischer Sachse sein, übrigens, nicht nur in Sachsen.

Regina van Treeck, Helmut Nürnberger. Sachsen in Frage und Antwort. Beucha 2004; Birgit Matuschewski. Chronik. Eintausend Jahre Erfindergeist in Sachsen. Nahrung und Genussmittel. Dresden 2003; de.wikipedia.org./wiki/Pflaumentoffel

Pinselheinrich

Heinrich Zille ist ein »Urberliner Orginal«

Der Verdacht liegt nahe. Heinrich Zille, von Kollegen und Bewunderern »Pinselheinrich« genannt, ein Grafiker, Karikaturist, Maler, Filmemacher und Fotograf, der sich Volksnähe nicht erarbeiten musste, weil sie ihm wohl angeboren war, galt schon zu seinen Lebzeiten als Berühmtheit und »Berliner Original«. Wer Berliner Armeleuteviertel charakterisieren wollte, sprach von »Zille-Milljöh«, und die darin lebenden Kinder hießen »Zille-Jöhren«, das wusste ein wirklicher Berliner Maler,Otto Nagel, der ihn sehr verehrte. Einer wie Zille konnte gar nicht anders als die Millionenstadt von unten zeichnen. Keiner verstand es wie er, ohne

Wehleidigkeit oder Herablassung das Milieu der Hinterhöfe, der Rummelplätze, Badeanstalten und Kneipen einzufangen und auf Papier zu bannen. Nicht zuletzt seine Bildunterschriften im Gossenslang verkörpern »echt Berliner Mutterwitz«.

Mit den Originalen ist es aber oft auch wie mit den ↑Urgesteinen. Zilles Mutter Ernestine stammt jedenfalls wie ihr Mann, der Uhrmacher und Schlosser Johann Traugott, aus – Sachsen, nämlich dem kleinen Städtchen Radeburg an der Röder. Hier wurde Heinrich Zille am 10. Januar 1858 geboren, und in Potschappel, das heute zu Freital gehört, ist er in die Schule gegangen. Prägeniale Malversuche des späteren Künstlers aus dieser Lebensperiode sind nicht bekannt geworden. 1867 verschlug es die Familie ins Preußische. Vater Traugott fand Arbeit bei Siemens in Berlin. Sohn Heinrich begann seine Karriere zunächst als biederer Zeichenschüler und setzte sie als Lehrling in einer Lithographenwerkstatt fort. Verbindungen nach Sachsen schien es nur spärlich gegeben zu haben. Letztlich gab es in ↑Preußen schon damals so einige assimilierte Sachsen.

Noch kurz vor seinem Tod, zwischen 1924 und 1928 erreichten einige von Zilles Büchern und Bildmappen mit hauptstadtzentrierten Titeln wie »Zwischen Spree und Panke« oder »Rings um den Alexanderplatz« durch den Dresdner Verlag Carl Reissner die Öffentlichkeit. Na bitte, e bissl was Sächsisches war da ooch noch.

Matthias Flügge (Hrsg.). Heinrich Zille. Berlin 1979; Otto Nagel. H. Zille. Berlin 1964

PORZELLAN

Böttger ist der Erfinder des Porzellans »europäischer Art«

Das wird auch auf keinen Fall in Abrede gestellt. Und dass er, Böttger, dies in den Gewölben der alten Dresdner Festung tat, steht so jedenfalls seit dem 4. Februar 1982 auf der von Peter Makolies geschaffenen Sandsteinsäule unter der Porzellanplakette mit dem Konterfei des Mannes. Was aber den Volksmund schon nach dessen Tod im Jahre 1719 nicht daran hinderte, freundlich-derb zu spotten: »Ach, großer Gott und Schöpfer, aus einem Goldmacher machtest du einen Töpfer.«

Dass Böttger nun der alleinige Erfinder des europäischen Porzellans sein soll, gilt aber heute immerhin als anfechtbar. Mindestens drei weiteren Persönlichkeiten – von den sechs Bergleuten, die unter extrem hohen Temperaturen die Experimente der gelehrten Herren »befeuerten«, ganz zu schweigen – gebührt Erfinderruhm und Anerkennung für ihre entscheidende Mitwirkung: Ehrenfried Walther von Tschirnhaus, Naturwissenschaftler, Philosoph und Frühaufklärer, sicherte den technischen Vorlauf. Gottfried Pabst von Ohain, Metallurg, Hüttenspezialist und Bergrat, sorgte für die Auswahl und Beschaffung der geeigneten Grundstoffe. Schließlich, Johann Jacob Bartholomaei, Naturwissenschaftler und Böttgers Leibarzt, zeichnete die präzise Rezeptur für das weiße Gold auf.

Letztlich wollen wir doch lieber nicht beckmesserisch an einem Mythos kratzen und Johann Friedrich Böttger als Erfinder des europäischen Porzellans auf jeden Fall anerkennen, zumindest des Meißner Porzellans, das mit seinen blauen Schwertern auf der ganzen Welt begehrt ist. Der 1682 in einer Schleizer Münzmeisterfamilie Geborene versuchte sich bereits in jungen Jahren als Apothekerlehrling in Berlin an der Umwandlung unedler Metalle. So wird behauptet, er habe einmal tatsächlich – vermutlich durch einen Taschenspielertrick – fünfzehn silberne Zweigroschenmünzen in Goldstücke umgerubelt. Dies soll ihm am 1. Oktober 1701 »in Gegenwart ernst zu nehmender Zeugen« gelungen sein. Als der preußische König Friedrich I. vom Ergebnis des spektakulären Experiments erfuhr und den erfolgreichen Alchemisten auf sein Schloss befahl, ergriff Böttger die Flucht. In Wittenberg aber, wohin er sich wandte, geriet er statt in die ersehnte Freiheit an sächsische Häscher, die ihn sang- und klanglos arretierten. Kein Wunder, einen »Goldesel«, selbst wenn er aus ↑Preußen kommt, konnte sich der ob seiner Verschwendungssucht häufig klamme sächsische Potentat ↑August der Starke schwerlich entgehen lassen. Weshalb er sich fortan den angeblichen Goldmacher, in den Akten ominös unter »bewusste Person« oder »Herr Schrader« geführt, als seinen Luxusgefangenen hielt.

Dass bei den immer wieder scheiternden Versuchen, dem heiß ersehnten gleißenden Gold auf die Spur zu kommen, doch noch – sozusagen »nebenher« – das europäische Porzellan erfunden beziehungsweise, der Weg zu seiner Herstellung gefunden wurde, war nicht nur für Böttger ein Glück. Der so halbwegs besänftigte August konnte ebenfalls zufrieden sein. Aber wie schon erwähnt, ohne das Wirken des Gelehrten Tschirnhaus hätte die Sache auch als Drama enden können. Es gibt sogar Quellen, die ihm die singuläre Produktion des »weißen Goldes« bereits vor Böttger zusprechen. Eine »kleine viereckige Tabaksdose aus weißem Porzellan« als Beweisstück soll sich im Besitz der Dresdner Porzellansammlung befinden. Was aber im Sommer 2007 per E-mail von dortiger Stelle kategorisch dementiert wird. Ehe wir es auf einen handfesten Porzellanstreit ankommen lassen – gar noch dem ↑Brückenstreit folgend – lassen wir es einfach dabei und Tschirnhaus, der sich intensiv mit der Konstruktion riesiger Hohlspiegel, Brennlinsen und leistungsstarker Brennöfen befasst hatte, seine Verdienste. Er schaffte es mit den von ihm entwickelten Methoden, »schwer schmelzende Metalle zu verflüssigen und Mineralien in feinkörniger oder pulverisierter Form zu sintern, das heißt zu verdichten«. Immerhin war das eine Voraussetzung dafür, dass nunmehr Porzellan aus heimischen Rohstoffen hergestellt werden konnte, und zwar »richtiges«. Das war nun den ostasiatischen Produkten, die bis dahin den Weltmarkt beherrschten, ebenbürtig und der in Italien, Frankreich und Holland fabrizierten »Fayence« zwar äußerlich ähnlich, jedoch dem temperaturunbeständigen und leicht zerbrechlichen Material weit überlegen.

Wer wollte also die Bedeutung von Böttger bezweifeln? Teetrinker und ↑Kaffeesachsen sind sich da einig, man braucht es einfach für's Schälchen Heeßen, das gute Meißner …

Klaus Hoffmann. Johann Friedrich Böttger – vom Alchemistengold zum weißen Porzellan. Berlin 1985; Christa Müller. Goldmacher & Hofarchitekt, Böttger und Pöppelmann im Dienste August des Starken. Dresden 1990

Possendorfer Heddel

»Heddel« war die erste Gebirgsbahn Europas

Das zumindest glaubten viele Possendorfer und Freitaler nicht ohne berechtigten Stolz. Die anderen fragen sicher erst mal, was ein Heddel ist. Eine Erklärung – man muss sie nicht glauben – ist die, dass die bei den Ausflüglern zwischen Dresden und Possendorf überaus beliebte und zum Windberg führende Bahntrasse gewissermaßen ein Tor zur großen weiten Welt öffnete. Und mit der Bahn kamen ja auch Informationen in die kleine Welt, so wie sie die Possendorfer Botenfrau anschleppte, die den Vornamen Hedwig, also Kosenamen Heddel, getragen haben soll. Nu ja, Geschichten gibt's viele …

Als Possendorfer Heddel jedenfalls ist die Windbergbahn oder Sächsische Semmeringbahn bekannt geworden. Als Heddeln bezeichnet der Volksmund die »Nuddelbewegung« alter Nähmaschinen, so werden aber auch alle sächsischen Lokomotiven der

Bauart Meyer bezeichnet. Kreuzspinne oder Heuwender soll die Possendorfer Heddel auch gerufen worden sein. Letztlich dreht sich doch alles um die Bahn.

1856 war die Heddel wirklich an der Tete – spitzenmäßig gewissermaßen, heute könnte man vielleicht sogar von einem Trend sprechen. Doch was für Deutschland gilt, muss nicht für Europa oder gar die ganze Welt gelten. Eh wir uns aber ganz und gar verheddeln, muss nun endlich die Zeitfrage geklärt werden.

Die österreichische Semmeringbahn, die seit 1854 den gleichnamigen Pass in 897 Metern Höhe auf 1,4 Kilometern untertunnelte, hatte zeitlich gesehen die Nase vorn. Erst zwei Jahre später war es auch in Sachsen so weit. Als erste *deutsche* Gebirgsbahn fuhr die »Heddel« von Dresden-Hauptbahnhof durch den Plauenschen Grund zum Windberg bei Freital. Mit der Semmeringbahn verglich man sie von Anfang an, trotz kürzerer Strecke, wegen der zahlreichen Kurven, Kehren und Steigungen. Gebaut wurde sie, um das Döhlener Becken, das damals neben dem Zwickauer und dem Lugau-Würschnitzer Becken eines der wichtigsten sächsischen Kohlefördergebiete war, in das Bahnnetz einzubinden und somit einen Anschluss an den billigeren Wassertransport auf der Elbe zu ermöglichen.

Mit dem komplizierten Bahnbau begonnen wurde im September 1855 bei Freital unter der Leitung des jungen Ingenieurs Guido Brescius. Und das, obwohl in jener Zeit Strecken mit einem Steigungsverhältnis von mehr als 25 Prozent »als technisch nicht realisierbar« galten! Brescius Plan sah vor, den erforderlichen Höhengewinn »durch Ausfahren der Seitentäler und künstliche Längenentwicklung« zu erzielen. Was auch gelang. Zwischen dem Plauenschen Grund und der Ortschaft Gittersee wurde so auf einer Luftlinienentfernung von nur 1600 Metern ein Höhenunterschied von 120 Metern bewältigt.

Zunächst wurde die Bahn nur für den Kohlentransport genutzt. An den Wochenenden freilich sollen, nicht ganz legal versteht sich, auch Ausflügler die Kohlewagen benutzt haben. Erst im 20. Jahrhundert, als die Kohleförderung stark zurückging, wurde die Bahn für den Personenverkehr eingerichtet und die Strecke bis zum Possendorfer Käferberg verlängert, seither ist auch vom »Possendorfer Heddel« die Rede. Bei den Ausbauarbeiten 1907/08 fand zumindest ein Teil der arbeitslos gewordenen Kohlekumpel für kurze Zeit wieder eine Verdienstmöglichkeit. Dann mussten sie sich was anderes suchen, aber der Personennah- und Ausflugsverkehr begann zu boomen. Ab 1912 wurden auch kuriose »Windberg-Aussichtswagen«, von denen es insgesamt vier gab, eingesetzt. Im gleichen Jahr konnte die Bahn auf ihrer mittlerweile auf 13 Kilometer angewachsenen Strecke bereits 192 704 Fahrgäste zählen. Am 9. November 1957 trat schließlich der letzte Personenzug seine Reise auf dieser Strecke an. Die Episode der sächsischen Heddel als Personenbeförderungsmittel war damit beendet. Im Güterverkehr wurde die Bahn aber weiterhin unter anderem für den Uranerz-Transport der SDAG, der Sowjetisch-Deutschen Aktiengesellschaft, ↑Wismut bis 1990 genutzt. 1993 schließlich kam hier der gesamte Gebirgsbahnbetrieb zum Erliegen. Seither bemüht sich ein rühriger Verein um die »Erhaltung und Rekonstruktion der historischen Bahnanlagen und Betriebsmittel« und organisiert stark nachgefragte Sonderfahrten für interessierte Bahnfreaks aus aller Welt. Wohl auch dabei nicht unbedingt als erste, aber immer noch einzigartig.

R. Groh, G. Hoyer. Windbergbahn. Raritäten unserer Heimat. Dresden-Gitterseee (o. J.); Jürgen Schubert. Die Windbergbahn. In: Aus der Verkehrsgeschichte unserer Heimat. Freital 1982; www.windbergbahn.de

Postmeilensäule

Die gibt es so häufig in Sachsen, weil sie hier erfunden wurde

Ja, ja, da kam ein Wanderer des Wegs, der dachte sich, eigentlich wär's netter, wenn man in Abständen eine Markierung hätte, vielleicht um ein Päuschen zu machen. Das könnte natürlich durchaus ein Sachse gewesen sein … Aber die Idee mit den Entfernungsanzeigern stammt schon von viel früheren Vorfahren, von denen im Altertum nämlich. Auch die Post hatte als »dem Gemeinwohl dienende, dauernd betriebene staatliche Einrichtung zur Beförderung von Nachrichten, Kleingütern und Personen« ihre Anfänge bereits in den antiken Großreichen. Da war von den Sachsen noch nüscht zu merken, auch von den ↑Altsachsen nicht. Der assyrische König Sargon II. ließ zwischen 721 und 705 vor unserer Zeitrechnung Steine mit Entfernungsangaben errichten. Zwischen Athen und den untergeordneten Verwaltungsbezirken (Demen) standen entsprechende Säulen mit Maßen und Sprüchen, ebenso im Römischen Reich (Milliari) oder im alten China. In England findet man die sogenannten Lapides und in den Niederlanden die holländischen Stundensäulen.

Die Kursächsischen Postmeilensäulen sind dennoch einmalig in ihrer Vielfalt und Gestaltung. Immerhin schon im 17. Jahrhundert fertigte man in Sachsen hölzerne Meilensäulen und hölzerne Wegweiser (Armsäulen), »die am oberen Ende Richtungsanzeiger in Form von menschlichen Armen und Händen hatten«. Allerdings verfaulten diese bei Nässe rasch und stürzten um.

Es war 1713, da erteilte Kurfürst Friedrich August I. dem Pfarrer Adam Friedrich Zürner die Order, »Aemter samt denen darinnen befindlichen Herrschaften, Rittergütern, Städten, Dörfern und dergleichen mehr in mappas geographicas« zu bringen. Die Ergebnisse der nun von Zürner durchgeführten topographischen Erfassung der kursächsischen Gebiete blieben aus militärischen Gründen einige Jahre geheim. Erst 1718 wurde die »Chur-Sächsische-Post-Charta« veröffentlicht. Am 19. September 1721 endlich erteilte der Kurfürst an die Ämter der Städte Dresden, Meißen und Großenhain den Befehl, steinerne Postmeilensäulen zu errichten. Zwei Monate später erlangte der Befehl seine Gültigkeit für das ganze Land. Die Kursächsische Postmeile bezeichnete 1722 eine Entfernung von 9,062 Kilometern. Später betrug sie übrigens 7 500 Meter. In der äußeren Form sollen die Säulen den Skizzenentwürfen ↑Augusts des Starken folgen, sind aber vor allem den Vorstellungen seines Landesbaumeisters M. Daniel Pöppelmann zuzuschreiben. Außer der großen Distanzsäule (Postmeilensäule), wurden Straßensäulen als Ganzmeilen- und Halbmeilensäulen sowie Viertelmeilensteine errichtet. Die Säulen sind mit einem Posthorn und den Initialen AR, für Augustus Rex, verziert. Weiterhin enthalten sie das Aufstellungsjahr, Orts- und Entfernungsangaben.

Ursprünglich sollen etwa 300 Postmeilensäulen und etwa 1 200 Straßensäulen gesetzt worden sein. Ungefähr 200 sind uns bis heute erhalten geblieben. Sachsen hat also auch eine ganz schöne Säulengeschichte, und die eigenen Säulen zumindest wurden in Sachsen erfunden.

Bertelsmann Universal Lexikon in 20 Bänden, Band 11 und 14, Gütersloh 1991; wikipedia.org./wiki/Kursaechsische_Postmeilensaeule

Preussen

Sachsen und Preußen können sich nicht leiden

Der Nachbarschaftskonflikt zwischen Sachsen und Preußen ist so alt, dass man inzwischen gar nicht mehr so genau sagen kann, wer eigentlich angefangen hat. Aber das ist eigentlich auch nicht wichtig. Der Klügere gibt nach, und so haben wir den Preußen längst großmütig verziehen. Immerhin sind sie auch gestraft genug, denn ihre ewige Großmannssucht hat ja dazu geführt, dass der preußische Staat 1947 endgültig untergegangen ist. Das Land Sachsen dagegen wurde zwar einige Jahre später ebenfalls aufgelöst, aber seit 1990 existiert es wieder (↑Freistaat). Vom einst so stolzen Preußen dagegen sind nur Berlin und Brandenburg als kümmerliche Reste übrig geblieben.

Dass die Brandenburger sich heutzutage mit ihren ↑schönen Mädchen gerne in den Vordergrund drängen, kann man verschmerzen. Aber die Berliner! Die Berliner können einem manchmal wirklich auf die Nerven gehen. Schon als die Stadt noch »Hauptstadt der DDR« hieß, zumindest ein Teil davon, und das ganze Budget an Aufmerksamkeit, Devisen und Waren verschlang, war die Arroganz ihrer Bewohner schwer zu ertragen. Wie heißt es schon in der volkstümlichen ↑Hymne: »Doch gommt der Sachse nach Berlin, / da gönn'se ihn nicht leiden. / Da wolln's ihm eene drieberziehn, / da wollnse mit ihm streiten!« Und denn glooben se ooch, se ham de scheenere Sprooche. Ohhh neee, die ham eene Sprooche ... Unsre glingt wie Muusigge, den ihre is so hegtisch. Wir lassen jedes Wort gans langsaaam aus der Gusche loofen.

Um ihre Wirtschaft auf Vordermann zu bringen, warben die Preußen schon Anfang des 18. Jahrhunderts heimlich sächsische Manufakturarbeiter ab. Und weil zudem die ganzen schönen Westprodukte und Südfrüchte aus Spanien, Italien und anderswo über die sächsischen Handelswege und Marktplätze gen Norden und Osten wanderten und einen weiten Bogen um die märkische Sandwüste machten, baute man dort als Konkurrenz den Oder-Spree-Kanal. Genützt hat es aber nicht viel. Wer ein ↑Seefahrer werden will, muss früher aufstehen. Schließlich nutzte Friedrich II. (den sie da oben den Großen nennen) das militärische Bündnis mit Sachsen aus, um Schlesien zu erobern, prellte uns um unseren Anteil an der Beute und begann dann auch noch ohne

Vorwarnung den Siebenjährigen Krieg (1756–1763). Und kaum hatte sich Sachsen von den Folgen dieses Krieges erholt, da warben Preußen und andere Staaten dem Land schon wieder die besten Leute ab.

Diese Strategie wiederholte sich übrigens zu DDR-Zeiten. Denn wer entwarf den Berliner Fernsehturm? Hermann Henselmann aus Roßla im Harz (bis 1815 sächsisch, heute ↑Sachsen-Anhalt). Und den Palast der Republik? Zum Architektenkollektiv um Heinz Graffunder gehörten mit Wolf-Rüdiger Eisentraut und Manfred Prasser aus Chemnitz sowie Heinz Aust aus Lippen bei Hoyerswerda immerhin drei Sachsen. Die sollten vermutlich aufpassen, dass nichts schief geht … Denn die Berliner verstehen nicht nur nichts vom Bauen, sie können nicht einmal richtig regieren! Woher kam demzufolge der erste Staatsratsvorsitzende Walter Ulbricht? Aus Leipzig, nu klar! Nach ihm kam Willi Stoph aus Berlin-Schöneberg. Der überzeugte in dieser Rolle allerdings so wenig, dass er schon nach wenigen Jahren ersetzt werden musste durch den Saarländer Erich Honecker. Gut, auf den Genossen Spitzbart kann man als Sachse nun nicht unbedingt stolz sein. Es war wohl eher so, dass man ihn hier loswerden wollte, und da schien er für Berlin gerade gut genug. Aber dieser Export hat sich gerächt, denn als Deutschlands ranghöchster Sachse prägte er seinem Volk das Stigma der unsympathischen Witzfigur auf. Und solche Vorurteile halten sich lange, zumal andersherum die sympathischen Sachsen, wenn es sie in die Hauptstadt verschlug, gerne als Berliner vereinnahmt wurden. So ist und bleibt es eine Ungerechtigkeit, dass zum Beispiel der Radeburger Heinrich Zille heute überall als Berliner Original durchgeht (↑Pinselheinrich).

Manchmal verstanden sich Sachsen und Preußen aber dennoch gut, wenngleich das dann nicht immer einem guten Zweck diente. So rief der sächsische König Friedrich August II. ohne Scheu preußische Truppen zur Hilfe, als er im April 1849 die revolutionären

Barrikadenkämpfer in Dresden niederschießen lassen wollte. Zum Dank für diese monarchische Bruderhilfe zog der spätere sächsische König Albert bald als Feldherr mit in den Krieg gegen Dänemark und half beim Erobern von Schleswig und Holstein (↑Altsachsen). Dabei war er so erfolgreich, dass ihn die Preußen auch im deutsch-französischen Krieg 1870/71 wieder an die vorderste Front schickten. Die Begeisterung für seine militärischen Höchstleistungen führte nun dazu, dass man Albert (noch bevor er 1873 König wurde) zum preußischen Feldmarschall ernannte. Und der sächsische Kriegsminister Georg Friedrich Alfred von Fabrice fand sich als Generalgouverneur des besetzten Frankreichs wieder. Diesen Triumph wollte Friedrich August III. (↑Anekdotenkönig) 1914 wohl wiederholen, als die sächsischen Truppen im Ersten Weltkrieg als 3. Armee gen Nordfrankreich zogen. Wie ausreichend bekannt ist, verließ die Deutschen jedoch das Kriegsglück, und die Sache endete mit der Revolution und dem Ende der sächsischen Monarchie. Solidarischer Weise ging die preußische immerhin gleich mit unter.

Aber das sind ja alles alte Geschichten. Vergeben und vergessen! Heutzutage kann man mit den Preußen schon ganz gut auskommen. Wenn sie nur die Gusche halten!

Reiner Groß. Geschichte Sachsens. Leipzig 2004. Robert Zagolla. Sachsen – Eine kleine Geschichte. Berlin 2007; Helmut Müller-Enbergs, Jan Wielgohs, Dieter Hoffmann. Wer war wer in der DDR? Berlin 2000

Prinzen, Die → Leipziger Lerche → Lipsianer

Prinzenraub

Den Altenburger Prinzenraub vereitelte ein Köhler

»Alles nur geklaut« – so sangen »Die Prinzen« 1993. Als erste ostdeutsche Popband machten die Leipziger eine sensationelle bundesdeutsche Kariere und eroberten die Charts. Mit dem sächsischen Prinzenraub hatten aber weder die Prinzen noch das Lied zu tun. Beim Altenburger Prinzenraub raubten auch keine Prinzen, sie wurden geraubt und zwar in mittelalterlicher Zeit.

Jedes sächsische Schulkind kennt die Geschichte des Kunz von Kauffungen, jenes Rittersmannes, der mit Fug und Recht als der sächsische Goetz von Berlichingen gelten kann. Denn wie jener kämpfte er gleichermaßen heldenmütig wie erfolglos gegen die Willkür und Despotie seines Fürsten. Allerdings fehlte es in Sachsen an einem Goethe, der dieses Drama später in eine allgemein verbindliche Fassung gebracht hätte. Und so wurde der berühmte Altenburger Prinzenraub im Lauf der Zeit mit immer mehr fantastischen Details ausgeschmückt.

Der Kern der Geschichte ist schnell erzählt: Ritter Kunz kämpfte als Hauptmann und Vogt im Bruderkrieg (1446 bis 1451) zwischen den beiden sächsischen Fürstenbrüdern Friedrich und Wilhelm auf der Seite Wilhelms, der auch den Beinamen »der Sanftmütige« trug. Der trotz seines Namens gar nicht so sanftmütige Kurfürst verweigerte Kunz nach dem Krieg den ausstehenden Sold und eine Entschädigung für seine während der Kämpfe zerstörten Güter. Als alles Verhandeln fruchtlos blieb, entschloss sich der Hauptmann zur Selbsthilfe: Er entführte die beiden Söhne Friedrichs, die vierzehn und zwölf Jahre alten Prinzen Ernst und Albrecht. Mit mehreren Helfern drang er in der Nacht vom 7. zum 8. Juli 1455 in das Altenburger Schloss ein und führte die beiden Prinzen mit sich fort. Allerdings wurde die Tat bald entdeckt. Auf der Flucht nach Böhmen schnappte man die Entführer noch im Erzgebirge. Kunz von Kauffungen wurde am 14. Juli 1455 auf dem

Freiberger Obermarkt enthauptet, vier seiner Helfer wurden später sogar gevierteilt.

Die Legende, von der bei dem Irrtum die Rede ist, will es nun, dass der Köhler Georg Schmidt – auf sich allein gestellt – im Wald südlich von Grünhain einen der Entführer mit dem Schürhaken erledigt haben soll. Dann soll er Kunz, der sich mit seinen Sporen im Buschwerk verheddert hatte, mit einer Eisenstange festgeklemmt, Hilfe herbei gerufen und den entkräfteten Prinzen Albert befreit haben. Das klingt nachgerade atemberaubend – historische Belege für diese Geschichte gibt es aber nicht.

Übrigens wäre es auch ein Irrtum anzunehmen, dass die beiden Prinzen durch ihre Entführung dauerhaft zusammen geschweißt worden sind. Im Gegenteil: 1485 besiegelten Ernst und Albrecht die endgültige Teilung der sächsischen Lande. Immerhin hatten sie aber gelernt, dass Bruderkriege zuweilen unangenehme Folgen zeitigen. Daher einigten sie sich auf friedlichem Wege über die Aufteilung ihres Erbes.

Dass in Altenburg am 1. Dezember 2001 endlich ein internationales Gericht seine Arbeit aufnahm, war höchste Zeit, hatte aber genauso wenig mit dem einstigen Prinzenraub zu tun wie mit dem Lied der »Prinzen«. Seit Jahrzehnten geht es in Altenburg nämlich fast nur noch um Skat. Das *Deutsche* Skatgericht wurde natürlich ebenfalls in Altenburg und zwar 1927 gegründet. Ein Jahr später wurde hier die »Neue Deutsche Skatordnung« verabschiedet, ein Regelwerk, das im Wesentlichen bis heute gilt. Sieben Richter, sechs Männer und eine Frau, verhandeln hier hinter verschlossenen Türen, um strittige Skatfälle zu schlichten. Damit ist auch gesichert, dass zumindest in Altenburg kein Prinzenraub mehr zu erwarten ist. Aber bei Skatbrüdern weiß man ja nie …

Peter Lehmann. Ränke unterm Rautenkranz. Dresden 2005; Bernd Stephan. Raubritter in Sachsen und ihre Burgen. Taucha 2001

Protestanten

Selbstverständlich sind die Sachsen Protestanten

Die ketzerische Lehre Martin Luthers hat den Sachsen auf Anhieb besser gefallen als die alten päpstlichen Riten mit Fegefeuer, Weihrauchduft und Ablasshandel. Spätestens seit 1539 gilt daher nahezu uneingeschränkt, dass die Sachsen Protestanten sind. Einige waren sogar noch protestantischer als andere und schlossen sich der so genannten Zweiten Reformation des Schweizer Theologen Johannes Calvin an. Das allerdings kam bei ihren Landsleuten nicht so gut an: 1573 erhob sich das Volk in Leipzig, Dresden und in anderen Städten zu gewalttätigen Ausschreitungen gegen vermeintliche und echte Calvinisten. Bekannt ist das Schicksal des kurfürstlichen Kanzlers Nicolaus Krell, der wegen seiner calvinistischen Einstellung auf der Festung ↑Königstein inhaftiert und später hingerichtet wurde.

Nach dieser Säuberungsaktion blieb ganz Sachsen auf der Linie der reinen protestantischen Lehre. Ganz Sachsen? Nein. Ausgerechnet die Herrscherfamilie sorgte später für eine kleine, aber für die Ausdehnung ihres Reiches nicht ganz unwichtige Ausnahme: 1697 trat ↑August der Starke höchstpersönlich zum Katholizismus über, und zwar, um die polnische Königskrone erlangen zu können. Also nicht unbedingt des rechten Glaubens wegen. Auch Augusts einziger legitimer Sohn, der Kurprinz Friedrich August, wurde 1712 katholisch, und so hielten es nach ihm alle späteren ↑Wettiner – bis zum Ende der ↑Monarchie.

Hingegen wollte es den Fürsten nicht gelingen, ihre sächsischen Untertanen zu bekehren. Schon August der Starke sah in einem Brief an den Papst in Rom sich zu berichten gezwungen: »Es gibt kein Land, wo der Eifer für das Luthertum so mächtig wäre, wie meine Erblande Sachsen, jede Unternehmung zugunsten des Katholizismus ist geeignet, Unruhe zu erregen.« Selbst noch im 19. Jahrhundert konnten die sächsischen Katholiken nicht mehr erwarten als das Recht zur freien Religionsausübung und die politische und bürgerliche Gleichberechtigung mit den Lutheranern. Dabei erhöhte sich gerade in dieser Zeit der Anteil der Altgläubigen durch Einwanderer aus Schlesien, Böhmen, Polen und Italien.

Später, während des Nationalsozialismus, näherten sich beide Konfessionen in Sachsen zunehmend an. Ein dunkles Kapitel, mit und ohne Religion. Als zu DDR-Zeiten die Zahl der Kirchentreuen ins Bodenlose zu sinken drohte, scharten sich die sächsischen Protestanten und Katholiken noch näher zusammen. Dennoch ist der weitaus größte Teil der Bevölkerung Sachsens inzwischen konfessionslos. Zwar gibt es in den meisten Städten und Dörfern des Freistaates evangelische wie katholische Gemeinden. Doch als Fazit bleibt: Knapp vier Prozent sächsische Katholiken und etwa zweiundzwanzig Prozent Protestanten stehen einer großen Mehrheit der Bevölkerung gegenüber, die kirchlich ungebunden ist. Die Mitglieder von Freikirchen und jüdischen oder muslimischen Glaubensgemeinschaften wollen wir an dieser Stelle einmal unberücksichtigt lassen.

Wie gläubig und kirchentreu die Sachsen allerdings im 16. und 17. Jahrhundert tatsächlich waren, lässt sich letzten Endes gar nicht sicher sagen. Denn eine Statistik über Atheisten und Andersgläubige wurde damals nicht geführt, und allein die Tatsache, dass einer sonntags zur Kirche geht, verrät ja noch nichts darüber, was er wirklich glaubt. In diesem Punkt unterscheiden sich Kirchenbuch und Parteibuch nicht wirklich voneinander …

Reiner Groß. Geschichte Sachsens. Leipzig 2004. Wilhelm Hoffmann. Kirchen, Freikirchen, Sekten. In: Hermann Heckmann (Hrsg.) Sachsen – Historische Landeskunde Mitteldeutschlands. Würzburg 1991; Statistisches Jahrbuch Sachsen 2006. Kamenz 2006

Pückler

Pückler war ein Bad Muskauer Eisfabrikant

Diesem Irrtum ist man – wenn überhaupt – garantiert nicht nur in Sachsen aufgesessen. Auch wenn das Pückler-Eis durchaus schmackhaft ist. »Haselbauer«, »Moskauer«, »Othello«, »Pückler« – Cremig, halbgefrostet, schokoladenummantelt, raffiniert waren sie, die Top 4 der DDR-internen Eisheiligenrangliste. Wobei die Reihenfolge, je nach individuellem Geschmack und nach Jahreszeit variiert werden konnte. Haselbauer ist seit kurzem wieder zu haben. Moskauer? In Moskau wahrscheinlich. Othello am Stiel? Aus und dahin. Pückler? Nicht klein zu kriegen. Diesen Erdbeer-, Vanille-, Schokoeispack gibt es seit Anfang des 19. Jahrhunderts im Ruhrgebiet wie im Preußischen und in Sachsen sowieso.

Dass der exzentrische Fürst Hermann von Pückler, 1785 in Muskau/Oberlausitz geboren, sich dazu herabgelassen hätte, eigenhändig Eis anzurühren, ist zwar eine Ente, aber so unwahrscheinlich mag das nicht erscheinen. Ein Abenteurer war er, selbstverliebt »wie ein Strauß, dessen Eitelkeit Stahl und Eisen verdaut« (so Bettina von Arnim), ein schneidiger Gardeleutnant, der in Dresden das Geld zum Fenster hinauswarf, ein Afrika- und Orient-Reisender, der packende Bücher schrieb, ein Landschaftskünstler, dem wir die einzigartigen Parkanlagen in Bad Muskau und Branitz verdanken, ein begnadeter Selbstdarsteller, der mal so auf dem ägyptischen Sklavenmarkt eine halbwüchsige Äthiopierin erstand und der durch Berlin mit einem Hirschgespann kutschierend Aufsehen erregte. Dem war so ziemlich alles zuzutrauen, warum sollte er nicht auch Speiseeis fabriziert haben?

Doch – wie schon angedeutet – es war anders. Als Erfinder der »dreischichtigen und dreifarbigen Eisbombe mit Maraschino, Makronen und Schlagsahne«, von der sich das Pücklereis als bürgerlich-volkstümliche Ausgabe ableitet, gilt der Berliner Konditor Schulz, der den Namen des schillernden Fürsten, über dessen

Kapriolen in den Salons getratscht wurde, einfach als Werbegag vermarktete. Vorstellbar wäre, dass der ewig klamme Fürst fleißig Tantiemen beim Konditor Schulz einmahnte. Man weiß es nicht. Seinem Branitzer Leib-, Hof- und Magenbäcker jedenfalls soll Pückler gnädigst gestattet haben, das nach ihm benannte Frostvergnügen an die Parkbesucher verkaufen zu dürfen, um damit auch »Einnahmen für die Finanzierung seines kostspieligen Parks zu erzielen«. Da Muskau nach dem Wiener Kongress von 1815 von Preußen an Sachsen abgetreten werden musste, ist Pückler ein Sachse, war trotzdem aber nie Eisfabrikant.

Fürst Pückler. Parkomanie in Muskau und Branitz. Hamburg 2006; Heinz Ohff. Der grüne Fürst. Das abenteuerliche Leben des Hermann Pückler-Muskau. München und Zürich 2002; wikipedia.org./Fuerst Pueckler-Eis

Pulsnitzer Spitzen → Pfefferküchler

Quarkkeulchen

Ein Gebäck, das nach »müden Sportlerbeinen« benannt ist

»Butter und Quark, das macht stark – Quark alleene macht krumme Beene.« So lautete ein allseits bekannter Doppelspruch aus Urgroßmutters Weisheitskästchen, der auf seinen Wahrheitsgehalt hin möglicherweise nie untersucht, aber respektive von der sächsischen Bevölkerung unbesehen für bare Münze genommen und rigoros befürwortet wurde. Wenn allein schon die Kombination von Butter und Quark die körperliche Kraftentwicklung beflügelt, dann kann es erst recht nicht schaden, geriebene Pellkartoffeln, Eier, Mehl, Zucker und so weiter dazu zu mischen und zu brutzeln, auf dass einem die so entstandenen Quarkkeulchen zu herkuleskeulenartigen Schenkeln verhelfen. Für Spitzensportler unserer EPOche nicht ganz unwichtig. Jedoch nicht nur, weil die so entstehenden Quarkkeulchen ganz offenbar wesentlich älteren Ursprungs sind als EPOchaler Spitzensport, haben wir unsere Zweifel am Zusammenhang zwischen beiden. Quarkkeulchen sind eine nette Süßbackware, gedopte Radlerbeine dagegen eine Schweinerei (und keiner steilen Wand von ↑Meerane würdig).

Also. Quarkkeulchen sind in erster Linie eine süße sächsische Pufferspezialität und Apfelmus-Sättigungsbeilage. Wobei die Schreibweise »Keulchen« unrichtig oder gar falsch sein soll. »Käulchen« müsse es heißen, weil, es käme von Kaule, mittelhochdeutsch Kule, gleich Kugel, und bezeichne „in der Pfanne gebratene flache Klößchen aus Quark oder Kartoffeln«. Na eben! Aber flach? Quark *oder* Kartoffeln? Das kann man sich in Sachsen wahrscheinlich nicht so richtig vorstellen.

Verbürgt nun ist gleichermaßen – Tausende haben es mit eigenen Ohren und live gehört –, der spontan verzweifelte Zuruf eines Dynamo-Fanblock-Veteranen, der mit tränenerstickter Stimme seinem ausgepowerten Lieblings-Stürmer, den er zu Spielbeginn noch in ehrfürchtiger Euphorie als »Fußballgott« begrüßt hatte, nun von den Traversen aus auf das Spielfeld entgegenschleuderte: »Heb de Quarkkeulchen, Mensch, du Pfeife!« Wie es zur Benennung der Fußballerbeine nach dem doch gar nicht so übel schmeckenden Pfannengebäck kommen konnte, ist uns ein Rätsel.

www.kochatelier.de/backwerk/quarkkeulchen.htm

Raddampfer

Bei niedrigem Wasserstand sollten sie auf dem Land fahren können

Keine schlechte Idee, deren Verwirklichung die Schifffahrt auf der Elbe auch bei Niedrigwasser garantieren würde. Aber das Problem ist nicht nur seltener als das mit dem Hochwasser (↑Jahrtausendflut). Es irrt, wer glaubt, der Raddampfer hätte sich jemals woanders als auf dem Wasser bewegen sollen. Raddampfer, die den Elbestrom zwischen Meißen und Bad Schandau bevölkern, das weiß jedes vernünftige Lexikon, sind Dampfschiffe, die durch Schaufelräder am Heck oder an den Seiten angetrieben werden.

Und nun der lexikalische Exkurs: Als Geburtsdatum der Elbe-Dampfschifffahrt gilt der 8. Juli 1836. Da wurde der »Elbedampfschiffahrts-Gesellschaft« vom sächsischen Ministerium des Inneren für die Dauer von acht Jahren das Betreiberprivileg für diese schwimmenden Fahrzeuge erteilt. Johann Andreas Schubert, Professor an der Technischen Bildungsanstalt in Dresden, bereitete den technischen Einstieg der privilegierten Gesellschaft in das »Unternehmen Dampfschifffahrt« gründlich vor, nachdem er sich bei einem dreimonatigen Studienaufenthalt in Frankreich sachkundig gemacht hatte. Auf dem Gelände der alten Dresdner Vogelwiese begann er im September 1836 mit dem Bau eiserner Schiffskörper. Das erste Schiff wurde auf den Namen »Königin Maria« getauft. Ausgerüstet mit Niederdruckmaschinen, erreichte es einen Tiefgang von rund 740 Millimetern. Am 11. August 1837 wurde es in Dienst gestellt.

Nach zögerlichem Beginn und schließlich der Trennung von Fracht- und Personenverkehr entwickelten sich die Elbdampfer zu einem Massenverkehrsmittel des Nah- und Ausflugsverkehrs. Es gibt sie noch heute und es hat etwas Beruhigendes, wenn sie auf dem Wasser an einem vorbei gleiten. Denkmalgeschützt, aber dennoch außerordentlich lebendig, bewegt sich die derzeit größte und älteste Seitenraddampferflotte der Welt auf der sächsischen Elbe.

Traditionell jedes Jahr am 1. Mai heißt es: »Klar zur großen Wende«, und die ein wenig behäbigen Schiffe rüsten zur Dampferparade. Ein Schauspiel, das Tausende Dresdner und Gäste von überall her anlockt. Vorausgesetzt, das Wetter spielt mit. Dann ist viel Bewegung zu Wasser und zu Lande. Die »Dampfer«, die da auf dem Lande fahren, heißen anders und sind definitiv keine Schiffe.

Frank Müller, Wolfgang Quinger. Die Dresdner Raddampferflotte. Hamburg 1995

Radeberger

Es heißt nicht der, sondern das Radeberger

Dieser grammatikalische Konflikt erscheint nur lösbar, wenn man die Frage mit einem entschiedenen »sowohl, als auch« beantwortet. Insofern muss jede Entscheidung für den einen wie für den anderen Genus ein Irrtum sein.

Versuchen wir trotzdem eine Klärung: Radeberg ist eine Markenstadt. Nicht so sehr im philatelistischen Sinne, versteht sich, sondern als Erzeugerzentrum für geschmacklich nahezu vollkommene Nahrungs- und Genussmittel unterschiedlichster Konsistenz. Zum Beispiel *das* Radeberger – aber das kriegen wir später. Nehmen wir also zunächst etwas Anrüchiges, den Käse zum Beispiel.

Seit 1880 machen die Radeberger in der Meierei Heinrichsthal ihren Käse. Sie lassen sich von den Bauern der Lausitz die Milch vorbei bringen und dann geht's los: Butter, Quark und Käse – je nach Gusto und Bedarf. Mit dem Käse klappt es am besten, weil die Gründerin der Meierei, Agathe Zeis, eine Frau mit Geschmack, dazu mobil und flexibel, nicht versäumt hatte, bereits

1884 ein ganz spezielles französisches Patent zu erwerben, das ihr die Möglichkeit für die bislang in Deutschland weniger bekannte Camembert- und Brie-Herstellung gab. Nun steht natürlich die berechtigte Frage im Raum, wieso wusste eine, also *die* Radebergerin um die außerordentlichen Qualitäten des französischen Käses? Die richtige Antwort lautet: Der König Albert von Sachsen hat es ihr verraten. Das war im Jahre 1881, als er die Landwirtschaftsausstellung in Radeberg mit seinem hoheitlichen Besuch beehrte. Dabei versuchte er die Meiereibesitzerin Agathe Zeis en passant, jedoch mit gerunzelter Stirn, auszuforschen: »Sind Sie in der Lage, einen Camembert herzustellen?« Da musste Frau Zeis verschämt die Augenlider senken und ihr Haupt schütteln. So einen Käse kannte sie nicht. Der Camembert, den ebenfalls eine Frau, nämlich Marie Harel aus dem Dorf Camembert in der Normandie, erfunden hatte, ging der Radebergerin nicht mehr aus dem Sinn. Deshalb fuhr sie nach Frankreich, studierte ihn gründlich, kehrte heim und machte fortan so guten französisch-deutschen Käse, dass ihre Lehrmolkerei alsbald von Eleven aus Polen, Schweden, den USA und – Frankreich (!) heimgesucht wurde.

Also heißt es richtig: *der* Radeberger! Auch dann noch, wenn es sich überhaupt nicht um Käse handelt, sondern um Carl Wilhelm Richters »würzig süßes Wässerchen«, den aromatischen Radeberger Bitterlikör.

Das Radeberger hingegen, es wird – anders als mancher Fernsehzuschauer vermuten mag – doch nicht in der Dresdner Semperoper oder im Schloss Pillnitz gebraut, *das* Radeberger ist eigentlich ein Kapitel für sich. Und genau genommen müsste man erst mal den Pause einlegen und sich ein blumiges Raderberger genehmigen.

Die »Aktienbrauerei zum Bergkeller« in Radeberg wurde 1872 gegründet. Sie und ihre Nachfolger nannten und nennen sich stolz – es darf vermutet werden, dass Sie den folgenden Ausspruch schon mal irgendwann gehört oder gelesen haben: »… die erste Brauerei in Deutschland, die ausschließlich nach Pilsner Brauart braut.« Das Bier machte Karriere: 1905 wurde es »per königlichem Dekret zum Tafelgetränk seiner Majestät des Königs Friedrich August III. von Sachsen« (↑Anekdotenkönig), wenig später zum »amerikanischen Tafelbier« und noch später in der DDR selig zur Mangelware. Die Sachsen lieben es und die Welt liebt es. Es heißt also: *das* Radeberger und is keen Irrtum!

Fredo Frotscher. Episoden und Bilder um Sachsens berühmte Erzeugnisse. Taucha 2003; Birgit Matuschewski. Chronik. Eintausend Jahre Erfindergeist in Sachsen. Dresden 2003

RÄUCHERKERZEN → CROTTENDORFER KEGEL

REIFENDREHEN

So etwas spielen die Kinder im Erzgebirge

Kein Kinderspiel, sondern eine ernsthafte handwerklich-künstlerische Tätigkeit wird »Reifendrehen« genannt. Was dabei herauskommt, ist freilich ein Spielzeug, jedoch nicht nur für Kinder, zunächst aber vor allem zu Weihnachten.

Romantisch verklärt nennt man das Erzgebirge gemeinhin das »Weihnachtsland«, weil pünktlich zum Jahresende von Seiffen und Thum, Annaberg und Schneeberg aus die hölzernen Räuchermännlein, Nussknacker, Engel und Bergleute legionenweise in die weite Welt hinaus marschieren und das schon seit Jahrhunderten. Dabei vergisst man oft, dass am Beginn der Spielzeugherstellung im Erzgebirge der soziale Niedergang und die blanke Not der Bergleute standen. In der Spielzeughauptstadt Seiffen war es,

»nach mehrfachen Blütezeiten und verhängnisvollen Krisen«, wo der Niedergang des osterzgebirgischen Zinnbergbaus dafür sorgte, dass aus den Bergleuten, wenn sie am Ort bleiben und in der Heimat ihr täglich Brot verdienen wollten, Drechsler und Spielzeugmacher wurden. Nur in Seiffen übrigens und den benachbarten Gemeinden Deutscheinsiedel und Deutschneudorf (↑Bernsteinzimmer), kam besagtes Reifendrehen, eine Kunstform der Drechslerei, um 1800 auf, und hier wird es bis auf den heutigen Tag noch betrieben – nach wie vor nicht von Kindern. Es ist auch nicht kinderleicht.

Auf der Drechselbank dreht man große profilierte Reifen, von denen anschließend scheibchenweise Rohlinge, das heißt, bis zu sechzig kleine Tiere, abgespalten werden. Bei dickeren Figuren sind es natürlich weniger. Der Drechsler, der selbstverständlich auch ein geschickter Schnitzer sein muss, veredelt diese Rohlinge hernach mit Kunstverstand, scharfem Blick und speziellem Gerät – Drehmeißel, Schaber, Stecheisen, Ausziehhaken und Pfannenstecher gehören zur Grundausstattung. Schließlich werden die Figuren bemalt. Wenn ein Reifen nicht präzise gearbeitet ist, kann es zum Beispiel passieren, dass alle Figuren eines Ringes nicht stehen können, also Ausschuss sind. Das Reifendrehen ermöglichte gewissermaßen eine Massenproduktion, immerhin ließen sich diese genormten Tiere wesentlich schneller und billiger herstellen, als wenn man sie einzeln schnitzte.

Ganz stark in Mode waren die hölzernen Reifendrehtiere um die Wende vom 19. zum 20. Jahrhundert, vor allem in der Weihnachtszeit. Sie veredelten auch die überaus beliebten Weihnachtspyramiden. Die einfachste Variante der so hergestellten Tiere, das heißt, wenn die einzelnen Scheibchen nicht mehr großartig veredelt werden, nennt sich »Schock- oder Pfennigvieh«. Davon fiel auch einiges zum Spielen für die Kinder der schnitzenden Bergleute selbst ab. Später, mit der fabrikmäßigen Herstellung des natürlich weitaus rentableren Blech- und Kunststoffspielzeugs, sind die reifengedrehten Tiere wieder aus der Mode gekommen, taugten aber immerhin noch als exotische Exportprodukte und für Liebhaber. Reifendrehen wird immer noch im Erzgebirge gepflegt. Die Produktpalette ist inzwischen auch wesentlich erweitert worden. Zum Weihnachtsvieh kamen allerlei Arten Haus-, Jagd- oder Weidevieh in verschiedenen Qualitäten. Mehr als hundert verschiedene Tiere, ganze Spiel-Bauernhöfe treten so den Weg zu Kindern und auch Erwachsenen an.

Holzspielzeug sollte, wenn es nach den Erzgebirglern und Umweltschützern geht, noch stärker im Kommen sein. Eine wirkliche Trendwende hat es aber seither leider noch nicht gegeben. Immerhin kann man Spielzeug aus Holz naturgemäß nicht zum »alten Eisen« werfen.

Gerhard Schlegel, Erich Reuther, Dieter Schräber. 125 Jahre Erzgebirgsverein. Schneeberg (o.J.); Klaus Seehafer (Hrsg.). Das Weihnachtsland. Heiteres und Besinnliches aus dem Erzgebirge. Berlin 2004

Reimann, Hans → Mundart

Rock 'n' Roll

Der Rock 'n' Roll wurde in der Lausitz erfunden

Eigentlich haben wir niemanden gefunden, der das wirklich meint. Aber auch ein ausgedachter Irrtum muss mal sein dürfen. Rock 'n' Roll war und ist schließlich auch in Sachsen beliebt, um so mehr, als es gerade im ↑Tal der Ahnungslosen zeitweilig schwierig war, die richtig scharfen Sachen über den Äther zu empfangen. In der Lausitz nun wieder, besonders in ihrem sächsischen Teil, vom Kamm des Zittauer Gebirges bis zur gedachten Nordlinie Bischofswerda-Bautzen-Löbau-Ostritz und in der Westausdehnung von Sebnitz-Neustadt bis zur Lausitzer Neiße, die die Auswärtigen Oberlausitz nennen, rollt man ein herrliches »R«.

Den für den Rock 'n' Roll am besten geeigneten Dialekt zelebriert man im ↑Äberland, wie die Einheimischen die Oberlausitz nennen, speziell um Steinigtwolmsdorf-Neukirch-Wilthen bis nach Löbau und Ostritz hinauf. Da wird, so sagen es die Äberländer selbst, immerzu »gerullt und gequirlt«. Außerdem denkt man (ganz wie die Nordamerikaner!) sprachökonomisch und kürzt oder verschluckt, wo man nur kann. Deshalb wird das hochdeutsche »laufen« erstmal zum äberländischen »loofen« transformiert. Dann fliegt noch das »e« raus und übrig bleibt »loofn« – aus »Montag« wird »Montch« und aus der höchst überflüssigen Rede »loabern«, gesprochen »loaborrrn« (rrroll!). Folgerichtig kann aus Rocken Rock'n werden! Und rollende Steine, gab es auch im Äberland genug.

Mit einem bisschen Fantasie könnte also jemand meinen: Rock 'n' Roll, eigentlich ja: Rock and Roll, ist in der Lausitz unterhalb der Lausche entstanden. Den Krach dazu haben die anderen gemacht. Verstimmt müssten sie deshalb gewesen sein, als sie gegen Ende der fünfziger Jahre des 20. Jahrhunderts erfuhren, dass es den Rock 'n' Roll schon seit einigen Jahren gab, und dass als sein Verkünder der amerikanische DJ Alan Freed – Lausitzer Vorfahren sind nicht nachweisbar, aber da sollte man nochmals nachhaken … – von den Musikhistorikern gefeiert wird. Im Äberland kamen solche Nachrichten zwar auch an, aber in jener Zeit immer mit Verspätung. Spätestens ab da mochten die Äberländer das verbotene Gehopse genauso gern wie die Jugendlichen in Erfurt oder Magdeburg.

Was der Partei- und Staatsführung der Deutschen Demokratischen Republik (das könnte man mit PSF abkürzen) weder verborgen blieb, noch sonderlich gefiel. Können junge Sozialisten denn nicht ohne westliche Unkultur glücklich sein? Was heißt können, sie sollten müssen! Ob sie wollten oder nicht! Deshalb soll die PSF aus Berlin den Äberländern angeboten haben, da sie selbst die Erfindung des Rock 'n' Roll ja verschlafen hatten, nun eine tänzerisch-musikalisch rrrollende Abwehrwaffe zu entwickeln. Kurz: Die Äberländer, hart wie Lausitzer Granit, blieben stur und lehnten ab, weshalb die Geheimordre dann nach Leipzig weiter gereicht wurde, wo im Jahre 1959 plangemäß der Gesellschaftstanz »Lipsi« (↑Lipsianer) entstand. Wär doch schade um die Geschichte, die es ohne den erfundenen Irrtum garantiert nicht geben würde.

www.oberlausitz.org./mundart/sprachraum.html; www.hallo-lausitz.de

Rote Armee

Sachsen wurde 1945 von der Roten Armee befreit

Nach dem Zweiten Weltkrieg gehörte Sachsen zur Sowjetisch Besetzten Zone. Da sollte man annehmen, dass die Rote Armee es war, die das Land erobert hat. Das stimmt aber nur zur Hälfte: Die sowjetischen Soldaten kamen nämlich nicht nur zu spät, sie kamen auch nicht sonderlich weit. Am 25. und 26. April 1945 trafen sie an der Elbe auf Verbände der US-Armee. Und die hatten schon fast ganz Westsachsen besetzt, als die Rote Armee sich im Osten noch mit der 4. deutschen Panzerarmee erbitterte Kämpfe um Bautzen lieferte. Die Amerikaner waren am 12. April, vier Tage vor Beginn der sowjetischen Offensive in der Lausitz, bei Crimmitschau auf sächsisches Gebiet vorgestoßen. Am 13. April besetzte die 3. US-Armee Glauchau und Meerane, dann Rochlitz und Mittweida, am 16. April Chemnitz und am 17. April Nossen und Zwickau. Währenddessen stieß die 1. US-Armee aus Richtung Halle kommend in das nordwestliche Sachsen vor und nahm am 19. April Leipzig ein. Einen Tag später kapitulierten dort die letzten, im Völkerschlachtdenkmal verschanzten deutschen Soldaten.

Die meisten Sachsen wussten damals noch nichts von den Segnungen der deutsch-sowjetischen Freundschaft und freuten sich aufrichtig über den Siegeszug der GIs, der nur von einigen unbelehrbaren SS-Einheiten im Vogtland und im Erzgebirge kurzfristig aufgehalten wurde. Westlich der Mulde war man froh, dass die Amerikaner da waren, und östlich der Mulde hoffte man, dass sie bald kommen würden. (Siehe auch ↑Schwarzenberg.) Allerdings kam dann alles ganz anders. Die von Marschall Konew geführte 1. Ukrainische Front hatte nämlich am 16. April ihren Angriff auf die 4. deutsche Panzerarmee begonnen, die entlang der Lausitzer Neiße in Stellung gegangen war. Unter schweren und verlustreichen Kämpfen wurden ab dem 16. April die Städte Hoyerswerda und Niesky und am 21. April Bautzen von den sowjetischen Truppen sowie von Soldaten der 2. polnischen Armee eingenommen. In der Folge stieß die Rote Armee bis zur Elbe vor, wo es zu dem bereits erwähnten Zusammentreffen mit dem Klassenfeind kam. Das Gebiet zwischen Mulde und Elbe blieb für beinahe zwei Wochen eine Art Niemandsland, bevor sich die Sowjets am 3. Mai zum weiteren Vormarsch entschlossen. Als sechs Tage später die deutsche Kapitulation in Kraft trat, war dann das ganze sächsische Gebiet östlich der Mulde sowjetisch besetzt. Einzig die Gegend um ↑Schwarzenberg stand bei Kriegsende noch nicht unter alliierter Kontrolle.

Aber wie sollte es mit dem geteilten Sachsen weitergehen? Viele Sachsen hofften, dass das ganze Land den Amerikanern zugeschlagen würde, denn von denen versprach man sich – vielleicht nicht ganz zu Unrecht – eine mildere Behandlung. Während aber die sächsische Gerüchteküche brodelte und die Spekulationen ins Kraut schossen, war das Schicksal des Landes schon Monate zuvor auf dem Würfelbrett der Diplomaten entschieden worden. Die Vier-Mächte-Erklärung vom 5. Juni 1945 bestätigte dann offiziell, was unter der Hand längst beschlossen war: Ganz Sachsen sollte der SBZ eingegliedert werden! Die GIs verstauten gehorsam die Zigaretten und Kaugummipakete in ihren Tornistern und rückten ab. Mitte Juni erreichten sie die Zwickauer Mulde, Ende Juni die bayerische Grenze. Ab Anfang Juli stand ganz Sachsen dann unter der Hoheit der Roten Armee und des Militärgouverneurs Marschall Shukow. Der Rest der Geschichte ist bekannt. Rein militärisch gesehen hätte alles auch ganz anders ausgehen können.

Reiner Groß. Geschichte Sachsens. Leipzig 2004

Russisch Brot

Russisch Brot ist ein Ergebnis der deutsch-sowjetischen Freundschaft

Achtung, liebe Leute aus den alten beziehungsweise gebrauchten Bundesländern sowie liebe Neubürger: die Deutsch-Sowjetische Freundschaft (DSF), war eine Massenorganisation in der DDR, der man fast zwangsläufig, aber ohne Folgen schon in jungen Jahren beitrat, einen Obolus zahlte, oder auch nicht, und im Wesentlichen in Ruhe gelassen wurde, weil, man war ja organisiert. Russisch Brot wurde weder durch die DSF eingeführt noch verteilt. Russisch Brot gab es im Sachsenland schon lange, bevor die ↑Rote Armee eintraf. Und mit der Freundschaft hatte es auch weniger zu tun als ein Reisemitbringsel.

Es fing mit einem Dresdner Bäckergesellen namens Ferdinand Wilhelm Hanke an. Den hatten seine Lehr- und Wanderjahre in der ersten Hälfte des 19. Jahrhunderts bis nach Sankt Petersburg geführt. Da er noch jung war und gesunde Zähne hatte, kannte seine Begeisterung für ein Gebäck, das die Petersburger »Bukwi«

nannten, keine Grenzen. Im Gegenteil, er beschloss die »Bukwi« überall in der Welt oder zumindest doch in seiner sächsischen Heimat bekannt und beliebt zu machen. Da sich, was Bäcker Hanke natürlich ahnte, der gemeine Sachse mit den fremdländischen Bukwi nicht so leicht abspeisen lassen würde, nannte er sein Leibgebäck treudeutsch »Russisch Brot«. Das klang nach Steppe rings umher, nach Newa, Don, Tolstoi und slawischer Seele – wie man sich eben das große ferne Russland vorstellte. Diese Vorstellung traf die Sachsen in ihr weiches Herz und belebte das Geschäft von Hanke ungemein. Das wiederum blieb den Großbäckern der sächsischen Residenz nicht verborgen, die nicht in die leere Röhre schauen wollten, und auf Abhilfe sannen – Geschäft ist schließlich Geschäft. Sie nahmen kurzerhand »Russisch Brot« in ihr Backsortiment auf, als wäre es da schon immer präsent gewesen, allerdings auf höherem als dem Hankeschen Niveau.

Die Gebrüder Hörmann von der Liliengasse brachten es als »hochfeines Buchstabengebäck, als Geduldsplätzchen mit einer farbigen Lasur und als Russisch Brot mit reiner Schokolade überzogen« auf den Markt. Auch wurde für das Buchstabenbrot das lateinische ABC geplündert – denn wer kannte sich schon im Kyrillischen aus, außer den 600 Mitgliedern der 1861 gegründeten russisch-orthodoxen Gemeinde?

Russisch Brot blieb über Jahrhunderte, außer für ältere Menschen mit dito Gebiss, ein Dauer(backwaren)brenner. Bis zum bitteren Ende der DDR – in der sicher mancher glaubte, Russisch Brot sei wirklich durch die »Freunde« ins Land gekommen – versorgte der VEB Rubro die werktätige Bevölkerung mit dem essbaren Freundschaftsalphabet aus Zucker, Mehl, Eiweiß und Vanille. Dem Russisch-Brot-Maschinen-Erfinder Dr. Quendt sei gedankt. Seine noch 1989 in den Probelauf geschickte Anlage machte es möglich, dass das Gebäck die Wende in der DDR glimpflich überstand. Die DSF hat das Russisch Brot nicht überlebt. Im Regal des Supermarktes kann man inzwischen Russisch Brot aus Hannover und Schneverdingen (↑Niedersachsen) finden – und vor allem aus ↑Dresden.

Mario Süßenguth. Süßes Dresden. Leipzig 2005; Jürgen Helfricht. Sächsisches Spezialitäten-Backbuch. Husum 2005

Sachsen-Anhalt

Sachsen-Anhalt ist ein Teil von Sachsen

Mal ehrlich, das ist ein wirklich dummer Irrtum. Ein Irrtum, auf den – wenn überhaupt – eigentlich nur Ignoranten oder Touristen kommen können. Andererseits steckt auch ein Körnchen Wahrheit darin, denn ein Teil von Sachsen-Anhalt gehört ja historisch gesehen tatsächlich zu Sachsen, darunter so schöne und bedeutende Städte wie Naumburg, Merseburg, Sangerhausen oder die Lutherstadt Wittenberg. All diese Orte (und noch andere, die heute zu Brandenburg oder Thüringen gehören) musste der sächsische König im Jahr 1815 an ↑Preußen abtreten. Insgesamt verlor Sachsen damals mehr als die Hälfte seines Territoriums. Das war eine Folge der Napoleonischen Kriege, in denen das Land allzu lang als Bündnispartner an der Seite Frankreichs gestanden hatte. Daher wurde es von den alliierten Mächten Preußen, Russland und Österreich als Besiegter behandelt und gründlich zurecht gestutzt.

Mehr als hundert Jahre blieben die abgetretenen Gebiete als Provinz Sachsen in preußischem Besitz. Erst nach dem Zweiten Weltkrieg wurden sie mit dem Land Anhalt und einigen kleineren thüringischen und braunschweigischen Gebieten zur Provinz Sachsen-Anhalt verbunden. Nach der Auflösung Preußens im Jahr 1947 entstand aus dieser Provinz das Land Sachsen-Anhalt. Wie man weiß, war den Ländern in der DDR aber kein langes Leben beschieden: 1952 schon verschwand daher Sachsen-Anhalt zugunsten der Bezirke Halle und Magdeburg wieder von der Landkarte, bis es am 3. Oktober 1990 (im Wesentlichen in den vormaligen Grenzen) wieder gegründet wurde. Seither trennt es Sachsen von ↑Niedersachsen. Ansonsten stört es nicht weiter, wenn es nicht gerade im Rahmen geistreicher Werbekampagnen Plakate mit dem Slogan »Wir stehen früher auf« verbreitet.

Übrigens gehörte auch das heute sachsen-anhaltinische Bitterfeld bis 1815 zum Königreich Sachsen. Das ist deswegen von Bedeutung, weil es einen anderen Irrtum relativiert: Manchem Sachsen wird beim Betrachten des Films »Go, Trabi, Go« aufgefallen sein, dass der sächsische Trabi dort das Autokennzeichen »BI« für Bitterfeld trägt. Das ist nicht etwa auf die wenig vertiefte Geschichtskenntnis der Requisiteure zurückzuführen oder darauf, dass sie womöglich auf die Unkenntnis der Zuschauer gesetzt hätten. Aber das kaum zehn Kilometer von der sächsischen Landesgrenze entfernte Bitterfeld galt vor siebzehn Jahren vielen als die deutsche Dreckschleuder des Ostens. So sollte der Trabi seine Fahrt bei grauem Himmel in Bitterfeld antreten und bei blauem zurückkehren. Das sächsische ↑Urgestein, in dem Fall ein gewisser Herr Struutz, konnte sich bei den visionären Filmemachern damals nicht durchsetzen, doch er ging für die Zuschauer zweifellos als waschechter Sachse durch. Dennoch beruht dieser Irrtum auf einer tieferen historischen Wahrheit – und das ist doch auch irgendwie schön.

Reiner Groß. Geschichte Sachsens. Leipzig 2004; Gerhard Köbler. Historisches Lexikon der deutschen Länder. 6. Aufl. München 1999

Sachsendreier

Der Sachsendreier ist etwas Unanständiges

Kann es etwas Unschuldigeres geben, als jenen dünnen Papierschnipsel mit aufgedrucktem Pfennigwert? Der Sachsendreier hat jedenfalls nichts mit Sex oder so zu tun – wobei der ja nun auch nicht unanständig sein muss – und ist von der Sache her sehr anständig. Es handelt sich nämlich um die bekannteste Briefmarke Sachsens und sogar Deutschlands. Unanständig hingegen muss in der Tat die Höhe des Entgeltes genannt werden, das man inzwischen für seinen Erwerb hinblättern muss!

Der sogenannte Sachsendreier firmiert im korrekten Postamtsdeutsch als »Sachsen, Drei Pfennig rot«. Er gehört zu den bekanntesten, seltensten und demzufolge teuersten deutschen Briefmarken. Die erste in Deutschland aufgelegte Briefmarke allerdings, wie nicht nur von den Sachsen häufig angenommen wird, ist der Sachsendreier nicht. Dieser Ruhm gebührt allein dem »Schwarzen Einser«, der am 1. November 1849 vom Königreich Bayern, nach britischem Vorbild gestaltet, herausgegeben wurde. Der rote Dreier erschien, nach Abschluss des Deutsch-Österreichischen Postvertrages vom 6. April 1850, acht Monate nach dem Bayern-Erstling, am 29. Juni 1850.

Zunächst war die heute so kostbare sächsische Marke nur als »Provisorium für die Frankatur von Streifbandsendungen«, also für den Versand von Zeitungen, Broschüren, Prospekten und ähnliches, vorgesehen, und wurde dann aber zwischen 1850 und 1867 auch für Briefe und Karten verwendet. Ihre Herstellung im Buchdruckverfahren oblag der Leipziger Druckerei J. B. Hirschfeld, die als Vorlage einen Entwurf des Lithographen Schelle benutzte. Die Gesamtauflage von 500 000 Exemplaren wurde in acht Auflagen auf 25 000 Bogen zu fünfmal vier Briefmarken herausgebracht, von denen, wohlgemerkt offiziell, 463 118 Stück verkauft wurden. Der Restbestand soll verbrannt worden sein.

Dass es heute nur noch wenige unversehrte Sachsendreier gibt, ist nicht allein mit Kriegsverlusten erklärt, sondern vor allem auf dessen Verwendung für den Streifbandversand zurückzuführen, bei dem die Marke zur einen Hälfte auf das Streifband und zur anderen auf die Drucksache geklebt wurde. Ein Herausrutschen der Zeitung sollte so unmöglich gemacht werden. Jedoch wurden beim Abtrennen der Streifbänder, auf denen die Adresse des zu Beliefernden stand, zumeist die Briefmarken zerstört. So muss ein Sammler heute schon mal zwischen 2 500 und 3 500 Euro oder gar mehr für das selten gewordene Objekt seiner Begierde hinblättern.

Mit dem Motiv der berühmten roten Drei-Pfennig-Marke erschien 1899 ein Kuriosum, der »Dresdendreier«, herausgegeben von der Privatpost »Dresdner Verkehrs-Anstalt Hansa«. Auch der ist, wir ahnen es, nicht ganz billig zu haben, aber von der Sache her ebenfalls nichts Unanständiges.

Horst Milde, Erich Schmidt. Die alte Sachsenpost. Berlin 1973; www.klassische-philatelie.ch

Sachsen LB → Geld

Sachsenring

Der Sachsenring ist als Schmuckstück sächsischer Könige zu bewundern

Ja, die ↑Wettiner, die über 800 Jahre Sachsen regierten, hatten auch jede Menge Ringe unter ihren Schmuckstücken, davon kann man sich nicht nur im Grünen Gewölbe überzeugen. Ein Sachsenring ist darunter jedoch nicht zu finden. Wenngleich er auch noch nie königliche Hände zierte, den Sachsenring gibt es wirklich und ein Schmuckstück ist er ebenfalls. Die legendäre Rennstrecke vor den Toren Hohenstein-Ernstthals muss mit Fug und Recht als ein solches bezeichnet werden. Obwohl die Formel 1 noch einen weiten Bogen um den Ring macht, wird es hier durchaus auch immer wieder ziemlich laut.

Der Ur-Sachsenring, der auf keine so lange Tradition wie die sächsischen Könige verweisen kann, ist aber an ganz anderer Stelle zu finden. Ihren Anfang nahmen die sächsischen Motorradwettbewerbe im Dresdner Umland, in den Wäldern um Moritzburg und Tharandt. Die zwölf Kilometer lange Strecke Grillenburg-Naundorf-Klingenberg-Grillenburg, auf der auch Autorennen ausgetragen wurden, dürfte der eigentliche, der erste Sachsenring gewesen sein.

Die Gründer des Motorradfahrerclubs Hohenstein-Ernstthal, die sich am 31. Juli 1925 im Café Bauhütte versammelt hatten, gelten als Initiatoren eines weitaus größeren Spektakels, das im Vorfeld aber nur die geteilte Zustimmung der Bevölkerung erfuhr. Das Stadtoberhaupt, der Bürgermeister Dr. Robert Platzer, gab nämlich zu bedenken: »Dass das Kraftrad und sein Reiter nicht jedermanns Freund ist, können wir leider nicht leugnen. Der nicht gerade lautlose Gang des Motorrades und seine unheimliche Geschwindigkeit lassen es vielen beinahe als Werkzeug des Bösen erscheinen.« Ausgerechnet am Himmelfahrtstag 1927 war es trotzdem so weit. Mit dem Start zum 1. Badberg-Viereck-Rennen begann die Geschichte der 8,7 Kilometer langen, ab 1937 offiziell als Sachsenring bezeichneten Naturrennstrecke, die bis 1990 begeisternden Motorrennsport ermöglichte.

1934, 1935, 1937 und 1939 wurde hier unter internationaler Beteiligung um den Großen Preis von Deutschland gerungen, 1936 und 1938 um den Großen Preis von Europa. Nicht selten säumten an den Renntagen 200 000 Zuschauer die Strecke. Beim einzigen gesamtdeutschen Meisterschaftslauf vor der Wende wurde 1950 mit über 400 000 Zuschauern ein absoluter Rekord erzielt. Von 1973 bis 1989 galt der Sachsenring nur noch »im osteuropäischen Maßstab« als erste Adresse, was dem Publikumsinteresse und der Motorsportbegeisterung aber kaum Abbruch tat.

Aus sicherheitstechnischen Erwägungen heraus wurde die Strecke nach mehrjähriger Schließung 1994 und 2001 um- und ausgebaut. Ihre Länge beträgt jetzt ca. 3 670 Meter. Vierzehn anspruchsvolle Kurven sind von den Fahrern zu bewältigen. Gegenwärtig finden regelmäßig Autorennveranstaltungen im Bereich Tourenwagen, Rennwagen der Formel 3, Markenpokalfahrzeuge und der Deutschland-Grand Prix für Motorräder (↑Zschopau) statt. Ob die Formel 1 wirklich spannender ist, darf man zu bezweifeln wagen. Die Eintrittskarten sind in Sachsen jedenfalls billiger.

Erwähnt werden muss: Der »Sachsenring« war auch einmal ein richtiges Auto. Und was für eins! Damit hätte man nicht nur Autofreaks gewissermaßen um jeden Finger wickeln können. Sechszylinder-Viertakt-Reihen-Ottomotor, 2 407 Kubikzentimeter Hubraum, 80 PS, Spitzengeschwindigkeit 140 Kilometer pro Stunde. Für 1955 nicht schlecht. Da wurde die imposante Limousine P 240 nämlich »als komplett neue Eigenentwicklung des VEB Kraftfahrzeugwerk Horch Zwickau vorgestellt« (↑Auto). Überwiegend in Handarbeit gefertigt, dauerte es rund 2 500 Arbeitsstunden bis das gute Stück aus dem Werk rollen konnte. Deshalb erblickten insgesamt auch nur 1 382 Autos vom Edeltyp P 240 das Licht der Welt und kamen vorwiegend höheren Orts, nämlich in

Behörden oder im »Partei- und Staatsapparat« zum Einsatz oder wurden von zahlungskräftigen Handwerkern und Künstlern gefahren. Als ab 1959 ein PKW sowjetischer Bauart, der Wolga M 21 die Straßen der DDR »eroberte«, war es mit der noblen Sachsenherrlichkeit auf Rädern aus und vorbei. Allerdings der Name »Sachsenring« ging auf die Automobilwerke Zwickau über, die ein ebenfalls sehr beliebtes Gefährt herstellten, den Trabi (↑Trabiwitze).

Damit ist der Ring auch wieder geschlossen – die Liebe zum Auto bleibt ungebrochen und der Sachsenring ein Schmuckstück nicht für Könige, sondern für den Rest der motorisierten Welt.

Wolfgang Hallmann. Erste Rennen auf dem »Werkzeug des Bösen«. In: Menschen, Mythen und Motoren. Die Sachsenring-Story. Chemnitz 2002; www.hohenstein-ernstthal.de/sachsenring

Sachsenspiegel

Der Sachsenspiegel ist im Dresdner Grünen Gewölbe zu finden

Im Grünen Gewölbe des Dresdner Schlosses, der Schatzkammer der sächsischen Könige, sind natürlich exzellent geschliffene Spiegel zu bewundern, meist aus böhmischen oder italienischen Werkstätten. Ein Sachsenspiegel ist nicht dabei. Er ist auch kein Gerät, mit dem man der Eitelkeit frönen könnte, es handelt sich hierbei viel mehr um ein Rechtsbuch, den »Spegel der Sassen«. Dieses Buch schrieb der sächsische Ritter Eike von Repgow ursprünglich in lateinischer Sprache und übertrug es später auf Anregung seines Lehnsherrn ins Niederdeutsche. Diese um 1230 entstandene Übersetzung des Sachsenspiegels gilt als das »älteste größere Prosawerk der deutschen Sprache, welches umfassend das Land- und Lehenrecht des Stammes der Sachsen darstellt und dabei einen tiefen Einblick in das Leben und die soziale Ordnung des mittelalterlichen Menschen gibt«. Niedergeschrieben wurde er, um »angesichts des Streits zwischen Staufern und Welfen, zwischen Kaiser und Papst sowie angesichts der Kolonialisierung des Gebiets östlich der Elbe zum Rechtsfrieden« beizutragen und die Regeln des Gewohnheitsrechts festzuschreiben.

Eike von Repgow, der mit hoher Wahrscheinlichkeit zwischen 1180 und 1233 gelebt hat und im Landstrich zwischen Harz und Elbe sowie zwischen Magdeburg, Meißen und Naumburg ansässig war, mahnt in einer gereimten Vorrede die künftigen Leser, »dass sie dies Buch in einer Weise benützen, dass es ihnen gnädig ergehen möge und sie ihr Lebensweg nicht reut, wenn Gott den Spiegel umwendet und uns mit der Erde mischen und nach unserem Verdienst lohnen wird«:

»... swenne Got den spegel umme kart
Unde unsik mischet to der erden
Unde lonen scal na werden.«

Vom Papst 1374 als ketzerisch verdammt, übte die Gesetzessammlung dennoch starken Einfluss auf die Rechtssprechung im deutschen Kulturraum aus, wo daraufhin noch andere derartige Rechtsbücher geschrieben wurden.

Zahlreiche Handschriften des Sachsenspiegels, darunter vier bebilderte, sind überliefert. Die um 1350 im Meißnischen geschaffene Dresdner Handschrift gehört zum Bestand der Sächsischen Landesbibliothek (↑Labbie). Während des Zweiten Weltkriegs wurde sie durch Wassereinwirkung stark beschädigt. Besser erhalten ist jene, in der Großherzoglichen Privatbibliothek auf Schloss Rastede befindliche Oldenburger Handschrift und die in der Universitätsbibliothek Heidelberg aufbewahrte Heidelberger Handschrift. Eine einfache Pergamentfassung des Sachsenspiegels aus dem Jahre 1382 ist im Ratsarchiv der sächsischen Stadt Oschatz erhalten geblieben. In Sachsen galt der Sachsenspiegel mit zahlreichen Einschränkungen und ergänzt durch neuere

Edikte und Gesetze bis 1863, dann kam das Sächsische Bürgerliche Gesetzbuch. In Anhalt und Thüringen wurde er erst 1900 vom Bürgerlichen Gesetzbuch für das Deutsche Reich abgelöst. Mit einem gläsernen Spiegel hatte dieser also nichts zu tun. Der eine zeigt, wie es ist – der andere schreibt vor, wie es zu sein hat.

Clausdieter Schott (Hrsg.). Eike von Repgo. Der Sachsenspiegel. Zürich 1991; Walter Fellmann. Sachsen Lexikon. München Berlin 2000

Säggssch

Die Sachsen sprechen nur eine Sprache

Davon sind wahrscheinlich neunundneunzig Prozent aller Sachsen überzeugt, und sie irren. Die Lausitzer Sorben wissen es besser, weil sie wissen, dass sie Sorbisch sprechen und trotzdem auch irgendwie Sachsen sind. Außerdem gibt es Sachsen, die glauben, aus beruflichen oder Image-Gründen gewählter sprechen zu müssen: Fernsehansager etwa oder Politiker oder Jungunternehmer oder Schauspieler, wenn sie nicht gerade Sachsen darstellen sollen. Diese Sachsen bemühen sich, nicht Sächsisch zu sprechen, denn es graust sie, immer wieder gesagt zu bekommen, ihre Sprache rangiere in den Dialekt-Rankings unterhalb des Meeresspiegels, weshalb sie versuchen, sozusagen herkunftslos wertfrei zu intonieren. Wenn sie sich bemühen und auch das ↑Gewandhaussächsisch verlernt haben, könnte es sein, dass man ihre Sprooche nicht mehr Sächsisch nennen kann.

Aber auch alle übrigen Sachsen, muss gesagt werden, sprechen nicht mit einer Zunge und nicht eine Sprache! Schon die Frage, ob Sächsisch im Sächsischen Säggssch oder Säk'sch oder noch anders gesprochen und geschrieben wird, zeugt davon. Das »Kleine sächsische Wörterbuch« (es gibt auch ein großes!) verzeichnet sage und schreibe 21 verschiedene Mundartlandschaften für Sachsen und Sachsenrandgebiete. Mit 21 verschieden Zungen also quasseln Kern- und Randsachsen tagtäglich. Wobei der Leipziger überhaupt nicht ahnt, dass er streng genommen Südwestosterländisch spricht, der Chemnitzer Vorerzgebirgisch und der Dresdner Ostmeißnisch. Was natürlich immer wieder kommunikationsbezogene Probleme heraufbeschwört, weil zum Beispiel nur die Ostmeißner wissen, was ein »Albschwanz« ist, nämlich ein einfältiger dummer Kerl, Narr, Blödmann, Tolpatsch, Platsch – und die Vorerzgebirgler, dass es sich bei den gefährlich klingenden »Bombenisseln« lediglich um gemeinen Flieder handelt.

Aber vom Prinzip her versteht man sich trotzdem ganz gut. Oder?

Gunter Bergmann. Kleines sächsisches Wörterbuch. Leipzig 1986

Sächsisch 1

Sächsisch ist das Gegenteil von Hochdeutsch

Wenn man Hochdeutsch als »Standarddeutsch« auffasst, also als eine von Dialekten und Umgangssprachen abgegrenzte Sprache, dann sind Sächsisch und Hochdeutsch tatsächlich natürliche Feinde. Wenn dann noch verlautbart, dass eine dem Standarddeutschen nahe kommende Umgangssprache in der Umgebung von Hannover, insbesondere in Celle und Wunstorf, vielleicht aber auch in Hildesheim gesprochen wird, muss man sich über gar nichts mehr wundern und will als Sachse auch gar kein Standarddeutscher sein.

Dabei hat die Wiege des Hochdeutschen doch in unseren Breiten gestanden! Aus der thüringisch-obersächsischen Verkehrssprache wurde die sächsische Kanzleisprache entwickelt, der Martin Luther, nachdem er zusätzlich dem »Volk aufs Maul geschaut« hatte, bei seiner Bibelübersetzung ins Deutsche gefolgt ist.

Noch vor 200 Jahren galt die obersächsische Aussprache in weiten Teilen Deutschlands als die »ideale Aussprachenorm«. Dann brachen 1756 die ↑Preußen den Siebenjährigen Krieg vom Zaume und zwangen Sachsen auch sprachlich nieder. Preußen triumphierte und mit zunehmender Vorrangstellung schaffte es auch die niederdeutsch bestimmte Aussprache des Schriftdeutschen um sich zu greifen. Eine fortgesetzte Eroberung der deutschen Lande durch die Sprache. Deshalb sollen wir Sachsen uns – so wird es seither von uns erwartet – neben unserem ureigenen Hochdeutsch noch ein weiteres aneignen. Sonst würden wir womöglich die neue Zeit verschlafen. Die niederdeutsch Angehauchten behaupten doch schamlos, dass den Sachsen »bei bestimmten Lautverbindungen die Zunge nach hinten rutscht, wodurch die Aussprache undeutlich wird und die Stimme kloßig«.

Sie raten uns: »Richten Sie täglich zwei bis drei hochdeutsche Sätze an fremde Personen. Fragen Sie beispielsweise auf der Straße nach der Uhrzeit oder nach dem Weg. Sprechen Sie mit Fremden, am Telefon, in der Arztpraxis oder im Restaurant, am Bahnhof oder Flughafen Hochdeutsch.«

Wir hätten den Siebenjährigen Krieg nicht verlieren dürfen …

Hermann Heckmann (Hrsg.) Sachsen. Historische Landeskunde Mitteldeutschlands. Würzburg 1991; Ariane Willikonsky. Wir können alles – auch Hochdeutsch. Sächsisch. Reinbek bei Hamburg 2007

Sächsisch 2

Das Sächsische ist zwischen Leipzig, Meißen und Dresden entstanden

In der wettinischen Mark Meißen, dem Einwanderungsgebiet süd- und mitteldeutscher Siedler, entstand in der Begegnung der Einwanderer mit der slawischen »Urbevölkerung« eine ostmitteldeutsche Mischsprache aus fränkischen, hessischen, bayrischen und slawischen Elementen, aus der sich im Laufe der Jahrhunderte das sogenannte »Meißnische« und daraus wiederum das hier und heute im Land Sachsen gesprochene – nennen wir es – »Neusächsisch« herausbildete. Aber den Begriff »Neusächsisch« gibt es gar nicht.

Das eigentliche Sächsisch ist die Sprache der ↑Niedersachsen, die bis weit in das 16. Jahrhundert hinein auch noch so bezeichnet wurde. Mittlerweile verstehen wir unter dem Sächsisch der Niedersachsen das, was man gemeinhin »Platt- oder Niederdeutsch« nennt. Somit ist das Sächsische keineswegs zwischen Leipzig, Meißen und Dresden entstanden, doch da wird es gesprochen. In Niedersachsen ist es entstanden, aber da wird es nicht gesprochen. Ist doch ganz einfach.

Gunter Bergmann. Kleines sächsisches Wörterbuch. Leipzig 1986; www.sachsengeschichte.de/saechsisch.html

Sächsischer Robin Hood → Karasek

Sächsische Schweiz → Winterberg

Sax → Altsachsen

Saxophon

Schon der Name verweist auf ein typisch sächsisches Musikinstrument

Sachsen ist zweifelsohne das Land der begnadeten Musikinstrumentenbauer und -erfinder. Hier wurde das Fortepiano (Hammerklavier) kreiert und das Silbermannsche Cembal d'amour, eine Art Klavichord. 1810 baute Friedrich Kaufmann in Dresden einen mechanischen Trompeter, bei dem »die mit den Lippen erzeugten natürlichen Töne durch eine bewegliche Konstruktion der Stimmzungen, ähnlich dem Trompeterregister in den Kirchenorgeln, nachgebildet werden« – so die genaue Beschreibung. Ein Gerät, das auch den Komponisten Carl Maria von Weber bei einem Besuch der Kaufmannschen Werkstatt in Verzückung versetzte. In Sachsen erblickte ebenfalls das erste Orchestrion das Licht der Welt. Dieses Orchestrion konnte fehlerlos – wenngleich ohne wirkliche Inspiration – Musik von Beethoven und Mozart sowie populäre Märsche und Tänze intonieren. Die Spieldose Symphonium mit eingelegten Stahlnotenscheiben wurde in Sachsen erstgebaut und, nicht zu vergessen, das Martins-Horn für Polizei, Feuerwehr und Fußballfanatiker.

Was aber ist mit dem Saxophon? Jenes Holzblasinstrument aus Messing oder Neusilber mit dem elfenbeinernen Schnabelmundstück und dem konisch verlaufenden, weit mensurierten Rohr trägt doch den anheimelnd sächsischen Namen Saxophon und Sachsen damit schon im Schilde. – Aber, leider Fehlanzeige. Die Musikwelt empfing das Saxophon durch den belgischen und gar nicht sächsischen Instrumentenbauer Adolphe Sax, der 1842 in Paris das erste Saxophon konstruierte und das Spiel darauf am dortigen Conservatoire zu lehren begann.

Um hier doch noch eine sächsische Erfolgsmeldung draus zu machen, muss gesagt werden: Seit 1994 befindet sich die modernste Produktionsstätte des mitunter respektlos als »Schalltüte« persiflierten Instruments im vogtländischen Markneukirchen (↑Musikwinkel), mithin auf sächsischem Terrain. »Orchester aus aller Welt ordern hier ihre Instrumente«, heißt es. Auch berühmte Blasmusiker wie Bill Clinton. Ein Spitzenmodell aus der Markneukirchener Produktion heißt »Medusa« und ist ein Altsaxophon der 600er Serie – was immer das auch meint. Bei einem Test fiel einem offenbar Fachkundigen ein »600er Alt« in die Hände, das zwar die Gravur »B&S Markneukirchen/Klingental« trug, aber nicht das »Made in Germany«. Bei genauerem Hinsehen musste der Tester 2003 feststellen, dass das Instrument in einem Partnerbetrieb in Taiwan hergestellt worden war. Seine Bemerkung: »Das war eine Neuigkeit aus Sachsen, die erst einmal verdaut werden musste«, ist ja voll und ganz verstehen. Aber solange die Taiwaner nicht behaupten, das Saxophon sei ein typisch taiwanesisches Instrument, ist doch alles noch in Ordnung.

Birgit Matuschewski. Chronik. Eintausend Jahre Erfindergeist in Sachsen. Musik und Instrumente. Dresden 2006; Horst Seeger. Musiklexikon. Leipzig 1966

Schälchen Heessen → Kaffeesachsen → Melitta

Schirgiswalde

Nix Besonderes – nur brave Bürger im geruhsamen Lausitzer Bergland

Von wegen brave Bürger! Schirgiswalde hat eine sehr abenteuerliche Geschichte in Bezug auf die herrschenden Machtverhältnisse hinter sich und damit ungehorsame und rebellische Einwohner am Hals.

342 Meter über dem Meeresspiegel, im Lausitzer Bergland, nahe Bautzen und dicht am Ufer der Spree liegt der 3 000-Seelenort Schirgiswalde. Nach 1200 von westdeutschen Ansiedlern gegründet, wird er 1346 erstmals urkundlich als Pfarrort erwähnt und im Dreißigjährigen Krieg verschwand er beinahe von der Landkarte. 1572 wurde der Ort ein Lehen der Krone Böhmens. Jedoch blieb Schirgiswalde auch nach 1635, als die gesamte Oberlausitz sächsisch und protestantisch wurde, als rekatholisierte böhmische Enklave bestehen. Weshalb sich ein Teil der evangelischen Bevölkerung zur Auswanderung entschloss. Andere blieben und ließen sich von dem Hickhack nicht beeindrucken.

Ab 1809 folgten jahrelange überaus komplizierte Verhandlungen zwischen Österreich und Sachsen, um die staatliche Zugehörigkeit Schirgiswaldes endgültig zu klären. Die über viele Jahre hin herrschenden unentschiedenen Machtverhältnisse zeigten »verheerende Folgen«. »Die bürgerlichen und moralischen Zustände in der Enklave Schirgiswalde befinden sich in einer totalen Zerrüttung. Fast niemand will mehr daselbst der Obrigkeit Gehorsam leisten, die rohesten Exzesse gehen ungestraft vorüber ...«, schrieb der sächsische Gesandte im Vormärz erbost an den österreichischen Kanzler Metternich, der wiederum informierte umgehend seinen Kaiser.

Im Jahre 1843 war es in Schirgiswalde zum offenen Aufruhr gegenüber einer Amtsperson, dem Justitiär Ingnaz Knüpfler, gekommen. Der hatte die einheimische Bevölkerung selbstherrlich drangsaliert und war dafür von einem aufgebrachten Schirgiswalder öffentlich geohrfeigt worden. Zwar stellte ein Trupp Soldaten alsbald wieder Ruhe und Ordnung in dem Städtchen her. Knüpfler aber musste seine Amtstube räumen und die Schirgiswalder wählten sich einen Justitiär aus den eigenen Reihen!

Ab Juli 1845 gehörte Schirgiswalde schließlich wieder zu Sachsen. Was nicht allen Enklavenbewohnern ganz recht gewesen sein dürfte. Denn mancher der Bürger hatte gelernt, aus dem Umstand, auf einer böhmischen Insel im sächsischen Land zu leben, seinen »guten Nutzen zu ziehen«. So blühte zum Beispiel lange Zeit der Gewürzschmuggel. Außerdem galt Schirgiswalde als bedeutender Tummelplatz für das in Sachsen und Preußen verbotene »böhmische Lotto«. Nicht nur die Bewohner des Ortes und der Umgebung frönten dem verbotenen Glücksspiel. Von ganz weit her, so aus Dresden, Görlitz, selbst Berlin und Hamburg, kam die Kundschaft angereist, um den großen Reibach zu machen. In aller Munde war da ein Fuhrmann, der seine Ladung Rolltabak in der Cottbuser Gegend nicht hatte absetzen können, daraufhin wutentbrannt deren Wert in der Schirgiswalder Lotterie anlegte und gute 20 000 Taler herausbekam.

Nix Besonderes in Schirgiswalde? Von wegen!

Rolf Vieweg. Die böhmische Enklave Schirgiswalde zwischen Österreich und Sachsen von 1809 bis 1845. Hamburg 1999

Schöne Mädchen

In Sachsen wachsen die schönsten Mädchen

»Sachsen, wo die schönen Mädchen wachsen« – so reimt es der Volksmund. Und wer wollte bezweifeln, dass er in diesem Fall die Wahrheit spricht? Man muss nur einmal nach rechts und links blicken, wenn man in sächsischen Städten oder Dörfern unterwegs ist, um sich von dieser Tatsache zu überzeugen. Sofern man männlichen Geschlechts ist, sollte man allerdings nicht so starren – der Eindruck könnte bei dem, was man dann zu hören kriegt, etwas beeinträchtigt werden. Doch manchmal genügt es ja auch, morgens am Frühstückstisch die Zeitung sinken zu lassen und sein Gegenüber anzuschauen.

Kein Zweifel: In Sachsen ist die Schönheit zu Hause! Allerdings kann diese Feststellung aus dem Munde von Einheimischen natürlich als parteiisch angezweifelt werden. Daher ist es die Pflicht eines Lexikons, nach objektiven Fakten zu forschen, wie zum Beispiel nach dem Zeugnis historischer Persönlichkeiten. Als idealer Zeuge bietet sich Casanova (↑Elbflorenz) an, der schon im 18. Jahrhundert sein fachmännisches Urteil über die sächsischen Frauen abgegeben hat. Er fand sie, »was den Körper betraf, den Italienerinnen und Französinnen überlegen«.

Den Rest des Zitats verschweigt freilich die lexikalische Höflichkeit, denn er ist weit weniger schmeichelhaft. Bei Lichte betrachtet ist der italienische Frauenheld vielleicht doch kein ganz so zuverlässiger Zeuge …

Also greifen wir besser zur Statistik. Was könnte unbestechlicher Auskunft geben über die äußerlichen Vorzüge der Sächsinnen als die Ergebnisse des globalen Schönheitswettbewerbs? Müssen sie nicht auf dem steinigen Weg von der Miss Chemnitz oder Miss Vogtland über die Miss Sachsen und Miss Ostdeutschland bis hin zur Miss Germany und gar zur Miss World die Konkurrentinnen aus dem Rest der Republik weit hinter sich lassen? Ist anderes vorstellbar, als dass sich unter den beschärpten und bekrönten Missen ein sächsisches Gesicht an das andere reiht?

Eigentlich nein. Umso erschreckender ist, was ein Anruf bei der Miss Germany Corporation in Oldenburg offenbart: Nicht eine einzige Sächsin findet sich in der offiziellen Miss-Germany-Liste! Nicht eine einzige in der ganzen Zeit von 1990 bis 2007! Zwar kommen von den insgesamt siebzehn Missen, die seit der Wiedervereinigung gewählt wurden, ohnehin nur vier aus dem Osten, trotz ↑Florena-Creme!, aber das tröstet wenig. 1990 schaffte es Leticia Koffke aus Brandenburg, zuerst Miss DDR und dann Miss Germany zu werden, 1992 und 2000 kam die Siegerin jeweils aus ↑Sachsen-Anhalt und 2007 war es wiederum ein Mädchen aus Brandenburg. Sachsen dagegen schaute bislang immer in die Röhre. Trost könnte allenfalls die Tatsache spenden, dass die Wahl der Miss Germany 1992 in Gunther Emmerlichs TV-Sendung »Gunther und drüber« stattfand – aber gedreht wurde in Berlin und die Miss kam aus Bayern.

Sächsische Kandidatinnen landeten beim deutschlandweiten Wettbewerb regelmäßig nur auf den Rängen. Kirsten Merz aus Plauen brachte es im Jahr 2001 immerhin auf den 3. Platz, nachdem sie zuvor als Miss Vogtland 2000 und als Miss Sachsen 2001 triumphiert hatte. Überhaupt: Wenn wir die Plauenerinnen nicht hätten, sähe die sächsische Schönheitsstatistik vermutlich noch trüber aus. Plauener Spitze sozusagen! Auch die Hoffnungsträgerin aus dem Jahr 2006 stammt nämlich von dort. Isabell Etz war Miss Westsachsen 2004 und Miss Sachsen 2005 und – endlich mal ein bundesweiter Erfolg! – sie wurde bereits für das Cover der Zeitschrift PLAYBOY abgelichtet – als schönste Mitarbeiterin beim Mediamarkt.

Die mangelnde Präsenz des Ostens im Allgemeinen und Sachsens im Besonderen lässt sich vielleicht historisch erklären. In der DDR waren Miss-Wahlen bis in die 1980er Jahre hinein nicht nur nicht erlaubt, sondern auch moralisch verpönt. Erst 1986 fand in

Ost-Berlin der erste offizielle Schönheitswettbewerb dieser Art statt: Eine Jury, in der Prominente wie Helga Hahnemann, Wolfgang Lippert, Tamara Danz, Gaby Seyfert und Frank Schöbel saßen, kürte vor großem Publikum die Typografin Helga Gawenda zur Miss Frühling. Damit war das Eis gebrochen. Es folgten in der ganzen DDR Wahlen zur Miss Sommer, Miss Badeball, Miss Sächsische Schweiz und so fort... Auch die Staats- und Parteiführung arrangierte sich mit diesem unsozialistischen Treiben, sei es aus Gründen der Altersmilde, sei es aus der Hoffnung heraus, dass die Bevölkerung ihren Bedarf an freien Wahlen auf diese Weise decken könnte. Jedenfalls ließ bei der 750-Jahr-Feier Berlins im Jahr 1987 sogar Erich Honecker persönlich seinen Blick mit Wohlgefallen über die Schärpe der frisch gewählten Miss Berlin wandern.

Was lehrt uns nun diese ganze Betrachtung? Erstens sind Schönheitswettbewerbe bei genauerem Hinsehen doch eine sehr oberflächliche und wenig zuverlässige Angelegenheit. Wahre Schönheit kann auf diesem Wege unmöglich ermittelt werden! Und zweitens wachsen in Sachsen ganz gewiss schöne Mädchen, auch wenn sie vielleicht nicht die schönsten auf der Welt sind. Vielleicht ist die Welt aber auch nur unfähig, ihre Schönheit richtig wahrzunehmen. Der Sachse, jedenfalls der männliche, lehnt sich zurück, lächelt und schweigt...

Veit Didczuneit. Miss Germany. Eine schöne Geschichte. Bonn 2000; Markus Schneider. Miss-Erfolge und andere Schönheiten. In: Viadukt 1/2006; Norbert Weiß, Jens Wonneberger. »Lieber Dresden im Regen als Wien bei Sonne«. Berlin 2006; www.missgermany.de

Schrebergärten

Der Sachse Dr. Schreber ist der Erfinder der Schrebergärten

Man muss den Tatsachen ins Auge sehen. Der Leipziger Arzt Dr. Schreber hat die nach ihm benannten Gärten weder erfunden, noch hat er sie je zu Gesicht bekommen. Erst 1864, drei Jahre nach seinem Tod, schlug die Geburtstunde des ersten Schrebervereins, der wiederum noch nichts mit Gärten zu tun hatte. Schrebers Schwiegersohn, Dr. Ernst Hausschild, war es, der mit der Vereinsgründung Schrebers Idee, »den Bedürfnissen von Kindern und Jugendlichen durch Schaffung entsprechender Spielstätten und Plätze Rechnung zu tragen«, in die Tat umsetzen wollte.

Am 25. Mai 1856 wurde die erste Spielstätte in Leipzig geschaffen, der man den Namen »Schreberplatz« verlieh. Oberlehrer Heinrich Karl Gesell, genannt der Spielvater, legte 1868 auf diesem Platz »um den Wiesenplan« kleine Beete für Kinder an. Aber den Kindern fehlte leider die Ausdauer für die Gartenarbeit … und so verwahrlosten die Gärten. Schließlich erbarmten sich die Eltern der ungepflegten Flächen und wandelten sie in ordentlich bewirtschaftete »Familienbeete« um, die eingezäunt ab 1870 endlich zu Schrebergärten avancierten. Jedoch: In der Frühzeit der Schrebervereine ging es noch gar nicht so sehr um die Gartenarbeit, sondern im Mittelpunkt stand das Kinderspiel und die pädagogische Anleitung der Kinder. »Bei echten Schrebervereinen steht daher immer ein Spielplatz in der Mitte der Anlage«, heißt es. Aber das wurde wohl in folgenden Zeiten, warum auch immer, wieder vernachlässigt.

Rein »gartenspezifische« Vorläufer der Schrebergärten lassen sich bereits in der Zeit von 1780 bis 1820 finden. So entstanden im Leipziger Umland »Kohlgärten«, die gepachtet werden konnten, und 1820 entstand in Wurzen die erste Familiengartenanlage »An der Aue«.

In Dresden waren es der Uhrmacher Martini, Sprachlehrer Hacault und Schuldirektor Krug, die es sich in den Kopf gesetzt hatten, Gymnastik, Gartenbewirtschaftung, gesunde Ernährung und den Gebrauch heilwirkenden Wassers elementar mit einander zu verbinden. Deshalb gründeten sie am 1. Dezember 1835 den »Dresdner Hydrodiätetischen Verein«, dessen oberstes Gebot hieß: »Verbreitung eines allgemeineren und fleißigeren Gebrauches des reinen frischen Wassers zur Stärkung und Erhaltung sowie der Wiederherstellung der Gesundheit«.

Bis 1900 wurden in Sachsen zwanzig Gartenvereine aktiv, davon elf in Leipzig, in Dresden sechs und in Chemnitz drei. Bis auf den heutigen Tag bestehen in Dresden zum Beispiel noch die vor über hundert Jahren gegründeten Vereine Worms, Concordia, Eichenkranz, Am Güterbahnhof Dresden-Neustadt und der Naturheilverein Dresden-Löbtau.

Dr. Daniel Gottlob Moritz Schreber aber war – wie schon erwähnt – kein Schrebergärtner, sondern Orthopäde, der sich ja besonders um die gymnastische Erziehung der Jugend sorgte, und er gilt als einer der Väter der modernen Naturheilkunde. Sein 1855 erschienenes Buch »Die ärztliche Zimmergymnastik« erlebte dreißig Auflagen. Wenngleich nicht alle der von Schreber propagierten Methoden – »er ersann allerhand Geräte um Kinder zum Beispiel mit Gürteln festzubinden, so dass sie eine bestimmte Körperhaltung einhielten« – heute unumstritten sind.

Zu DDR-Zeiten blühte das Kleingartenwesen durchaus üppig. Vor allem für die Selbstversorgung mit Obst und Gemüse war die eigene Scholle Gold wert. Was noch darüber hinaus auf den paar Quadratmetern wuchs, war man gehalten, dem volkseigenen Handel zur Verfügung zu stellen. Dafür bekam man auch Geld. Wenn es einem dann gelang, die für Geld abgelieferten Waren auch wieder zu kaufen, war das nicht schlecht, denn man machte Gewinn. Der Preis für die Ware im Geschäft war meist geringer, als der, welcher beim Abliefern bezahlt wurde.

Gegenwärtig existieren in Deutschland über eine Million Kleingärten, deren freudvolle Bewirtschaftung sich (Tendenz steigend) allgemeiner Beliebtheit erfreut, obwohl sich gerade am Beispiel des »deutschen Kleingartens« trefflich streiten lässt (oder eben auch nicht), ob es sich hier um die »Institutionalisierung des Spießertums« handelt oder etwa um die »Verheißung von Erholungsraum als Gegenpol zum stressigen Alltag«. Unentschiedene sollten es mit Kurt Tucholsky halten: »Spießer? Das sind immer die anderen!«

Florian Langenscheidt (Hrsg.). Das Beste an Deutschland. Köln 2006; Hermann Kosbi (u. a.). Chronik des Dresdner Kleingartenwesens. Dresden 2000; www.bunkahle.com; www.garten-literatur.de/Leselaube/persoenl/schreber_p.htm

Schwarzenberg

Die Republik Schwarzenberg ist reine Erfindung

Von dem Schriftsteller Stefan Heym stammt der Roman »Schwarzenberg«. Darin beschreibt er, wie zwei Offiziere der US-Army im Frühjahr 1945 per Münzwurf – Kopf oder Zahl – entscheiden, ob sie Schwarzenberg an der Mulde im Erzgebirge besetzen oder nicht. Die Entscheidung fiel zugunsten des letzteren. Stefan Heym, der selbst als Sergeant der US-Army 1945 wieder deutschen Boden betrat, hat seine Geschichte aus gutem Grund Roman und nicht Tatsachenbericht genannt. Dennoch ist sie keine reine Erfindung.

Warum der Landkreis Schwarzenberg und einige Teile des Landkreises Stollberg bei Kriegsende 1945 sechs Wochen lang tatsächlich unbesetzt blieben, scheint heute noch immer nicht vollends aufgeklärt. Eine Spur authentischer aber als Heyms »Münzenwurfaktion« klingt jene Version, nach der die Amerikaner, so war es mit den Russen vereinbart, bis zur Mulde vorrückten, dabei aber nicht in Betracht zogen, dass es eine Zwickauer, Freiberger und eine »vereinigte« Mulde gibt, was zur Verwechslung geführt haben soll. Oder hat doch Admiral Dönitz mit den Amerikanern um zukünftige deutsche Gefangene gezockt? Das erscheint allerdings wenig glaubhaft.

Sicher ist, dass sich in den 21 von den Alliierten unbesetzt gebliebenen Ortschaften nach dem 9. Mai 1945 antifaschistische Aktionsausschüsse bildeten, die die Macht übernahmen, bevor die ↑Rote Armee am 24. Juni 1945 das gesamte Gebiet vollständig unter ihre Kontrolle brachte. Zu einer freien Republik Schwarzenberg, wie sie später visionär ausgemalt wurde, konnte es in der kurzen Zeit nicht kommen.

Die Schwarzenberger Aktionsausschüsse kümmerten sich weniger um politische Fragen als um die dringend notwendige Versorgung der Menschen mit Lebensmitteln, Bekleidung, Medikamenten und um die Aufrechterhaltung der öffentlichen Ordnung und Sicherheit, soweit dies überhaupt möglich war. Hinweise darauf, dass es eigene Briefmarken und eine Art Schwarzenberger Notgeld gegeben hat, sind umstritten.

Die unerhörten 42 Tage von Schwarzenberg nahm Stefan Heym 1984 zum Anlass, seine »volksdemokratische Gegenvision zum moskaugelenkten DDR-Sozialismus« als romanhafte Utopie zu entwickeln. Anders interpretierte es Volker Braun gut zwei Jahrzehnte später in seiner Erzählung »Das unbesetzte Gebiet«, in der er »die Legende von Schwarzenberg« (nicht ohne Wehmut) sarkastisch entzaubert.

Schwarzenberg als Republik ist also in der Tat der Phantasie eines Schriftstellers entsprungen. Die »Freie Republik Schwarzenberg« hingegen existiert gegenwärtig surreal und real zugleich – einmal als Erfindung des Bildhauers Jörg Beier, der der Schwarzenberger Künstlergruppe »Zone« angehört, und zum anderen auf Einkaufsbeuteln, Straßenschildern und in Bildbänden. Wer mag, kann sich per Internet gegen ein geringes Entgelt eine Aufenthaltsgenehmigung für die Freie Republik oder einen Reisepass ausstellen lassen. Die einstige Nachkriegsenklave Schwarzenberg hat ihre Touristenattraktion – die freie Republik.

Was die Marktwirtschaft zustande bringt – Schwarzenberg als deutsches Disneyland.

Stefan Heym. Schwarzenberg. Roman. München 1998; Volker Braun. Das unbesetzte Gebiet. Im schwarzen Berg. Frankfurt am Main 2004; www.freie-republik-schwarzenberg.de; www.berlinonline.de

Seefahrer

Die Sachsen sind keine Seefahrernation

Das Land der Sachsen liegt wie Böhmen nun einmal nicht am Meer; und freilich, wenn man sie mit den Wikingern in einen Topf wirft oder mit ihren Ahnherrn vergleicht (↑Altsachsen), von denen berichtet wird, sie seien »kühne, gefolgschaftlich organisierte Seefahrer« gewesen, stimmt das schon. Andererseits, vielleicht gäbe es die »Deutsche Marine« überhaupt nicht ohne den Karl Rudolf Bromme aus Anger bei Leipzig. Jedenfalls wurde Bromme 1849 zum Reichskommissar für die deutsche Marine ernannt und übernahm »die Herstellung der deutschen Flotte und die Gründung eines Seearsenals zu Bremerhaven«. Ausgesprochen kriegerisch veranlagt war Bromme zum Glück nicht. Unter seinem Befehl kam es zu einem einzigen Kampfeinsatz und zwar am 4. Juni 1849 gegen die Dänen, der wurde aber gleich wieder abgebrochen, befand man sich doch ziemlich nahe der britischen Insel Helgoland, und mit den Engländern (↑Angelsachsen) wollte Bromme schließlich keinen Ärger.

Vollständig anders verhielt es sich mit dem »Seeteufel«, Felix Graf von Luckner aus Altfranken vor den Toren Dresdens, der während des Ersten Weltkriegs vom Seeoffizier zum Kaperfahrer aufstieg und mit dem motorisierten Segelschiff »Seeadler« die englische Seeblockade durchbrach. Sechzehn feindliche Schiffe soll er zwischen Dezember 1916 und Dezember 1917 »aufgebracht« haben, ohne dass Menschenopfer zu beklagen waren. Weil er von seinen Abenteuern spannend erzählen und schreiben konnte und sich späterhin das Fernsehen seiner unterhaltsamen Geschichten annahm, gilt der altfränkische »Seeteufel« noch immer als der bekannteste Salzwassersachse der letzten hundert Jahre.

Als liebenswertester Fahrensmann unter den Raubeinen in Matrosenkluft muss aber mit Sicherheit ein gewisser Hans Bötticher aus Wurzen bezeichnet werden, der sich und den alle Welt Joachim Ringelnatz nannte. Achtzehnjährig verdingte er sich auf dem Segelschiff »Elli« und schipperte als Leichtmatrose über die Meere. Den Weltkrieg Nummer eins absolvierte er – ganz im Gegensatz zum Kaperer Luckner – mit stetig abnehmender Begeisterung. Schließlich erfand er den rotweinseligen Sailor Kuddel Daddeldu, der in den zwanziger Jahren von sämtlichen deutschen Kleinkunstbühnen herab in urkomisch strammen Versen über seine Land- und Seeabenteuer schwadronierte. Den Seesack, nein, nicht von Kuddel, den von Ringelnatz kann man im Wurzener Stadtmuseum bestaunen.

Um die Zukunft der sächsischen Seefahrt muss niemandem bange sein. Sogar auf dem Schilfboot »Abora III«, ist beziehungsweise war im Sommer 2007 mehrere Monate lang eine zwölfköpfige Besatzung zwischen New York, den Azoren und Spanien unterwegs. Da wimmelt es nur so von Sachsen: Der Biologe Dominique Görlitz und der Student Markus Uhlig aus Chemnitz, der Medientechniker Ingo Isensee und die Studentin Sabrina Lorenz aus Dresden wollen mit ihrer Überfahrt beweisen, »dass transatlantische Kontakte zwischen einzelnen Kulturen bereits in prähistorischen Zeiten existierten«. Schilfboot, ahoi, Sachsen legt ab!

Wolfgang Knape. Graf Luckern der Seeteufel aus Sachsen. Taucha 1999; Norbert Weiß, Jens Wonneberger. Dichterhäuser um Leipzig. Berlin 2006; www.sachsengeschichte.de/altsachsen.html; www.janmaat.de/m_kadmbrommy.htm

SOZIALDEMOKRATIE

Die SPD hatte in Sachsen noch nie einen leichten Stand

Ganz im Gegenteil: Sachsen gilt sogar als die historische »Wiege der Sozialdemokratie«. Aber, wie es in einem Gedicht von Hermann Hesse heißt: »Von der Wiege bis zur Bahre / sind es fünfzig Jahre«. Der Dichter war bekanntlich kein Sachse und auch nicht unbedingt ein Freund der Sozialdemokraten. Aber sein Vers passt irgendwie trotzdem (oder gerade deshalb) auf die Entwicklung der sächsischen Parteienlandschaft.

Heute kann man sich kaum vorstellen, dass Sachsen einstmals als das »rote Königreich« galt. In Leipzig gründete nämlich Ferdinand Lassalle den Allgemeinen Deutschen Arbeiterverein und hier riefen auch August Bebel und Wilhelm Liebknecht den Verband Deutscher Arbeitervereine ins Leben, den Vorläufer der Sozialdemokratischen Deutschen Arbeiterpartei. Arbeiterverein und Arbeiterpartei schlossen sich 1875 in Gotha zusammen und nannten sich seit 1890 Sozialdemokratische Partei Deutschlands (SPD). Ihr zentrales Presseorgan, »Vorwärts«, erschien seit 1876 in Leipzig. Die Wiege der Sozialdemokratie steht demnach wirklich in Sachsen.

Aus sächsischen Wahlkreisen kamen 1871 auch die beiden einzigen Sozialdemokraten, die aus dem ganzen Kaiserreich in den Reichstag gewählt wurden. Um die Partei wenigstens in Sachsen klein zu halten, bedurfte es damals – anders als heute – spezieller wahltaktischer Winkelzüge: 1893 beschloss der Landtag ein Dreiklassenwahlrecht, nach dem die männlichen Staatsbürger ab fünfundzwanzig Jahren gemäß der Höhe der von ihnen entrichteten Steuern in drei Klassen eingeteilt wurden. Jede Klasse für sich durfte dann ein Drittel der Wahlmänner wählen, die dann wiederum über die Zusammensetzung des Landtags abstimmten. Die oberste Einkommensklasse (die nur 3,5 Prozent der Wähler ausmachte) hatte nach diesem System also genauso viele Stimmen wie die unterste Einkommensklasse (zu der achtzig Prozent der Wähler gehörten). Aus Sicht der konservativen Parteien war das natürlich ein geniales Prinzip – gewissermaßen eine Kreuzung aus Kopfpauschale und Bierdeckelreform. In den nächsten sechzehn Jahren bekam die SPD nun zwar regelmäßig die absolute Mehrheit an Wählerstimmen, aber sie errang – mit einer einzigen Ausnahme – keinen Sitz mehr im Landtag. Auf Reichsebene wurde sogar noch härter vorgegangen: Reichskanzler Bismarck erwirkte 1878 das »Gesetz gegen die gemeingefährlichen Bestrebungen der Sozialdemokratie«, das auch in Sachsen zum Verbot von Arbeitervereinen und -zeitungen führte. 1881 verhängte die Regierung sogar den Ausnahmezustand über Leipzig und wies fast zweihundert SPD-Funktionäre aus dem Land.

Das waren noch Zeiten! Heutzutage hätte man vermutlich Schwierigkeiten, überhaupt so viele Sozialdemokraten zu finden ... Auch ohne Dreiklassenwahlrecht brachte es die sächsische SPD bei der Landtagswahl 2004 auf nur 9,8 Prozent der Stimmen – ein landes- und bundesweiter Minus-Rekord, der selbst dem Koalitionspartner CDU Sorgen bereitet. Denn auch dort gehen die Umfragewerte zurück, die Zeit der absoluten Mehrheiten unter »König Kurt« ist längst vorbei (↑Monarchie).

Wie kam es aber nun zu diesem Niedergang der sächsischen Sozialdemokratie? Ihr Ende wurde tatsächlich ungefähr fünfzig Jahre nach ihrer Geburt eingeleitet. Gleich nach der »Machtergreifung« im Jahr 1933 verfolgten die Nazis auch in Sachsen führende Sozialdemokraten und Kommunisten, sperrten sie ein oder brachten sie um. Viele Parteimitglieder blieben aber ihrer Überzeugung dennoch treu, und so hatten SPD wie KPD nach dem Krieg keine Probleme, sich neu zu gründen. Problematisch für die

Sozialdemokraten wurde es erst, als sie sich unter dem Druck der sowjetischen Besatzungsmacht zum Partei-Zusammenschluss überreden ließen. Die »unglückselige Spaltung der Arbeiterklasse« wurde am 7. April 1946 durch Gründung der sächsischen Sozialistischen Einheitspartei Deutschlands (SED) überwunden. Die Politik der nächsten vierzig Jahre führte dann offenbar zu einer Entfremdung der ehemals sozialdemokratischen Wähler von ihrer Partei, die es ja als solche auch gar nicht mehr gab. Bei der ersten freien Wahl nach der Wende kam die SPD denn auch nur auf 19,1 Prozent der Stimmen, immerhin mehr als die PDS, aber doch deutlich weniger als die bürgerliche Konkurrenz. Der Abwärtstrend ist seither ungebrochen.

Aber vielleicht sterben die sächsischen Sozialdemokraten gar nicht aus, vielleicht wählen sie einfach nur die »falsche« Partei!? Denn in Sachsen gehen die politischen Ansichten ohnehin etwas durcheinander. Nach einer aktuellen Umfrage glauben 48 Prozent der sächsischen CDU-Wähler, dass der Sozialismus eine »gute Idee« sei, »die schlecht ausgeführt wurde«, und 43 Prozent der gleichen Wähler halten freiheitliche Demokratie und Sozialismus für vereinbar. Aber steht das mit dem »demokratischen Sozialismus« nicht im Parteiprogramm der SPD? Und in dem der PDS sowieso? Die Lage ist also verzwickter, als man denkt.

Fakt ist, die Wiege der Sozialdemokratie ist heute leer – oder sagen wir, anderweitig belegt. Das Kind ist in den Brunnen gefallen, nachdem die Sachsen es mit dem Bade ausgeschüttet haben. Aber, liebe Genossen, nicht verzagen! Im Brunnen leben ja bekanntlich auch die verwunschenen Prinzen. Und wenn ein ↑schönes Mädchen vorbeikommt, dann könnte es ja irgendwann klappen mit der Rückverwandlung zur alten Größe …

Reiner Groß. Geschichte Sachsens. Leipzig 2004; Dieter Schütz. Wie links sind die Sachsen? In: Sächsische Zeitung vom 31.8.2007

STOLLEN

Echter Dresdner Stollen besteht nur aus Mehl, Hefe, Öl und Wasser

Ganz falsch ist das nicht, aber sehr lange her. Wie lange genau, lässt sich schwer sagen, nur dass das mit einem »echten Dresdner Stollen« überhaupt nicht stimmt. Es gibt gar kein richtiges Dresdner Stollenrezept. Oder es ist so unheimlich geheim, dass es keiner kennt. Dass die ersten Stollen nur aus Mehl, Hefe, Öl und Wasser hergestellt wurden, ist wohl richtig, denn ursprünglich handelte es sich hierbei um nichts anderes als ein Fastengebäck, bei dem es auf überlieferte raffinierte Rezepte überhaupt nicht ankam. Folglich findet der Stollen (vom Dresdner ganz zu schweigen) auch in keinem der großen kulinarischen Nachschlagewerke vergangener Jahrhunderte Erwähnung. Nicht einmal in der »General-Consumtions-Acis-Ordnung des Churfürstentums Sachsen« von 1707, »in der alle bekannten Lebensmittel, Genussmittel und sonstige Waren« aufsortiert werden, ist es vertreten.

Ein besonders starkes Stück Stollen aber soll die Hauptrolle gespielt haben beim berühmten »Zeithainer Lager« des Jahres 1730, das zu Ehren des starken August (↑August der Starke) veranstaltet wurde, ein Riesending soll das gewesen sein, für dessen Fabrikation ein extra großer Backofen gebaut werden musste. Richard Lämmel aber, ein hochgeschätzter Koch und Heimatkundler, der sich seit langem mit der sächsischen Küche und ihrer Historie befasst, sagt kategorisch: nein.

Kein Stollen war das, höchstens ein großer »Strutz«; und die durchaus einleuchtende Begründung lautet: Als Backzutaten wurden Dinge aufgeführt, die im Stollen nix zu suchen haben. Eier zum Beispiel. Dafür fehlten die stollentypischen Rosinen, Mandeln und das beliebte Zitronat.

Doch da ist noch etwas, was den Dresdnern nicht so recht schmecken dürfte. Seit 1457 schon soll der Torgauer Hofküchenchef Heinrich Drasdow »Christstollen mit Rosinen, Mandeln, Trockenfrüchten, Zucker und Butter« für eine ausgewählte reiche Klientel gebacken und in Apotheken verkauft haben. Sein Stollenrezept wurde erst im 18. Jahrhundert öffentlich bekannt, just zu jener Zeit also, da sich der Stollen in Dresden so richtig heimisch zu fühlen begann und manch originelle Verfeinerung des Geschmacks erlebte. »Durch die nuschelige Aussprache der Dresdner«, philosophiert der Kulinarienexperte Lämmel, »wurde mit der Zeit aus Drasdower eben Dresdner Stollen …« Das sind so Geschichten, die man vielleicht in Torgau zum Besten geben kann. Aber in Dresden? Mein lieber Scholli!

Reinhard Lämmel. Ein guter Sachs' will genießen – nicht prassen … Dresden 1997

Stülpner

Der erzgebirgische Robin Hood Karl Stülpner war »kugelsicher«

»Mich schießt keiner tot«, hat er ein ums andere mal geprahlt und recht behalten. »Ich dagegen, ich treffe jeden, den ich treffen will!« Karl Stülpner litt nicht an mangelndem Selbstvertrauen.

In den Gasthöfen des Gebirges, zu vorgerückter Stunde raffte Stülpner sein Hemd und zeigte den Kumpanen seinen »Kugelsegen«. Das war ein Amulett, angeblich das Geschenk eines böhmischen Mönchs, und er erzählte weiter, in Kriegen und auf Feldzügen habe es ihn beschützt, im dichtesten Schlachtgetümmel habe es die Kugeln von ihm abgelenkt. Einfach ein Wunder. Ebenfalls ein Wunder habe ihn auch vor den Kugeln bewahrt, die so mancher Grünrock auf ihn abgegeben habe. Wie »ein schützender Panzer umhülle ihn eine unsichtbare, Kugel abweisende zweite Haut«, ließ er wissen. Womit er natürlich der Legendenbildung um seine Person einigen Anstoß gab.

Sei es drum, erschossen jedenfalls hat ihn keiner, das steht fest. Glück gehabt, Stülpner, Wilderer und Försterschreck, Helfer der Armen – aber ein Wunder?

1762 wurde der Stülpner, Karl, im sächsischen Scharfenstein geboren. Er lernte jagen beim Förster Müller in Ehrenfriedersdorf (↑Lange Schicht), wurde freiwillig Soldat und desertierte. 1793 nahm er am Interventionskrieg gegen die junge französische Republik teil, desertierte wieder und kehrte in die Heimat nach Scharfenstein zurück, um ein Leben als »freier Wildschütz« zu führen. Um diese Jahre zwischen 1794 und 1800 ranken sich die meisten Stülpner-Legenden. Nicht genug damit, dass es ihm ständig gelungen sein soll, listenreich und wagemutig einer Verhaftung zu entgehen, er hielt auch selbst das auf ihn angesetzte »Fangkommando in der Burg Scharfenstein gefangen«! Dass man ihn für »vogelfrei« erklärte – was machte das schon. Er wilderte in den Kammwäldern, in Sachsen und Böhmen, doch nicht allein für sich. Seine Auflehnung gegen die Obrigkeit, sein Mitgefühl für die Bauern, denen er manchen geschossenen Hasen über das Hoftor warf, machten ihn zum Volkshelden. Als wirkliches Diebs- und Räubergesindel seinen guten Wildschütznamen missbrauchte, soll er vor Wut geschäumt haben – und war machtlos.

Noch einmal wurde er Soldat in Chemnitz. Verarmt, geschwächt und halb erblindet starb er 1841. Bereits zu seinen Lebzeiten tauchte der Stülpner, Karl, in Büchern als »berüchtigter Wildschütz im sächsischen Erzgebirge« auf, als »merkwürdiger Wildschütz«. Nach seinem Tode dann als »kühner Raubschütz«, »gefürchteter Wilddieb« und »grüner Rebell«. Fernsehen und Theaterbühnen bemächtigten sich seiner Gestalt und der verwegenen Abenteuer. 1973 brachte das DDR-Fernsehen einen Siebenteiler heraus, in dem Stülpner der heroische deutsche Robin Hood war, wie ihn die Leute sehen wollten. Und mancher hätte ihn wohl gern auch in die direkte Traditionslinie als Vorläufer der sozialistischen Helden gestellt. Die Hauptrolle spielte Manfred Krug, der damalige Held vieler DEFA- und Fernsehfilme. Krug ist Berliner, das nahm ihm als Stülpner keiner übel. Drei Jahre später unterzeichnete Krug eine Petition gegen die Ausbürgerung seines Freundes Wolf Biermann und zog dann selbst über die Grenze. Mit dem sozialistischen Filmhelden war es erst mal vorbei, man konnte Krug nur noch im Westfernsehen sehen – aber doch nicht im ↑Tal der Ahnungslosen ... Karl Stülpner blieb ein Held wie eh und je. Die toten Helden sind eben doch die besseren. Mittlerweile trägt sogar ein Planetoid seinen Namen. Erschossen hat ihn keiner, vergessen schon gar nicht, aber »kugelsicher« das war der Stülpner, Karl, nicht ...

Karl Sewart. »Mich schießt keiner tot«. Die Geschichte des Volkshelden Karl Stülpner. Chemnitz 1994; www.westerzgebirge.com/htm/erzgebirge-personen-stuelpner.htm

Stumpi

Stumpi de Saxe ist ein Preis für komische sächsische Künstler

Der Ritterschlag für sächsische Komiker, Kabarettisten oder humorvolle Schauspieler sozusagen, alljährlich feierlich nach strengen Auswahlkriterien von der Kulturstiftung des Freistaates Sachsen verliehen? Hochdotiert selbstverständlich. Ach, ja. Aber leider ...

Um etwas Schönes handelt es sich bei »Stumpi de Saxe« dennoch, um eine Orchidee nämlich, präzise: eine Orchidee-Hybride, die zuvor auf den eher garstigen Namen »Phalaenopsis« hören musste. Seit Ostern 2006 ist das nun anders. In fast jedem Zeitungsbericht über die Eröffnung der Schau »Internationale Orchideenwelt« war es schließlich schwarz auf weiß zu lesen:

»Höhepunkt der Eröffnungsfeier war die Taufe einer Orchideen-Neuzüchtung, bei der der bekannte und beliebte Schauspieler Wolfgang Stumph persönlich anwesend war und diese auf den Namen ›Stumpi de Saxe‹ taufte. Dies war nicht nur ein symbolischer Akt, die Namensgebung fand per Eintrag auf die Listen wertvoller Arten der weltweit anerkannten Royal Horticultural Society of England statt und trägt dazu bei, nicht nur Stumpi, sondern auch Sachsen zusätzlich in aller Welt bekannt zu machen.«

Schon komisch und vermutlich weltweit einmalig für einen Kabarettisten, über eine Orchidee Bekanntheit zu erlangen. Dass es noch einen Hauch amtlicher geht, beweist ein Zertifikat – es befindet sich im Safe der Familie Stumph – aus dem – von der Deutschen Orchideen Gesellschaft e. V. beglaubigt – hervorgeht, dass die Registrierung des Namens entsprechend der internationalen Orchideen-Nomenklatur erfolgte.

Einen Komikerpreis »Stumpi de Saxe« gibt es also noch nicht. Darüber, ob der Orchidee-Hybride Phalaenopsis, pardon, Stumpi de Saxe ebenfalls eine Urkunde ihrer komischen Ernennung zugestellt wurde, ist nichts bekannt geworden.

Pressemitteilung. Messe Dresden vom 30.3.2006; Urkunde der Deutschen Orchideen-Gesellschaft e. V. vom 30. März 2006

Sumpf

In Sachsen gibt es keinen Sumpf

Im ↑Freistaat Sachsen steht der Naturschutz weit oben auf der Agenda der Landesregierung. Zuweilen kümmern sich sogar der Justiz- und der Innenminister höchstpersönlich um dieses Thema. Als Geert Mackenroth und Albrecht Buttolo im Frühsommer 2007 einen besorgten Blick auf den Zustand der heimischen Flora und Fauna warfen, stellten sie erschrocken fest, dass es in Sachsen an Sümpfen fehlt (O-Ton Mackenroth: »Sachsen ist kein Sumpf«, O-Ton Buttolo: »Es gibt keinen Sumpf im Freistaat«). Der Laie mag an dieser Stelle denken: Na das ist doch praktisch, dann kommt man wenigstens trockenen Fußes von A nach B, wenn nicht gerade Hochwasser ist (↑Jahrtausendflut). Aber in Wirklichkeit wäre eine völlige Sumpflosigkeit Sachsens geradezu dramatisch, handelt es sich doch beim Sumpf um einen wichtigen Lebensraum für viele seltene Röhrichtarten und Kleinseggenrieden. Deren Schicksal kann auch einen Justizminister nicht kalt lassen. Daher handelte er unverzüglich: »Ich habe in meinem Verantwortungsbereich sichergestellt, dass integre, handverlesene Mitarbeiter zusammen mit Experten aus anderen Bundesländern die Aufgaben in Angriff nehmen und zu seriösen, möglichst zu schnellen Ergebnissen kommen.« Die angestellten Untersuchungen förderten allerdings wenig Ermutigendes zu Tage: Man fand nicht nur keinen Sumpf, sondern man konnte nicht einmal ein »Feuchtgebiet« erkennen und zuletzt waren nicht einmal mehr »größere Pfützen« aufzutreiben. Ganz Sachsen erschien gewissermaßen verdorrt und versteppt.

Aber, liebe Herren Minister, hätten sie doch besser erst einmal bei ihrem Kollegen im Umweltministerium angerufen. Ganz so hoffnungslos ist die Lage nämlich trotz Klimaerwärmung, Bodenversiegelung und Luftverschmutzung auch wieder nicht. »Die Öffentlichkeit hat ein berechtigtes Interesse, schnell und seriös aufgeklärt zu werden«, schreibt Herr Mackenroth ganz zu Recht. Damit wir nun nicht zu jenen Zeugen gehören, »die scheibchenweise Andeutungen und angebliches Wissen preisgeben und dadurch vielleicht Ermittlungen gefährden«, möchten wir an dieser Stelle rückhaltlos und offen das Ergebnis unserer eigenen Recherchen preisgeben. Wir erklären hiermit nach bestem Wissen und Gewissen: Nein, Sachsen ist kein Sumpf, da hat Herr Mackenroth Recht! Aber es gibt einen Sumpf in Sachsen, da hat Herr Buttolo Unrecht. Genau genommen gibt es sogar zwei Sümpfe, nämlich einen im Sprottabbruch bei Eilenburg und einen im Wildenhainer Bruch im Presseler Heidewald, beide gelegen in der Düben-Dahlener Heide.

Aber, wie Sie ganz richtig schreiben, Herr Mackenroth: »Gründlichkeit geht auch hier vor Schnelligkeit«. Beleuchten wir das Problem also genauer: Was hat es mit diesen Sümpfen auf sich? Reichen die beiden kleinen Feuchtgebiete überhaupt aus für ein Land mit 4,3 Millionen Einwohnern? Und liegen dort Moorleichen versenkt? Wir müssen tiefer in die matschige Materie eintauchen, um hier Klarheit zu schaffen. Die in Sachsen vorkommenden kalkreichen Sümpfe sind geprägt durch das Vorkommen der Binsen-Schneide, einer extrem seltenen und vom Verschwinden bedrohten Röhrichtart. Das Wasser steht einem hier nicht bis zum Hals, sondern mit einer Höhe von 10 bis 50 Zentimetern allenfalls bis zum Knie. Die Sümpfe gehören nach dem Sächsischen Naturschutz-Gesetz zu den besonders geschützten Biotopen, sind aber vor allem durch Grundwasserabsenkung, Dünger aus der Landwirtschaft und wucherndes Schilf bedroht. Alles in allem »keine Staatskrise, aber eine ernsthafte rechtsstaatliche Bewährungsprobe«. Bedenklich stimmt nur, dass der Dresdner Oberstaatsanwalt sich alsbald verlauten ließ, seine Behörde arbeite mit Hochdruck an der »Trockenlegung« des »Sachsen-Sumpfes«. Das hätte knapp werden können für die arme Binsen-Schneide! Zum Glück scheint man sich bei der Staatsanwaltschaft dann noch rechtzeitig über die Bestimmungen des Sächsischen Naturschutz-Gesetzes informiert zu haben.

Wir alle sollten uns bemühen, die kleinen sächsischen Sümpfchen zu schonen und zu schützen. Trockenlegen wäre da nur schädlich, denn die Sumpfflora braucht es warm und feucht, um zu gedeihen. Auch wer eine Leiche versenken möchte, der sollte dazu lieber ein Moor aufsuchen, denn davon gibt es in Sachsen eine ganze Menge – mehr jedenfalls als Sümpfe. So haben wir einige lebende Hochmoore in den hohen Lagen des Erzgebirges, wir haben Schwingrasenmoore und Torfmoor-Schlenken in der Düben-Dahlener Heide, in der Königsbrück-Ruhlander Heide, in der Muskauer Heide sowie im Oberlausitzer Heide- und Teichgebiet, wir haben Kalktuff-Quellen in einzelnen Tälern des Erzgebirges und der Sächsischen Schweiz und wir haben kalkreiche Niedermoore im Leipziger Land, im Erzgebirge, im Vogtland, in der Sächsischen Schweiz und in der Oberlausitz. Wobei man wissen sollte, dass sich ein Moor vom Sumpf vor allem durch den Sauerstoffgehalt unterscheidet. Im Moor fehlt es an Sauerstoff, sodass bei der Zersetzung von Pflanzenresten der moortypische Torf entsteht. Steht dagegen ausreichend Sauerstoff zur Verfügung, dann bildet sich der typische Sumpfhumus.

Auf diesem Humus gedeihen dann manchmal auch böse Gerüchte, etwa in der Art, dass es in Sachsen gar keinen Sumpf gäbe. Oder auch solche um mafiöse Strukturen, korrupte Politiker, Prostituierte im Rathaus und Justizverschleppung. Aber unter uns: So etwas gibt es in Sachsen wirklich nicht!

Toralf Staud. Leichen im Sumpf. In: Die Zeit (Nr. 24) vom 7.6.2007; Geert Mackenroth. Sachsen ist kein Sumpf. In: Sächsische Zeitung vom 29.5.2007; Sven Heitkam. »Es gibt keinen Sumpf im Freistaat«. In: Welt Online, www.welt.de/politik/article949044/Es_gibt_keinen_Sumpf_im_Freistaat.html (15.6.207); Korruptionsaffäre. Keine konkreten Anhaltspunkte. In: Sächsische Zeitung vom 4.8.2007

Tal der Ahnungslosen

Die Sachsen erfuhren zu DDR-Zeiten nichts über den Rest der Welt

Zunächst mal muss gesagt werden, für den Sachsen war und ist Sachsen die Welt, zumindest ein ganz wesentlicher Teil, und da war man nie ahnungslos. Natürlich konnte es passieren, dass ein Fernsehzuschauer aus dem Dresdner Raum oder einem der bei Karl-Marx-Stadt gelegenen Täler nur ahnen konnte, wovon da manchmal die Rede war, wenn in der Lieblingsunterhaltungssendung des DDR-Fernsehens, »Ein Kessel Buntes«, in der echte Westkünstler auftraten, manche Äußerung die Leute im Zuschauerraum zum Lachen brachte. Was war so witzig an: »weiß, weißer geht's nicht« oder »warum gleich in die Luft gehen«? Der Groschen fiel erst beim nächsten Urlaub in einer Gegend mit Westfernsehempfang – nu glar, Werbung!

Aber der Sachse ist doch helle. Das »Tal der Ahnungslosen« machte erfinderisch. Und wo Täler sind, gibt es auch Berge. In den Gegenden, in denen kein Westfernsehen empfangen werden konnte, gab es die meisten Ausreiseanträge, auch die meisten Eingaben. Unzufriedenheit, zumal mit Zuständen in der schönsten DDR der Welt, das konnte der Partei- und Staatsführung gar nicht gefallen. Natürlich konnten die nun nicht das Westfernsehen einführen, aber weggucken konnten sie und als das nicht mehr half, den Erfindungsreichtum der »Ahnungslosen« als sozialistische Errungenschaft feiern. Spätestens in den achtziger Jahren kamen die Satellitenschüsseln auf, für die das Material in der DDR allerdings schwer zu beschaffen war, weshalb es häufig in den Wohngebieten zur Bildung von Antennengemeinschaften kam. In diesen gesellschaftlichen Freizeitgruppen waren inoffiziell Leute mit Beziehungen zu technischen Einrichtungen oder mit Westverwandtschaft sehr gefragt – nicht zu verwechseln mit IMs, die für ganz andere Gemeinschaften tätig waren –, der Rest musste sich kräftig finanziell beteiligen. Ganz Pfiffige schafften es sogar, dem offiziellen Ziel, »internationale Fernsehprogramme empfangen zu können«, in einer staatlich unterstützten »Masseninitiative« näher zu kommen – schließlich wollte man den Sozialismus auch durch die Empfangsmöglichkeit der Sender der »Freunde« stärken. Dass dadurch auch der Empfang von »Feindsendern« möglich war, konnte den Sozialismus in seinem Lauf wohl kaum aufhalten, oder? Also ganz so ahnungslos waren viele Sachsen denn nun doch nicht.

Inzwischen allerdings wünscht sich so mancher die scheene Zeit zurück, als sie in der Vorstellung des Westfernsehens noch voller Geheimnisse und Sehnsüchte war, die verheißungsvolle Welt hinter den Tälern. Wenn man nun arbeitslos 24 Stunden vor der Glotze hängt, steckt man viel tiefer im Tal der Ahnungslosen, als einst angenommen, aber mit ganz anderen Sehnsüchten. Ob Gemeinschaftsbildungen die Lösung bringen würden, wer weiß?

Makabrer Trost für Arbeitslose!

www.boen-end.de/ahnungslos.htm

Teebeutel

Mit Tee haben die Sachsen nüscht am Hut

Da, am Hut, wahrscheinlich wirklich nicht. Aber ein Sachse wäre fast ein Anwärter auf den Titel »Erfinder des Teebeutels« geworden. Als wirklicher Erfinder des Teebeutels gilt, so weit bekannt, der Teeimporteur Thomas Sullivan aus New York. Auch wenn es reiner Zufall gewesen sein mag, dass seine Kunden 1904 von ihm Warenproben statt wie bisher in Blechbüchsen, in Seidensäckchen zugestellt bekamen. Auf die Ökonomie beziehungsweise aufs ↑Geld musste ein Unternehmer auch damals schon achten. Diese Warenproben konnte man nun einfach, ohne den Tee auszupacken, mit kochend heißem Wasser übergießen und sich so mehrere Handgriffe der zeremoniellen Teebereitung ersparen. Die Idee für den Teebeutel war geboren.

Ein anderer kluger Kopf, der Engländer John Horniman, soll Tee in versiegelten Papiertütchen verschickt haben, um die Sorten- und Farbreinheit besser garantieren zu können. Allerdings verhielt sich der von ihm zum Verschließen benutzte Klebstoff keineswegs geschmacksneutral. Auch die später in Mode gekommene »Pompadour« genannten Baumwollsäckchen gaben dem Tee häufig ein muffiges Aroma. Zum Durchbruch konnte das dem Teebeutel nicht verhelfen.

Dresden gilt – was vielleicht nicht jedem bekannt ist – bereits seit 1882 als Teestadt. Mitten in ↑Kaffeesachsen wurde hier das Teekanne-Stammhaus gegründet. Hier war es dann auch, wo der Ingenieur Alfred Rambold, einer der Firmeninhaber, den ersten maschinell befüllten Teebeutel auf den Markt brachte. Dafür entwickelte er eine spezielle Teebeutel-Packmaschine und mit dieser konstruierten Constanta-Teepackmaschine wurde alles ganz anders. Kein Klebstoff, keine Baumwolle, kein Beigeschmack: Geruhsamer Teegenuss vom Feinsten. Doch Abwarten und Teetrinken! Der wahre Schwarz- und Grünteekenner wandte sich, zu Unrecht zwar, mit verstörtem Gesichtsausdruck und flauem Magen ab, wenn ihm der Kellner im Restaurant ein Glas heißes Wasser mit separatem Teebeutel kredenzte. Dabei hatte Meister Biolek dem Teebeutel in seiner Fernsehkochküche noch nicht den Kampf angesagt. Aber der »echte Teekenner« verachtete den Beuteltee seit Anbeginn. Jegliches braucht seine Zeit. Als nach dem Zweiten Weltkrieg in halb Europa bereits Dreiviertel der Teetrinkergemeinde mit fliegenden Fahnen zur praktischen eigenhändigen Beutelversenkmethode übergegangen war, verabscheuten die klassischen Teetrinker in England noch knappe fünf Jahre die neuartige Einweichtechnik. Ab 1950 klappte es dann auch auf den britischen Inseln. Na, bitte. Da waren in anderen Landstrichen unzählige Teefans längst wieder zur althergebrachten Zwei-Kannen-Methode übergegangen.

Die Teetrinker in Sachsen, die inzwischen der Beutelbrühmethode ihres Landsmannes gefolgt sind, hat bisher noch niemand gezählt. Da könnte man höchstens eine empirische Dunkelziffer beisteuern, aber mit Muschebuhbuh haben wir nichts am Hut. Muschebuhbuh ist übrigens ein typisch sächsisches Fremdwort, wohl sehr schummrig aus dem Niederdeutschen entlehnt (↑Niedersachsen): Richtsch schöne Teebeleuchtung.

Birgit Matuschewski. Chronik. Eintausend Jahre Erfindergeist in Sachsen. Nahrung und Genussmittel. Dresden 2003

Thomaner → Lipsianer

Tietz

Erst nach der Wende bekam Chemnitz einen Einkaufstempel

Das ja nun wirklich nicht. Das berühmte Kaufhaus Tietz war dereinst der größte Einkaufstempel für Chemnitz und Umgebung. Nur so wird ein Schuh draus. Der Kölner Warenhauskonzern, bis 1933 Deutschlands größtes Kaufhausunternehmen, beauftragte bereits 1912 den renommierten Architekten und Direktor der Düsseldorfer Kunstgewerbeschule Professor Wilhelm Kreis – nach dessen Plänen später, 1927 bis 1930, in Dresden das Deutsche Hygienemuseum errichtet wurde – mit dem Entwurf einer der modernsten Stahlskelettkonstruktionen der Zeit vor dem Ersten Weltkrieg. Und der wurde in Chemnitz ausgeführt. Am 23. Oktober 1913 eröffnete das von Licht durchfluteten Höfen geprägte Haus und beschäftigte bis zu 1200 Arbeiter und Angestellte. In diesem Tempel gab es alles, was sich nicht nur sächsische Herzen wünschten, und was sich jeder, wenn er über die nötigen Mittel verfügte, auch kaufen konnte. 1926/27 entschloss sich das prosperierende Unternehmen dazu, einen Einheimischen, den Chemnitzer Architekten Erich Basarke, mit einem Erweiterungsbau für das Gebäude zu beauftragen. 1938 schlossen die Nationalsozialisten in Chemnitz wie auch in anderen Städten die Pforten des jüdischen Unternehmens. Nach den Bombenangriffen der Alliierten im März 1945 brannte das Hauptgebäude vollständig aus. Nur der »Basarke-Trakt« blieb original erhalten und wurde zu DDR-Zeiten als Konsum-Warenhaus eingerichtet. Da gab es hier dann schon mehr als in anderen Läden der Umgebung, aber im sozialistischen Alltag war Konsum – mit der Betonung auf »u« – ohnehin nicht so wichtig. Nach umfangreicher Rekonstruktion und Umbau 1963, Chemnitz hieß schon längst Karl-Marx-Stadt, war von dem ehemaligen Tietzschen Einkaufstempel gar nichts mehr zu ahnen und fortan fand hier das Centrum-Warenhaus sein Domizil. Das war dann vielleicht schon mehr eine Kultur- und Sportstätte, bei der man sich zu einer nicht nur in der Freizeit beliebten Beschäftigung traf, dem Schlangestehen. Auch das war wieder so wie in anderen Städten, allerdings nur in diesem Teil Deutschlands.

Nachdem die DDR sich gewendet hatte und dann verschwunden war, nutzte die Kaufhof AG für ein Jahrzehnt das Gebäude, bevor das »zweite Leben« des Tietz seinen Anfang nehmen konnte, das schließlich zum »Kulturkaufhaus«, dem einzigen seiner Art in ganz Sachsen, umstrukturiert wurde. Schließlich konsequenterweise, siehe oben. Auf 23 000 Quadratmetern Grundfläche präsentieren sich heute Kunst, Bildung und Kultur mit den Einrichtungen Neue Städtische Galerie, Volkshochschule, Stadtbibliothek und weiteren zum Teil gewerblichen Angeboten wie Café, Öko-Shopping, Kinderbetreuung … Karl-Marx-Stadt heißt inzwischen längst wieder Chemnitz und »Tietz« hat sich hier nun also als Kulturkaufhaus eingerichtet. Schlangestehen scheint inzwischen auch in Chemnitz zu den aussterbenden Sport- und Freizeitbeschäftigungen zu gehören.

www.kulturkaufhaus-tietz.de

Trabiwitze

Die ganze Welt lacht über den Trabi, nur die Sachsen nicht

»Wie verdoppelt man den Wert eines Trabis? – Indem man ihn voll tankt.« »Was ist der Unterschied zwischen einem Trabi und einem Kondom? – Es gibt keinen, beide verhindern den Verkehr« … Der Sachse im Allgemeinen und der Zwickauer im Besonderen konnte es nicht mehr hören. Gerade hatte sich das Tor zur großen weiten Welt geöffnet, da musste er sich allerorten diesem Frage-Antwortspiel unterziehen.

Aber über Witze, die man selber erfunden hat, kann man ja nicht ewig und immer wieder lachen. Und über den Trabi, genau genommen, sowieso nicht. Dennoch, es wurde über ihn gelacht, ohne Ende – Lachen putzt die Seele. Aber er wurde auch geliebt, begehrt, von manchem mehr als die eigene Frau oder der eigene Mann. Trabi! Das war nicht nur ein ↑Auto, das war ein Lebenstraum – vor allem von einem richtigen Auto und davon konnte man nur träumen.

Etwa dreizehn Jahre musste ein Normalsterblicher in der DDR auf seinen Trabi warten und sparen. Wer im Zwickauer Trabiwerk arbeitete hatte kurzzeitig Freunde in der ganzen Republik, aber es nützte nichts, die mussten auch warten. Ging alles seinen sozialistischen Gang, konnte man sich mit 18 für ein Auto anmelden, hatte mit 31 die erste Rennpappe, meldete sich gleich wieder für eine neue an und konnte, wenn die Produktion nicht in Schwierigkeiten kam, mit 44 Jahren den nächsten Trabi erwerben. Im Alter von 83 Jahren konnte man auf diese Weise sein fünftes Auto in Empfang nehmen, wenn man nicht zwischendurch von irgendwoher ein gebrauchtes, das nicht selten für einiges mehr als den Neupreis angeboten wurde, als Zwischenlösung einkaufte. Und natürlich vorausgesetzt, man selbst lebte so lange.

Der Trabi galt als unsterblich, und das ist kein Witz. Man übersah ihn auf den Straßen in Sachsen wie im ganzen kleinen Ländle – so viele gab es im Laufe der Jahre davon, und fast alle sahen gleich aus, bevorzugte Tarnfarben: Grau bis Hellblau. Und was für Strecken, der zurücklegen konnte! Nicht nur bis an den goldenen Strand nach Bulgarien – bis nach Amerika und weiter, wenn man ihn bzw. seinen Fahrer gelassen hätte. Man brauchte nur 601er sagen und jeder wusste Bescheid.

Als für das Automobilwerk Zwickau am 30. April 1991 endgültig das Aus kam, hatten insgesamt 3 051 485 Trabis das Licht der Autowelt erblickt. Mehrere, genauer gesagt drei, nutzte ein Kabarettist aus Dresden mit den Anfangsbuchstaben »St«, Sie ahnen schon, wer gemeint ist. Seine Karriere war auch eine Autokarriere. Nach den Trabis kam ein Lada, dann ein Passat und mit über lange Zeit schlechtem Gewissen, ob er es seinen Zuschauern antun könne, die ihn ja möglicherweise in diesem Auto sehen könnten, entschied er sich dann doch für einen Audi. Aber warum soll ich mir nicht auch mal ein bisschen Luxus leisten, sagte er sich schließlich wie fast alle ehemaligen Trabifahrer. Auch seine Kariere als Film- und Fernsehschauspieler – es gibt Leute die reden davon – hat was mit dem Trabi zu tun. In dem Film »Go, Trabi, Go« musste auch er sich oben erwähntem Frage-Antwortspiel unterziehen – wie schon gesagt, ziemlich entnervt. Aber wenn er mal zurückdenkt, was selten vorkommt, muss er schon sagen, über keines seiner anderen Autos könnte er einen Witz erzählen, und lachen schon gar nicht.

Die Welt lacht inzwischen kaum noch über den Trabi, andere Autos hatten Witzigeres zu bieten, beispielsweise einen Elchtest. Der Sachse kann schon längst wieder über den Trabi lachen, so ändern sich die Zeiten.

www.trabi-web.de/index_full.html; www.einfach-autors.de/autowitze/trabi-witze/

Ulbricht, Walter → Monarchie

Ungehorsam → Schirgiswalde

Universalbibliothek

Reclams Universalbibliothek wurde im Schwäbischen gegründet

Wenn schon, dann neu gegründet, bitteschön. Viele Sachsen glauben, dass Reclam ein Stuttgarter Verlag ist, und viele Schwaben glauben nicht, dass es sich dabei um ein sächsisches Unternehmen handeln könnte. Nach dem Zweiten Weltkrieg haben sich diese beiden Standorte etabliert. In der deutschen Nachkriegsgeschichte fand die Teilung bekanntlich auch auf diese Weise statt und Jahrzehnte später ist es mitunter schwer, die wahren Ursprünge zu orten. Bei Reclams Universalbibliothek war das aber eigentlich klar. Denn richtig aus der Taufe gehoben wurde die Universalbibliothek, wie es sich gehört, in der alten Buchstadt Leipzig. Dass ihre Geburtsstunde ausgerechnet im Jahre 1867 schlug, hat sicherlich etwas mit der Tatsache zu tun, dass zum gleichen Zeitpunkt ein neues Urheberrecht in Kraft gesetzt wurde, nach dem von nun an deutsche Autoren, die vor 1837 gestorben waren, nach Ablauf einer Schutzfrist von dreißig Jahren, »allgemein und honorarfrei nachgedruckt« werden durften.

Anton Phillip Reclam witterte die Chance seines Lebens und griff zu. Aus dem 1828 erworbenen »Literarischen Museum« in Leipzigs Grimmaischer Straße, »einer Leihbibliothek mit Zeitungslesesaal«, entwickelte er seinen »Verlag des Literarischen Museums«. Selbstbewusst benannte er ihn danach in »Phillip Reclam jun.« um. Nach dem aufklärerischen Leitspruch »Literatur für alle« druckte er nun unter Einsatz neuester drucktechnischer Verfahren Taschenbuchausgaben mit klassischer, unterhaltender und geisteswissenschaftlicher Literatur. Die neue Technik ermöglichte es ihm auch, seine Taschenbücher außerordentlich preisgünstig in Umlauf zu bringen. Zwei Silbergroschen pro Bändchen – das konnte kein anderer Verleger unterbieten. 1896, im Todesjahr Philipp Reclams, hatte es die Universalbibliothek bereits auf 3470 Ausgaben gebracht. In der Universalbibliothek erschienen alle wichtigen Klassiker der deutschen und auch internationalen Literatur. Auch mit den billigen Reclambändchen konnte man in der Liga der Geistreichen mitspielen, billig war hier eine Tugend. Aus der Zeit des Nationalsozialismus ist bekannt, dass es Leute gab, die die Schriften geächteter Autoren im Reclamformat mit der Hülle zum Beispiel eines unverdächtigen Goethetitels auch in der Öffentlichkeit lesen konnten ... Nach dem Ende des Zweiten Weltkrieges musste auch die Universalbibliothek neu herausgegeben werden.

Dass Reclams Universalbibliothek nicht nur Lesestoff bot, sondern auch Lebenserhaltungsmittel sein konnte, zeigt ein Brief des Dramatikers Friedrich Wolf aus den 1950er Jahren an den Verlag: »Im ersten Weltkrieg hatte ich einige Reclams im Brotbeutel: die Briefe Goethes Mutter an ihren Sohn, Konrad Ferdinand Meyers Huttens letzte Tage und den Koran. Meine Kameraden und ich hatten in mehreren Fällen beobachtet, dass die Kugeln und Splitter durch ein doppeltes Reclambändchen, das man in der Brusttasche tragen konnte, infolge der elastischen Beschaffenheit des Papiers abgelenkt wurden … gewiss eine vom Verlag nicht vorgesehene Funktion.« Bücher aus Sachsen als Lebensretter – eigentlich eine schöne Vorstellung.

In Ditzingen bei Stuttgart bauten die Nachkommen Reclams 1947 nach ihrer Übersiedelung in den Westen den Verlag für die BRD neu auf, während im Osten »Reclam Leipzig« als »staatseigener Betrieb in der DDR« weiter existierte und den dortigen Literaturbetrieb mit preiswerten Büchern versorgte. Während die Stuttgarter Ausgaben seit 1970 in knalligem Gelb erschienen, blieb die Leipziger Bibliothek eher unauffällig, vorwiegend weiß. Ganze Schulgenerationen, hier wie dort, sind mit der geteilten Universalbibliothek aufgewachsen. Nach der Wiedervereinigung Deutschlands wurden auch die Verlagshäuser aus Ost und West zusammengeführt. 2006 veranlasste »der Kostendruck, das Mutterhaus« wie es hieß, einen der Standorte aufzugeben. Das betraf nicht etwa Stuttgart, sondern den Standort Leipzig. Eigentlich könnte Reclams Universalbibliothek wieder nach Leipzig ziehen, die Schwaben haben doch jetzt die Sachsen LB (↑Geld).

www.mdr.de/geschichte/personen/137784.html; www.leipzig-almanach.de/literatur; (o. V.) 125 Jahre Verlag Phillip Reclam jun. Leipzig. Leipzig 1953

Uran → Wismut

Urgestein

Wolfgang Stumph ist ein sächsisches Urgestein

Abwarten … Die Ortschaft Radków, früher hieß sie Wünschelburg in Schlesien, liegt am Fuße des malerischen Heuscheuergebirges und zählt zu den ältesten Städten des Glatzer Landes, deren erstmalige Erwähnung als »civitas« bis auf das Jahr 1341 zurückdatiert werden kann. In Wünschelburg könnte die Wünschelrute erfunden worden sein, doch dafür gibt es keine Belege. (Genauso wenig wie für deren Wirksamkeit bei der Suche nach dem ↑Bernsteinzimmer.) Dass im Ort die Tuchmacher die erste Geige spielten, dafür gibt es schon Belege. Wünschelburger Tuche waren begehrt und wurden deshalb bis nach Italien exportiert. Noch begehrter war in späteren Jahren der Wünschelburger Sandstein. Er wurde europaweit mit Vorliebe bei der Errichtung repräsentativer Protzbauten eingesetzt. In Berlin zum Beispiel beim Bau des Reichstagsgebäudes (↑Preußen).

Doch Tuche hin und Sandstein her – wie Co-Autor Norbert Weiß feststellen musste –, der momentan wohl bekannteste Wünschelburger ist aus Fleisch und Blut und heißt Wolfgang Stumph, auch schon mal ↑»Stumpi« gerufen. Daselbst am 31. Januar 1946 geboren, verschlug es ihn erst später nach Sachsen.

Er war einer von tausenden tapferen DDR-Dampfkesselbauern, einer von vielen Ingenieurpädagogen des kleinen Landes, Frontmann des Dresdner Kabaretts »Die Herkuleskeule« und gab Ende der 1980er Jahre den Beutelgermanen in einer DDR-Fernsehshow. Der Kinokassenschlager »Go, Trabi, Go« katapultierte ihn gewissermaßen in die bundesdeutsche Gegenwart. Seither treibt er sich als in Ost und West recht erfolgreicher Film- und Fernsehmime bis weiter nördlich, in Hamburg und Berlin, herum. Mit »Salto postale« und »Salto kommunale« schaffte er den sächsischen Humor sogar ins Mainzer Fernsehen und war landauf, landab ein Verkünder des »Antrak auf STUMPHsinn«, ebenfalls mit Erfolg.

Die Medien meinen, und einige Umfragen bestätigen das, er sei der beliebteste Sachse der Gegenwart und nennen ihn auch gern »Prototyp des Sachsen« …

Nur, das soll hier der Ehrlichkeit halber – wenn auch nur ganz leise – angemerkt werden, ein sächsisches Urgestein, das ist Wolfgang Stumph nicht!

www.radkowklodzki.pl; www.landesmuseum-schlesien.de; www.wolfgang-stumph.de

Urwald

In Sachsen gibt es schon lange keinen Urwald mehr

Doch, es gibt einen. In der Nähe von Königsbrück im Westen der Oberlausitz, und zwar die Königsbrücker Heide. Sagen wir mal so: Eigentlich soll die Königsbrücker Heide erst wieder ein Urwald werden.

Bis zum 12. Jahrhundert war dort nichts anderes zu finden als Wald. Dann wurde die Parole »Herrschaft durch Rodung« ausgegeben und die Landschaft »urbar« gemacht, da war es um den Urwald geschehen (↑Altsachsen).

Es entstand eine Kulturlandschaft mit Feldern, Äckern, Weideflächen, Kirchorten, Herrensitzen und Mühlenstandorten, Dörfern und kleinen Städten – bis zu Beginn des vorigen Jahrhunderts das Militär mit brachialer Gewalt zuschlug. Zehn Dörfer mit ihren Bewohnern, Kiefernwald, Felder, Wiesen und Teiche mussten weichen, damit die Infanteristen ein freies Schussfeld vorfanden.

Als endlich Schluss war mit Kriegsspiel und zweifachem Kriegsernst, nahm die ↑Rote Armee 1945 den Truppenübungsplatz für sich in Anspruch, um modernes Kriegsgerät, das sie Verteidigungsgerät nannte, zu installieren und um Üben zu können, wie ein Kriegsernst Nummer drei verhindert werden kann.

Nachdem die GUS-Streitkräfte 1992 planmäßig das Weite gesucht hatten, konnte die große friedliche Zeit der Königsbrücker Heide beginnen, weil die Bundeswehr auf eine weitere Nutzung verzichtete. 4,1 Millionen Stück Kampfmittel, 30 000 Tonnen Schrott und Chlorgas wurden entsorgt. Trotzdem sind noch weit über neunzig Prozent des Geländes von dem alten Zeug »belastet«. Das Betreten des kampfmittelverseuchten Naturschutzgebietes ist deshalb polizeilich untersagt. Für den Urwald, der erst wieder einer werden will, das reinste Glück, von der genannten Belastung mal abgesehen.

Mit 6 932 Hektar ist die Königsbrücker Heide das größte zusammenhängende Naturschutzgebiet in Sachsen und nimmt deutschlandweit einen der vorderen Plätze ein. Die Naturfreunde haben Visionen: Tiere und Pflanzen sollen sich in der Naturentwicklungszone, einer Kernzone des Naturschutzgebietes, ohne direkte menschliche Störung entwickeln können und die Natur sich selbst regulieren. Erlen- und Eschenwälder entstehen in den Verlandungszonen der frei mäandernden Fließgewässer.

Der Tourismus, das ist besonders wichtig, soll, wenn die Heide wieder begehbar sein wird, ein äußerst sanfter werden. Seit 2004 gibt es schon den »Biberlehrpfad« und geführte Exkursionen. Ansonsten soll der Mensch im Walde eine Ausnahmeerscheinung bleiben, so wie im Urwald, wenigstens ungefähr.

www.königsbrücker-heide.de

Villa Augustin

Die Villa Augustin ist das Geburtshaus Erich Kästners

Das hätte sie ihrem Sohn Erich schon gegönnt, die Ida Kästner aus Döbeln, dass er in einer herrschaftlichen Villa das Licht der Welt erblickt. Zwar galt sie als resolut und lebenstüchtig, doch den sozialen Abstieg ihres Mannes Emil vom selbstständigen Sattlermeister, dessen Reitstiefel und Pferdepeitschen begehrt waren bei der Kundschaft, zum einfachen Lederarbeiter der Kofferfabrik Lippold, hat sie nie so recht verkraftet. Ihr Bruder, Franz Augustin, der hat es geschafft. Zum Pferdepeitschenflechten war er nicht geschickt genug. Für den Handel mit Pferden aber erwies er sich als außerordentlich talentiert. Vom Klein- zum Großhändler hatte ihn sein Weg geführt, vom Wohnkasten im Hechtviertel zur Villa mit Park, Remise, Treibhaus und Kutscherquartier in bester Wohnlage, Antonstraße 1.

»Hier bewies einer der Welt, dass man es auch in der Hechtstraße zum Millionär bringen kann! Das rechneten (die Leute) ihm hoch an. Sein Erfolg war ihr Märchen.«

Ida Kästner, geborene Augustin, bringt den Sohn (und das ist kein Märchen) am 23. Februar 1899 im Mietshaus Königsbrücker Straße 66 zur Welt, und sie wird alles dafür tun, ihm den »Wiederaufstieg« in die Mittelschicht zu ermöglichen. Klug soll er werden, fleißig, strebsam und gebildet. Volksschullehrer vielleicht.

Die ersten Jahrzehnte seines Lebens verbrachte Erich Kästner in den Mietshäusern 66, 48 und 38 der Königsbrücker Straße, die, ausgehend vom Kasernenviertel im Norden, zum noblen Albertplatz führt. Im Erinnerungsbuch »Als ich ein kleiner Junge war« fasst er diese Zeit so zusammen: »Geboren wurde ich in einer vierten Etage. In der 48 wohnten wir im dritten und in der 38 im zweiten Stock. Wir zogen tiefer, weil es mit uns bergauf ging. Wir näherten uns den Häusern mit den Vorgärten, ohne sie zu erreichen.« Die Villa von Onkel Augustin (hier befindet sich heute das viel besuchte Erich Kästner Museum) erlebte er nur als Gast: »Bei schönem Wetter kam ich schon nachmittags. Der Onkel saß in irgendeinem Schnellzug. Die Tante schrieb hinter ihrem Schreibtisch in der Hechtstraße Rechnungen und Quittungen. Dora, die Kusine, war bei einer Schulfreundin eingeladen. Und so gehörten Haus und Garten mir.«

Später, als junger Schriftsteller, als er den Roman »Fabian« und den Sensationserfolg seines Kinderbuches »Emil und die Detektive« gerade hinter sich hatte, erinnerte er sich, davon geträumt zu haben, dass ihm seine Heimatstadt dereinst einen Pavillon im Großen Garten überlässt. Daraus wurde nichts. Während seiner letzten Lebensjahre bewohnte er dann doch ein Haus in München-Bogenhausen, allerdings mit Vorgarten, die Villa Kästner so zu sagen. Auch nicht schlecht.

Erich Kästner. Als ich ein kleiner Junge war. Berlin und Weimar 1978; Norbert Weiß, Jens Wonneberger. Dresdner Dichterhäuser. Berlin 2002; Katrin Nitzschke (Hrsg.). Die großen Dresdner. Frankfurt am Main 1999

Voigt, Lene → Mundart

Webermütze

Sie ist ein berufstypisches Bekleidungsstück sächsischer Weber

Von den französischen und rheinischen Seidenwebern in alter Zeit weiß man, dass sie blaue Kittel trugen und sich (wenn sie ihre Waren zum Markt oder zum Verleger brachten) eine hohe seidene Mütze aufsetzten. Dass die Leineweber Gleiches taten, kann vermutet werden. Wenn also ein sächsischer Leineweber beim Weben eine Mütze trägt oder auf dem Weg zum Markt oder zum Verleger, dann kann diese mit Fug und Recht auch als Webermütze bezeichnet werden. Ob die sächsischen Weber und mehr noch Weberinnen bei der Arbeit in den meist heimischen Spinn- und Webstuben Mützen, Webermützen also, auf den Köpfen hatten, ist offenbar nicht ausreichend erforscht und dokumentiert, kann aber nicht vollends ausgeschlossen werden. Dennoch: Wesentlich berühmter als diese imaginäre seidene oder linnene Arbeits- beziehungsweise Marktgangskappe, deren ehemaliges Vorhandensein denkbar erscheint, ist die von Max Maria von Weber erfundene und nach ihm benannte »Webermütze«.

Max, der Sohn des sächsischen Nationalkomponisten Carl Maria von Weber, wurde 1822 in Dresden geboren und widmete sich trotz oder wegen des übermächtigen väterlichen Vorbilds, nicht den schönen Künsten, sondern der Technik. Dass er ein profundes Lebensbild seines Vaters verfasste, poetische Skizzen und Sonette zu schreiben verstand, steht auf einem anderen Blatt.

Er studierte in Dresden und Berlin, war Konstrukteur bei Borsig, fuhr als Lokomotivführer die Strecke Berlin–Jüterbog–Berlin und reparierte in den Werkstätten eigenhändig kaputte Schienenzugmaschinen. 1846 wurde dem 24-Jährigen die maschinentechnische Leitung der Chemnitzer-Riesaer-Eisenbahn und danach die Gesamtführung der Erzgebirgischen Eisenbahn anvertraut, bevor er es in Sachsen zum Eisenbahndirektor, in Österreich zum Hofrat, in Preußen zum Ministerialrat und Eisenbahningenieur brachte. Die meisten seiner wohldurchdachten technischen Neuerungen und Erfindungen dienten dem Arbeitsschutz und der Verkehrssicherheit. So entwickelte er den ersten deutschen Fahrtenschreiber, Geschwindigkeitsmesser für Lokomotiven, Schienenbiegemaschinen, die Bahnschranke und nicht zuletzt das Markenzeichen des Stationsvorstehers – die rote Mütze, vom traditionsbewussten Bahner nur die »Webermütze« genannt.

Als Max Weber 1881 in Berlin starb, hinterließ er außerdem eine »Studie zum Schienensuizid«, »Eisenbahnnovellen« und »Reisebriefe aus Nordamerika«, was heute nur noch wenigen bekannt sein dürfte. Die Mütze des Stationsvorstehers aber, kennt ja wohl jeder.

Dietmar Sehn. Künstler erfand die Mütze der Eisenbahner. In: Sächsische Zeitung vom 19.4.2007; wikipedia.org./wiki/Max_Maria_von_Weber

Wein

Das nördlichste Weinbaugebiet Deutschlands liegt im sächsischen Elbtal

Die Geschichte des sächsischen Weinbaus ist eine Geschichte voller Missverständnisse. Dieser Irrtum gehört inzwischen auch dazu. Die Bibel aller Weinseligen, der »Große Johnson« beispielsweise, die »Neue Enzyklopädie der Weine, Weinbaugebiete und Weinerzeuger der Welt« erwähnt in ihrer Ausgabe von 1993 den ostdeutschen Weinbau nur insofern, dass es »in der Kürze der Zeit nicht möglich« gewesen sei, eine Würdigung vorzunehmen. ↑Orneeschwerbleede! Der Münchner Leitfaden für Weineinsteiger aus dem Jahre 1999 differenziert bereits korrekt nach »Sachsen und Saale« und weiß, dass beide Gebiete östlicher liegen als Franken, und dass die Qualität ihres Rebensaftes die der Bocksbeutel noch nicht erreicht, aber man kann hoffen …

Da haben wir es schwarz auf weiß und müssen dennoch auf der Feststellung bestehen, dass es den Weinbau im Elbtal nicht erst seit dem Herbst 1989, sondern seit dem Mittelalter, präziser: spätestens seit der zweiten Hälfte des 12. Jahrhunderts, gibt. Bereits um 1250 stand in dem vom Kloster Alt-Zella aufgekauften Dorf Zadel der Weinbau »in voller Blüte«.

Gut 300 Hektar »Rebland«, vorwiegend um Meißen und Radebeul, werden heute vom Sächsischen Staatsweingut Schloss Wackerbarth, der Meißner Winzergenossenschaft, privaten Gütern sowie über tausend Klein- und Hobbywinzern bewirtschaftet. Rebsorten wie Müller-Thurgau, Weißer und Grauer Burgunder, Riesling und Traminer dominieren den Anbau und liefern einen »trockenen, markanten und beachtenswerten Wein«. Beliebte Weinorte sind Proschwitz, Seußlitz, Sörnewitz und Pillnitz.

Das nördlichste deutsche Anbaugebiet hatte Sachsen übrigens noch nie zu bieten. Dies blieb den Saale-Unstrut-Lagen in Sachsen-Anhalt unbenommen. Jedenfalls bis 2004. Seither gebührt dieser Rang dem »Stargarder Land« in Mecklenburg-Vorpommern, mit winzigen 0,2 Hektar Landfläche und Landweinimage. Auch vom Berliner Kreuzberg kommt jährlich eine überschaubare Mengen Flaschen aus selbstgezogenen Reben in Umlauf.

Das Elbtal aber ist noch nicht mal das östlichste deutsche Weinanbaugebiet. Denn wesentlich weiter ostwärts als das Elbtal mit seinen Radebeuler, Meißner und Pillnitzer Weinen befindet sich Ostritz/Neiße am Südhang des Zisterzienserinnenklosters St. Marienthal. Dort gibt es eine seit 1986 von acht Winzerfamilien und Winzerfamilienfreunden terrassierte, gehegte und gepflegte Anbaufläche. 1 000 Rebstöcke tragen hier Müller-Thurgau- und Goldriesling-Trauben und neuerdings die »pilztoleranten Züchtungen ›Saphira‹ und ›Sirius‹«. Von den 800 produzierten Litern Wein pro Jahr bekommt jede Familie 25 Liter, und jeweils im Oktober feiert das Kloster ein Winzerfest.

Weine, wohin man schaut – vielleicht wird aus den ↑Kaffeesachsen und ↑Radebergern noch eine echte Weintrinkernation – nur die nördlichste wird Sachsen nicht mehr werden können.

Der große Johnson. Die neue Enzyklopädie der Weine, Weinbaugebiete und Weinerzeuger der Welt. Bern 1993; 50 Jahre VdgB Sächsische Winzergenossenschafr Meißen. 800 Jahre Weinbau im Elbtal (o. O., o. J.); www. Schoettker-lemgo.de/deutsche_weine_sachsen.php

Wettiner

Die Wettiner sind ein sächsisches Herrschergeschlecht

Es gibt wohl in jeder Familiengeschichte einen dunklen Fleck, über den man nicht so gerne spricht. Im Falle der Wettiner ist das sicherlich die Tatsache, dass sie eigentlich gar nicht aus dem Land stammen, über das sie mehr als 800 Jahre lang herrschten. Ihre Stammburg Wettin liegt nämlich an der Saale, nördlich von Halle, und damit eindeutig in ↑Sachsen-Anhalt. Sie war ursprünglich Zentrum einer eigenständigen Grafschaft, die gegen Ende des 13. Jahrhunderts vom Fürstbistum Magdeburg aufgekauft wurde. Allerdings stammten die Herrscher Sachsens aus einer wettinischen Nebenlinie, die gar nicht auf der Stammburg residierte: So war es kein Graf von Wettin, der 1089 zum Markgrafen von Meißen (und damit zum späteren Kurfürsten von Sachsen) aufstieg, sondern ein Graf von Eilenburg. Und Eilenburg, gut zwanzig Kilometer nordöstlich von Leipzig gelegen, gehört denn auch bis heute zu Sachsen. Insofern ist genealogisch alles doch wieder irgendwie in Ordnung. Ohnehin nimmt man in Sachsen solche Kleinigkeiten nicht allzu wichtig, zumal wir alle ja irgendwann irgendwie zugewandert sind (↑Altsachsen; ↑Niedersachsen; ↑Urgestein).

Das traditionell herzliche Verhältnis der Sachsen zu ihren Herrschern ist in letzter Zeit aus ganz anderen Gründen abgekühlt. Es geht ums Geld, wie könnte es anders sein. Der ↑Freistaat Sachsen hatte nach der Revolution von 1918 das Herrscherhaus kurzerhand enteignet und den »Geenich« ins Exil geschickt (↑Anekdotenkönig). Allerdings plagte die Regierung später das schlechte Gewissen und so wurde dem Ex-Monarchen (↑Monarchie) im Jahr 1924 nachträglich eine recht üppige Abfindung in Form von Kunstgegenständen und Immobilien gewährt, darunter das prächtige Jagdschloss Moritzburg. Ähnliche Abfindungen zahlten auch andere Länder an ihre abgesetzten Monarchen, etwa an die preußischen Hohenzollern oder an die bayerischen Wittelsbacher. Angesichts der damaligen Massenarbeitslosigkeit und der Armut, die in vielen Arbeiter- und Rentnerhaushalten herrschte, fand dieser Schritt allerdings nicht überall Zustimmung. Auch in Sachsen gab es Proteste unter dem griffigen Motto »Keinen Pfennig für die Fürsten«. KPD-Chef Ernst Thälmann fasste den Unmut mustergültig zusammen: »Die Landesregierungen sind den unverschämten Forderungen der Fürstenhäuser gegenüber von unerhörter Nachgiebigkeit. Sie schließen entweder Abfindungsverträge, die den Raub am Volkseigentum freiwillig sanktionieren, oder sie überlassen die Regelung der Abfindungsfrage den ordentlichen Gerichten, die, entsprechend den Sitten der deutschen Klassenjustiz, jeden Wunsch der entthronten Fürsten bereitwilligst erfüllen.«

Nach 1945 holten die Kommunisten das Versäumte gründlich nach und enteigneten die Erben des letzten Sachsenkönigs noch einmal, diesmal allerdings entschädigungslos. Aber wie es manchmal so kommt, wenn man sich juristisch nicht nach allen Seiten absichert, nach dem Ausgleichsleistungsgesetz von 1994 hatten die Wettiner plötzlich einen Anspruch auf Rückgabe ihrer beweglichen Güter. Und den nahmen sie auch wahr: Ende der 1990er Jahre erhielten sie vom Freistaat knapp 6 000 enteignete Kunstgegenstände zurück und kassierten zusätzlich Geld und Immobilien im Wert von knapp elf Millionen Euro für jene Objekte, die in den sächsischen Museen verbleiben durften. Was hätte wohl Ernst Thälmann dazu gesagt?

Aber die amtierende Königserben brachten es fertig, nicht nur Politiker aus dem linken politischen Lager gegen sich aufzubringen, sondern auch Liberale und Konservative. Ende 2006 überreichten ihre Anwälte nämlich eine Liste mit 1800 Stücken aus der Dresdner Porzellansammlung und forderten auch deren Rückgabe. Weil die Museumsmitarbeiter jetzt erst einmal damit beschäftigt waren zu prüfen, ob die aufgelisteten Objekte tatsächlich aus Familienbesitz der Wettiner stammen, musste die Porzellansammlung Anfang 2007 sogar vorübergehend geschlossen werden. Als einige Zeit später auch noch eine Wunschliste mit 139 Bildern aus der Gemäldegalerie Alte Meister auftauchte, erklärte der Generaldirektor der Kunstsammlungen sarkastisch: »Wir können gern alle Museen schließen, um für die Wettiner Provenienzforschung zu betreiben.«

Also, liebe Sachsen-Anhaltiner, wenn das so weiter geht, könnt ihr sicher sein, dass die Burg Wettin auch bald zurückgefordert wird. Unsere Schuld ist das nicht. Hättet ihr uns damals halt nicht so eine Familie ins Land geschickt...

Frank-Lothar Kroll (Hg.). Die Herrscher Sachsens. München 2004; Gerlinde Schlenker, Artur Schellbach, Wolfram Junghans. Auf den Spuren der Wettiner in Sachsen-Anhalt. 2. Aufl. Halle an der Saale 1999; Adel verpflichtet – wozu eigentlich? (www.mdr.de/mdr-figaro/journal/4313877.html); Jörg Schurig. Dresden sträubt sich. In: Der Tagesspiegel vom 21.3.2007. Ernst Thälmann. Reden und Aufsätze zur Geschichte der deutschen Arbeiterbewegung. Bd. 1. Berlin 1956

Wettiner Schatz

Der Schatz der Wettiner wurde auf der Elbinsel vor Pillnitz vergraben

Dieses Gerücht machte in den fünfziger und sechziger Jahren des 20. Jahrhunderts im Dresdner Umland die Runde. Man wusste ja, die sächsische Königsfamilie war 1945 mit eher leichtem Gepäck gen Westen geflohen. Was die Russen ausfindig gemacht hatten, blieb Staatsgeheimnis. Sicher war, Schätze werden im Wasser versenkt – im Genfersee, im Silbersee oder im Rhein – und auf Inseln verbuddelt, weshalb diese auch Schatzinseln genannt werden. Dass das winzige Elbeiland definitiv nicht zu den Schatzinseln gezählt werden darf, diese Gewissheit erhielten am 2. Oktober 1996 zwei Hobbyschatzgräber aus Dresden. Wenige Tage später erfuhr es die ganze Welt.

Der Postfahrer Hanno Vollsack begab sich an jenem Oktobertag, ausgerüstet mit einem amerikanischen Metalldetektor, in den Wäldern um Moritzburg auf die Suche. Das hatten schon einige vor ihm getan. Doch Vollsack folgte präzise jener Beschreibung des Wettinischen Forstmeisters, die er dem Buch »Das Silber der ↑Wettiner« entnommen hatte – und er wurde fündig.

Als das Ende des Zweiten Weltkrieges nahte, hatte Prinz Ernst Heinrich von Sachsen mit seinen Söhnen im Moritzburger Waldgebiet (also keineswegs gegenüber dem Pillnitzer Palais) insgesamt vierzig Kisten mit Porzellan und Tafelsilber vergraben. Nur die Familienmitglieder und der Forstmeister Gotthold Mandel wussten von der Vergrabungsstelle. Nach dem Krieg vom NKWD unter Druck gesetzt, führte Mandel 1947 einen russischen Suchtrupp in den alten Moritzburger Tierpark. In seinen Erinnerungen hielt er fest: »Von dem, was die Russen aus der Erde herausschleppten, war ich erschüttert. Kostbares Porzellan und die einzelnen Teile des goldenen Tafelservices ↑August des Starken wurden an die Stelle gebracht, wo der Oberstleutnant (Prokopjuk) stand ...«

Die Grabenden in den Uniformen der ↑Roten Armee ahnten nicht, dass sie keineswegs den ganzen Schatz der sächsischen Herrscherfamilie an das Tageslicht gebracht hatten. Dies bestätigte erst Hanno Vollsacks Fund beinahe fünfzig Jahre später. Mit seiner Lebensgefährtin Claudia Marschner barg er die Wertgegenstände (über hundert Einzelstücke) und stellte sie zunächst in der eigenen Wohnung auf, informierte später jedoch den Direktor des Grünen Gewölbes, Dr. Dirk Syndram. Eine Bestandsaufnahme erbrachte schließlich, dass man Silberbestecke, Tafelgerät, Tabatieren, Schalen, Kannen sowie kulturgeschichtlich bedeutsame Kunstwerke gefunden hatte, darunter ein bizarres, der Klaue eines Greifen nachgestaltetes Trinkgefäß aus dem späten 16. Jahrhundert und der legendäre Pokal in Form eines Mohrenkopfes, den Christoph Jamnitzer in Nürnberg Anfang des 17. Jahrhunderts schuf. Eine Sonderausstellung präsentierte 1997 den gut elf Millionen Euro »schweren« Schatz im Georgenbau des Dresdner Schlosses der Öffentlichkeit. Der sagenumwobene Wettiner Schatz war also wirklich vergraben, aber nicht auf jener Elbinsel.

Georg Kretschmann, Dirk Syndram. Der Schatz der Wettiner. Der Sensationsfund in Sachsen. Leipzig 1997

Winterberg

Der Große Winterberg ist die höchste Erhebung der Sächsischen Schweiz

Die Schweizer Maler Adrian Zingg und Anton Graf sollen im 18. Jahrhundert beim Durchstreifen des »Meißnischen Oberlandes« in romantischer Verklärung und wehmütiger Erinnerung an die heimatliche Landschaft auf die Idee verfallen sein, den bizarren Gebirgszug zu beiden Seiten der Elbe »Sächsische Schweiz« zu taufen – eine Bezeichnung, die Furore machen sollte und zwar nicht nur für des Elbsandsteingebirges sächsischen Teil. Mittlerweile gibt es bereits 67 »Schweizen« in deutschen Landen, darunter die Bergische-, Märkische, Ruppiner- und Wolkensteiner Schweiz. Mit der »unsrigen« können sie sich, genauso wenig messen, wie die »unsrige« mit der richtigen. Das versteht sich von selbst.

Über 12 000 verschiedene Aufstiegsmöglichkeiten – im sportlichen Sinne – bieten die Elbkletterfelsen den Bergsteigern, vom Anfänger bis zum Extremkraxler. Doch bitte schön, gestiegen wird nach Vorschrift und zwar nach den 1913 aufgestellten »Sächsischen Kletterregeln«. Nix mit Hilfsmitteln wie »Magnesia, Klemmkeile oder Friends. Seile und Sicherungspunkte (Ringe) zur

Sicherung sind in Ordnung, zur Fortbewegung dürfen sie nicht verwendet werden.

Seit 1956 ist die Sächsische Schweiz Landschaftsschutzgebiet und seit 1990 Nationalpark. Von zweieinhalb Millionen naturbegeisterten Gästen wird sie alljährlich »heimgesucht«. Natürlich wollen und müssen nicht alle auf die Bergeshöh'n. Elbdampferfahrten haben genauso ihren Reiz wie der Besuch des Lichtenhainer Wasserfalls oder des Amselsees.

Wer aber am höchsten hinaus will und sich den Großen Winterberg zum Objekt seiner Kletterbegierde erkoren hat, ist auf der falschen Spur. Der 552 Meter aufragende mit Buchen bewachsene Basaltkegel ist zwar der Topgipfel auf rechtselbischem Gebiet, lockt mit einer Bergwirtschaft und ist nicht besonders schwer zu erklimmen. Links des Stromes aber »ruft« der Große Zschirnstein – mit 562 Metern wirklich die höchste Erhebung der Sächsischen Schweiz. Der Aufstieg dürfte trotz der nur zehn Meter Unterschied um einiges mehr Mühe bereiten, und statt Buchen sind Birken zu entdecken. Zum Ausgleich dafür gibt es keine Gastronomie, sondern nur eine Schutzhütte – aber bei klarer Luft eine Sicht, die »vom Isergebirge bis zu den Türmen der Albrechtsburg in Meißen« reicht.

Die Steinbrüche der Sächsischen Schweiz lieferten übrigens den Sandstein für den Dresdner Zwinger, für den Wiederaufbau der ↑Frauenkirche wie auch für das Schloss Christiansborg in Kopenhagen. Einst gab es 290 »Elbsandsteinbrüche«. Heute sind es nur noch sieben.

Weil der Sachse seine Berge sicher hat, nicht nur die ganz hohen, liebt er das Meer und die ↑Seefahrer, da soll er den Schweizern ähnlich sein.

Dieter Krell. Sächsische Schweiz. Bielefeld 2001; Frank Richter. Wanderungen im Elbsandsteingebirge. München 1991; Sachsen Magazin. Dresden 2007

Wismut

In der AG Wismut wurde Wismut abgebaut

Das Erzgebirge trägt nicht umsonst diesen Namen. Bismut oder Wismut allerdings war es nicht, was die Begehrlichkeiten bei den Alliierten nach dem Zweiten Weltkrieg weckte. »Wenn ich mir vorstelle, wie anders die Geschichte der Republik verlaufen wäre, hätten die Amerikaner gewusst, was da unter dem Boden von Schwarzenberg lagerte!« – heißt es im Roman ↑»Schwarzenberg« von Stefan Heym. »Dabei hätten sie es wissen können, denn waren die Bergleute, die in früheren Zeiten in dieser Gegend nach Silber und Zinn gruben, nicht immer wieder auf Pechblende gestoßen und waren die radioaktiven Quellen im Umkreis nicht ein bedenkenswerter Hinweis?« – lässt Heym einen seiner Romanhelden grübeln. Doch die Amerikaner blieben im Sommer 1945 nicht in der Gegend, sie zogen aus dem Erzgebirge ab und überließen den Russen das Feld. Die wussten durchaus besser Bescheid und kamen in der vagen Hoffnung, wenigstens einige Tonnen Uranerz finden zu können. Bis 1991 sollten es dann über 22 000 Tonnen gewesen sein, die gefunden, gefördert und aus der DDR in die Sowjetunion geliefert wurden.

Die auf höchsten Befehl des Generalissimus Josef W. Stalin in der Sowjetischen Besatzungszone agierende Erzerkundungsexpedition des russischen Geheimdienstes NKWD war fündig geworden. Der »Rohstoff 19«, wie das für den Bau der Atombombe so bitter benötigte Uranerz verschlüsselt in den Dokumenten genannt wurde, konnte in der Umgebung von Johanngeorgenstadt, Schneeberg und anderen sächsischen Ortschaften nachgewiesen werden. Daraufhin erließ der Ministerrat der UdSSR am 4. April 1946 die Verordnung Nr. 740–294 »zum Abbau von Uranerz in Sachsen unter Leitung des NKWD«. Da die Uranförderung unter allen Umständen geheim gehalten werden sollte, gab man vor, Wismut und Kobalt gewinnen zu wollen.

Im Mai 1947 wurde die Wismut AG zunächst als sowjetische, dann als Deutsch-Sowjetische Aktiengesellschaft, die SDAG, gegründet, deren Hauptsitz sich in Moskau und eine Zweigniederlassung in Aue, später in Siegmar-Schönau bei Karl-Marx-Stadt befanden.

Rasch entwickelte sich die Wismut zum bedeutendsten Reparationszahler der sowjetischen Besatzungszone und später der DDR. Gemessen am Aufwand beim Abbau sowie am immensen Einsatz menschlicher Arbeitskräfte, muss man die Wismut AG sogar als größten Reparationsbetrieb des 20. Jahrhunderts bezeichnen.

Ein großer Teil der dringend benötigten Arbeitskräfte wurde zunächst zwangsrekrutiert, was 1947/48 zu einer Massenflucht von Zwangsverpflichteten in die westlichen Besatzungszonen führte. Dafür wurde verstärkt unter den aus den ehemaligen deutschen Ostgebieten vertriebenen Deutschen für eine Tätigkeit im Uranbergbau geworben. Immerhin wurden »beste Verpflegungs- und Entlohnungsbedingungen mit zusätzlichen Verpflegungssätzen, Textilbelieferungen, Deputaten an Rauchwaren und Spirituosen« in Aussicht gestellt. Von 1946 bis 1953 stieg die Zahl der Beschäftigten der Wismut von 2 257 auf 100 998 an.

Nach der Wiedervereinigung Deutschlands wurde die SDAG Wismut aufgelöst. Fünfzehn Jahre, glaubte man damals, würde die Sanierung der Altlasten und die Beseitigung der Umweltschäden dauern und mehr als sechs Milliarden Euro kosten. Aus heutiger Sicht eine eher optimistische Schätzung. Was es kostet, die mit dem abgebauten Uran gebauten Atomwaffen zu beseitigen, noch nicht einmal mitgedacht. Das sind die unsäglichen Hinterlassenschaften des 20. Jahrhunderts – der Wahnsinn hat Methode.

Rainer Kartsch, Zbynek Zeman. Urangeheimnisse. Das Erzgebirge im Brennpunkt der Weltpolitik 1933–1960. Berlin 2002; Stefan Heym. Schwarzenberg. München 1998

Xaver

Sachsens Geschichte weist eine herausragende Persönlichkeit dieses Namens auf

X ist ein faszinierender Buchstabe und so ist wohl verständlich, dass eine alphabetische Sammlung von Irrtümern sich auch um ihn bemüht. Nun gab es in der Geschichte auch einen Herzog von Sachsen, der Xaver hieß. Das ist wunderbar für die lexikalische Erfassung. Doch längst nicht überall, wo Sachsen draufsteht, ist auch Sachsen drin (siehe auch ↑Saxophon oder ↑Urgestein).

Xaver, Herzog zu Sachsen, lebte von 1730 bis 1806, und er starb in Dresden. Bekannt wurde er eigentlich nur dadurch, dass er nach dem Siebenjährigen Krieg die sächsische Armee auf Biegen und Brechen derart auf Vordermann bringen wollte, dass das Staatssäckel ein Loch nach dem anderen bekam. Na gut, da gab es auch nach ihm noch so manchen Sachsen, der es ihm gleichtat. Als die Löchrigkeit der Staatsfinanzen damals jedoch vor Volk und König nicht länger geheim zu halten war, zog Xaver es vor, in den vorzeitigen Ruhestand einzutreten, und lebte mit einer jährlichen Diät von 76 000 Talern Ruhegeld als Graf von der Lausitz meist in Paris. Als herausragende Persönlichkeit hat er sich für Sachsens Geschichte zwar nicht erwiesen, aber es soll auch heute sächsische Staatsdiener geben, denen er immerhin ein Vorbild ist. Es muss ja nicht unbedingt Paris sein.

Walter Fellmann. Sachsen Lexikon. München und Berlin 2000; Wolfgang Eckert. Sachsen heiter betrachtet. München 1992

Yenidze

Name einer Moschee in der Dresdner Innenstadt

Die in der Dresdner Friedrichstadt, nahe der Marienbrücke und dem Eisenbahngelände, hoch aufragende, Yenidze genannte »Moschee« ist ein profanes Fabrikgebäude. Dem pompösen Grabmal des Mamelucken Khai Bak in Kairo nachempfunden, von Jugendstilelementen durchsetzt, mit als Minarette »verkleideten« Schornsteinen und Entlüftungsschächten, und mit der riesigen Glaskuppel und ihren 600 vielfarbig gestalteten Fenstern rief das Gebäude gleich nach seiner Errichtung 1909 innerhalb der vom Barock geprägten Silhouette Dresdens einen befremdlichen Eindruck hervor. Der erzkonservative sächsische Berufsverband reagierte ebenfalls befremdlich und schloss den verantwortlichen Architekten Martin Hammitzsch aus seinen Reihen aus.

Das ungewöhnliche Bauwerk ist keiner eingewanderten islamischen Gemeinde zu verdanken, sondern dem Zigarettenfabrikanten Hugo Zietz, der nach einer ausgedehnten Orientreise auf die Idee verfallen war, in Dresden eine Fabrik bauen zu lassen, die äußerlich einer Moschee gleicht. Später entpuppte sich die Idee als gut funktionierender Werbetrick.

Yenidze (Giannitsa), die von Osmanen gegründete griechische Kleinstadt im mazedonischen Tabakanbaugebiet, lieh dem Gebäude ihren an orientalische Märchen erinnernden Namen.

1907 bis 1909 entstanden, diente die Yenidze – übrigens der erste in Stahlskelettbauweise errichtete Industriekomplex in Deutschland – bis 1953 als Zigarettenfabrik. Die bekannteste hier hergestellte Marke »Salem« erlangte im Laufe der Jahre Kultstatus. Sie wurde in teilweise exklusiven Varianten, zum Beispiel Gold, Auslese, Lucullus oder No. 6, angeboten und zu DDR-Zeiten dann etwas schlichter »Salem gelb« und »Salem rot« getauft.

Ab 1953 als Tabakkontor genutzt, drohte zwischen 1958 und 1965 dem exotischen Bau die Abrissbirne. Mit dem Bauvorhaben eines Dresdner Pressezentrums, dem Haus der Presse, sollte die Yenidze verschwinden oder ihren Stil so verändern, dass ein »harmonischer Anschluss an den Pressekomplex« erreicht würde. Die Presse war eben auch in der DDR etwas Besonderes. Da aber zum Glück für Abriss oder Umbau nicht genügend Geld zur Verfügung stand, erhielt stattdessen die Kuppel eine Neuverglasung. Allerdings verbot die Deutsche Reichsbahn – das Gebäude befindet sich in unmittelbarer Nähe von Gleisanlagen – die Verwendung rot und grün gefärbter Gläser, die – so die Angst der Bahn – »zu Verwechslungen im Signalsystem« hätten führen können.

Nach umfassender Sanierung dient die Yenidze seit 1996 als Bürogebäude, als Ort für märchenhafte Lesungen und Spektakel, beherbergt Diskothek und Restaurant. Die Glaskuppel wurde, nunmehr wieder ganz ohne sicherheitstechnische Bedenken, farbig – rot und grün! – rekonstruiert. Interventionen der Reichsbahnnachfolgerin Deutsche Bahn hat es wohl nicht gegeben. Aber die Bundesregierung unter Helmut Kohl wurde zwei Jahre später durch Rot-Grün abgelöst …

Gruppe Meier. Orient-tierung. Yenidze. Die Kuppel. Dresden 1988; www.wtbc.de/yenidze.htm; www.dresden-und-sachsen.de

Zahnpasta

Die Zahnpasta wurde 1907 in Sachsen erfunden

Wie sich bei näherer Betrachtung herausstellt, ist das leider ein Irrtum, nur die die schöne Chlorodont-Frau (↑schöne Mädchen) ist eine Sächsin. Für den Irrtum gewissermaßen »verantwortlich« ist Ottomar Heinsius von Mayenburg aus Schönheide im Erzgebirge. Er hatte Pharmazie und Botanik in Dresden studiert und in Leipzig promoviert. Im Jahre 1901 übernahm er die florierende

Löwenapotheke am Dresdner Altmarkt, wo er nach Ladenschluss in seinem Laboratorium unterm Dach mit Naturkalkstein, ätherischen Ölen und sauerstoffhaltigen Salzen experimentierte. 1907 schließlich hatte er Erfolg und eine Verbindung des bereits handelsüblichen Zahnreinigungspulvers mit Mundwasser zu einer neuartigen Zahncreme herausgefunden. Diese füllte er fortan in Metalltuben, und »Chlorodont« trat den Siegeszug um die ganze Welt an. 1911 erhielt Mayenburg für seine segensreiche Schöpfung eine Goldmedaille der 1. Internationalen Hygiene-Ausstellung in Dresden. 1917 begründete er in seiner Heimatstadt die Leo-Werke, die bald schon über zwanzig Filialen in Deutschland, Europa und Amerika mit mehr als tausend Beschäftigten verfügten. Das Unternehmen produzierte außer der berühmten Zahnpasta Leo-Creme, Leo-Seife und diverse pharmazeutische Artikel.

Mayenburg, der als Werbegenie galt, pries seine blau-grün-weiß gestylten Erzeugnisse überaus erfolgreich in Autobussen, Straßenbahnen, Zügen, Hoch- und Untergrundbahnen an. Nachgerade unsterblich wurde die millionenfach plakatierte »Chlorodontfrau« – »eine feine Dame mit roter Kappe und ihrem in Pelz gehüllten langen Hals«.

Als Erfinder der Zahnpasta gilt Heinsius von Mayenburg allerdings nur in Deutschland. Bereits 1892 brachte nämlich der Chemiker Dr. Sheffield seine Creme Dentifrice auf den amerikanischen Markt. Seinem Landsmann Ernest Crest, der Bildhauer war und als Erfinder des Shampoos und der Erdnussbutter – wie sinnig – gilt, wird ebenfalls die Erfindung einer Zahnpasta zugeschrieben. Er soll bei dem Versuch, einen neuartigen Leim zu mixen, auf Zahnpasta »gestoßen« sein. In ↑Amerika ist ja vieles möglich, in Sachsen muss man sich seine Erfindungen hart erarbeiten.

Rita Müller. Ottomar Heinsius von Mayenburg. In: Der Kaffeesatz im Löschpapier. Sächsische Industrie-Geschichte Chemnitz 2006

Zeppelin

Graf Zeppelin hat das lenkbare Luftschiff erfunden

Als Ferdinand Graf Zeppelin am 2. Juli 1900 das nach ihm benannte Luftgefährt startete, war der tatsächliche Erfinder des lenkbaren Luftschiffs, Ernst Georg August Baumgarten aus Johanngeorgenstadt im Westerzgebirge, längst tot und vergessen. Als königlich-sächsischer Oberförster und »Freizeit-Aeronaut« in Pleißa und Grüna (heute eine Stadtteil von Chemnitz) entwickelte er bereits 1871 das erste Modell eines lenkbaren Ballons, ein mit Leinwand bespanntes meterlanges Holzgestell in Zigarrenform, vollgestopft mit prallen Kinderluftballons. Der Aufstieg im Garten des Forsthauses allerdings misslang gründlich, »da die Last im Verhältnis zum Auftrieb zu groß war«. Erst das fünfte von Baumgarten ausgeklügelte Luftschiff, eiförmig nun und ca. zwanzig Meter lang, schaffte es 1879, vom Boden abzuheben. Das »Chemnitzer Tageblatt« vermeldete begeistert: »Grüna, 1. August. Gestern machte Herr Oberförster Baumgarten von hier mit seinem selbsterfundenen Flügelluftschiff die ersten Versuche, welche wohl gelungen sind. Das Schiff wurde präzis nach jeder gewünschten Richtung hin getrieben.«

Dieses Schiff, »ein aus vier Teilen zusammengesetzter Ballon mit starken Längs- und Breitstreifen aus Kautschuk, an den Spitzen mit Lederhauben versehen«, stieg immerhin gelenkt auf eine Höhe von 20 bis 25 Metern.

Im Herbst desselben Jahres glückte Baumgarten dann der erste bemannte Versuch, bei dem unter Einsatz einer »dreiflügligen Schiffsschraube die Auf- und Abwärtsbewegung des Vehicels mit grösster Präcision vor sich ging«. Mit finanzieller Unterstützung des Leipziger Buchhändlers Wölfert wurde nur wenige Monate später in Dresden das Luftschiff »Weißer Adler« gebaut, »ein Ballon mit einer Länge von 26 Metern, mit 3 Gondeln und durch eine Handkurbel angetriebenen Flügelschrauben«.

Doch die übergeordnete königlich-sächsische Forstbehörde untersagte dem »fliegenden Förster« 1881 alle weiteren »unsinnigen Experimente« und entließ ein Jahr darauf den heimlich Forschenden aus dem Amt.

Wegen des »vorherrschenden Wahns, ein großer Erfinder zu sein« und das Problem der Luftschifffahrt gelöst zu haben 1883 für geisteskrank erklärt, musste Baumgarten erleben, wie seine verarmte Familie, Frau und acht Kinder, unter Vormundschaft gestellt wurde. Im Alter von 47 Jahren starb er am 23. Juni 1884 in der Landesanstalt Colditz an Tuberkulose.

C. Laske, H. Teichmann, F. Kramer. Ernst Georg Baumgarten – ein sächsischer Flugpionier. Grüna 1987; luftschiffseiten.de/TextseiteGeschichteBaumgartenWoelfert.htm; www.zeppelin-nt.de/pages/D/luftsch_u_gesch.htm

ZSCHOPAU

Zschopau ist die Heimat von Plaste und Elaste

Es soll tatsächlich Leute geben, die so einen Unsinn glauben. Ignorante Westberliner wahrscheinlich, die sich beim Transit durch die DDR von einer jener Werbetafeln beeindrucken ließen, die für die Segnungen der sozialistischen Wirtschaft warben, in diesem Fall für die Produkte des VEB Chemische Werke Buna: »Plaste und Elaste aus Schkopau«.

Schkopau, wohlgemerkt! In Sachsen-Anhalt, damals Bezirk Halle. Aber der feine Unterschied zwischen den sächsischen Zischlauten »zsch« und »schk« erschließt sich natürlich dem abgestumpften Gehör eines ↑Preußen nicht so leicht. Es fehlt dafür einfach jedes Sprachgefühl! Wa?

Im sächsischen Zschopau wurden jedenfalls niemals irgendwelche Plasteprodukte hergestellt. Stattdessen ist die Stadt weltweit bekannt für Motorräder, die hier schon zu Beginn des 20. Jahrhunderts vom Band liefen. Ein dänischer Ingenieur war es, der 1907 in einer ehemaligen Zschopauer Tuchfabrik zunächst mit der Produktion von Haushaltsgeräten und KfZ-Zubehör begann. Aus dem vergeblichen Versuch, ein dampfbetriebenes Automobil (↑Auto) zu konstruieren, entstand der Markenname DKW (für Dampfkraftwagen), der sich später als sehr variabel im Einsatz erwies: Als im Jahr 1919 ein neuartiger Zweitakt-Spielzeugmotor vorgestellt werden konnte, stand DKW plötzlich für »Des Knaben Wunsch«, und als daraus später ein Fahrrad-Hilfsmotor entstand, hieß es »Das kleine Wunder«. Angesichts der neuen Produktpalette firmierte die Zschopauer Maschinenfabrik J. S. Rasmussen bald als Zschopauer Motorenwerke J. S. Rasmussen.

Nicht nur Rasmussens Zweitakter brummten, sondern bald auch das Geschäft. Nach wenigen Jahren wurden statt motorisierter Fahrräder bereits richtige Motorräder produziert, und das sehr erfolgreich. 1924 verließ das fünfzigtausendste Zweirad der Marke DKW die Werkshallen, und die Zschopauer Maschinen fuhren Siege bei allen großen Rennen dieser Zeit ein. 1928 übernahm das Unternehmen die Audi-Werke AG Zwickau und wurde so auch zu einem der größten deutschen Automobilhersteller (↑Auto). DKW und Audi fusionierten übrigens 1932 mit der Zwickauer August Horch AG und der Automobilsparte der Wanderer-Werke AG aus Siegmar bei Chemnitz zur Auto Union AG, die bis 1945 der führende deutsche Automobilhersteller bleiben sollte.

Wegen der nationalsozialistischen Plan- und Kriegswirtschaft musste trotz des großen Erfolges der DKW-Motorräder die Produktion gedrosselt werden: Neben »wehrmachtstauglichen« Motorrädern des Typs NZ 350 wurden in Zschopau jetzt auch verstärkt Flugzeugmotoren produziert. Die deutschen Flieger kamen allerdings im Zweiten Weltkrieg nicht sehr weit und konnten dementsprechend die totale Niederlage nicht verhindern. Es wäre ungerecht, den Zschopauer Motoren deswegen einen Vorwurf zu machen. Sie waren am Desaster völlig unschuldig, was leider auch die sowjetische Besatzungsmacht erkannte und daraufhin alle Fertigungsanlagen demontieren und mit einem Teil der Ingenieure in die Sowjetunion bringen ließ. Bereits 1946 lief die Produktion in Zschopau dennoch wieder an, seit 1952 unter dem Namen VEB Motorradwerk Zschopau. Die Abkürzung MZ wurde in der Folge zum weltweiten Gütesiegel für hervorragende Motorräder: Die sächsischen Maschinen siegten nicht nur im 1954 etablierten Rennen »Rund um Zschopau«, sondern auch 1958 erstmals bei einer Weltmeisterschaft. Fast die Hälfte der Zschopauer Motorräder wurde ins Ausland exportiert. Zu den Abnehmern gehörten seit 1968 auch die BRD (mittels einer Kooperation mit dem Versandhaus Neckermann) und seit 1974 sogar die USA (↑Amerika).

Die Wiedervereinigung drohte der Zschopauer Erfolgsgeschichte ein abruptes Ende zu bereiten. Aus dem volkseigenen Motorradwerk, das mit der Währungsumstellung und dem Wegbrechen der osteuropäischen Märkte zu kämpfen hatte, wurde eine geschrumpfte MZ GmbH, aus der 1992 die Motorrad- und Zweiradwerke GmbH entstand. Die ging bald in Konkurs und wurde 1996 vom malaiischen Konzern Hong Leong übernommen, der die Motorradproduktion wieder auf gesunde Räder stellte und – nach einigen Querelen – seit 1999 auch wieder die Rechte an der Marke MZ besitzt.

Zschopau ist also heute noch, was es immer war: Die Heimat ausgezeichneter Motorräder. Dass die Arbeiter im VEB Motorradwerk Zschopau ihren Frühstückskaffee seinerzeit aus Schkopauer Plastebechern getrunken haben, ist freilich nicht auszuschließen.

Reiner Groß. Geschichte Sachsens. Leipzig 2004; Friedrich Christian Delius, Peter Joachim Lapp. Transit Westberlin. Berlin 2000; www.muz.de

Zwinger

Der Zwinger war ein Gefängnis in der sächsischen Residenz

Man mag manches, was die sächsischen Fürsten in ihrer Residenz trieben, als verbrecherisch bezeichnen, dass sie in einem Gefängnis gelebt oder sich mit straffällig gewordenen Untertanen umgeben hätten, ist aber doch zu unwahrscheinlich. Der Zwinger hat und hatte mit einem Zwinghof, einem von allen Seiten eingeschlossenen Hof, der gewöhnlich als Gefängnis verwendet wird, oder der Zwingburg, in die man Aufrührer sperrt, absolut nichts gemein. Im weitesten Sinne diente der Zwinger zwar dennoch als Gefängnis, doch nur für garstige wilde Tiere, Bären und Wölfe zum Beispiel.

Die Dresdner Barockanlage, die im Auftrage ↑Augusts des Starken von Matthäus Daniel Pöppelmann und dem Bildhauer Balthasar Permoser in der Zeit zwischen 1710 und 1732 geschaffen wurde, leitet ihren Namen vom Zwingergarten auf der zuvor dort befindlichen Bastion der Stadtbefestigung ab. Nach den Vorstellungen des prunk- und vergnügungssüchtigen Kurfürsten entstand ein monumentaler Renn- und Festspielplatz von 107 Metern Breite und 116 Metern Länge, der sich eigentlich bis in Elbnähe erstrecken sollte und umsäumt war von mit Plastiken reich verzierten barocken Bauten. Es war, so von späteren Begutachtern eingeschätzt, eigentlich kein Palast, sondern im Grunde »eine ungeheure Dekoration, wie sie in der Periode stärkster höfischer Machtentfaltung für figurenreiche Aufzüge, Karussellreiten, Tierhetzen, Maskeraden zu Fuß und zu Pferde, sogenannte Interventionen als Rahmen« und Veranstaltungsort notwenig war.

Das Wahrzeichen des Zwingers, das von vier Adlern und der polnischen Königskrone geschmückte Kronentor, wurde später – und besonders in Zeiten des Wiederaufbaus nach den sinnlosen Zerstörungen durch den Zweiten Weltkrieg – zum Wahrzeichen der Stadt. Über ein Jahrzehnt, bis 1956, dauerten die von Hubert

Ermisch geleiteten stil- und fachgerechten Instandsetzungsarbeiten.

Heute befinden sich im Zwinger wieder die weltberühmte Porzellansammlung (↑Wettiner), der Mathematisch-Physikalische Salon und das Tierkundemuseum. Der Semperbau präsentiert die Gemäldegalerie Alter Meister und das Historische Museum.

Bislang, also in den vergangenen Jahrzehnten, war der Zwinger *der* Touristenmagnet in Dresden. Nun hat er sich die Anziehungskraft mit der inzwischen wieder auferstandenen Frauenkirche zu teilen. Gefangene werden nach wie vor hier nicht eingesperrt und auch eine Brauerei wird es hier nicht geben (↑Radeberger). Vielleicht aber wird er – schön wär's – mit Park und Teich und Wasserspiel wieder eine verträumte Anlage für kunstverliebte stille Genießer, wie einst? Vielleicht auch nicht. Ganz schön wird's ja nie!

Erich Haenel, Eugen Kalkschmidt. Das alte Dresden. Frankfurt am Main 1977; www.hjhaupt.de/zwinger.htm; www.dresden-und-sachsen.de/dresden/zwinger.htm

Liste sächsischer Irrtümer

Danksagung

Die Autoren bedanken sich bei den Mitarbeiterinnen und Mitarbeitern der Sächsischen Landes- und Universitätsbibliothek und den Städtischen Bibliotheken Dresden für die sachkundige und freundliche Unterstützung der Recherchetätigkeit, bei den Verlagsmitarbeitern Regine Zschernig für ihre sächsischen Anregungen und Robert Zagolla für die tatkräftige Unterstützung, außerdem bei Ingrid Kirschey-Feix für ihr Mittun und ihr Lektorat, bei ihren Familien für aufmunternden Zuspruch und Verständnis.

Weiterhin bedankt sich Wolfgang Stumph bei seinem Koautor für dessen sprichwörtlichen sächsischen Fleiß, wohingegen Norbert Weiß seinem Koautor für zahlreiche gute Ideen, Hinweise, Ermunterungen, konstruktive Mitarbeit dankt sowie für einen selbstlos für ihn vom Frühstücksbüffet des Hotels Elbflorenz in Dresden gestohlenen Apfel.

Zu den Autoren

Wolfgang Stumph
Jahrgang 1946, ist Deutschlands beliebtester Sachse. Weltweit berühmt macht ihn der Film »Go, Trabi, Go!« (1990), seither wurde er als Kabarettist und Hauptdarsteller in zahlreichen Kino- und Fernsehfilmen sowie als TV-Kommissar Stubbe zum Publikumsliebling. Seine unnachahmliche Mischung aus Witz und Nachdenklichkeit kommt an – in Sachsen und auch anderswo.

Norbert Weiss
Jahrgang 1949, gebürtiger Dresdner, ist Publizist und freier Autor. Sein Pädagogikstudium in Zwickau musste er aus politischen Gründen abbrechen, danach studierte er Literatur in Leipzig. Im be.bra verlag erschien von ihm u. a. (zus. mit Jens Wonneberger) »Dichterhäuser um Leipzig« und »Lieber Dresden im Regen als Wien bei Sonne«.